고도성장

Series NIHON KINGENDAISHI, 10 vols.
Vol. 8, KODO SEICHO
by Haruhito Takeda
ⓒ 2008 by Haruhito Takeda
First published 2008 by Iwanami Shoten, Publishers, Tokyo.
This Korean edition published 2012
by Amoonhaksa, Seoul
by arrangement with the proprietor c/o Iwanami Shoten, Publishers,
Tokyo

일본
근현대사
시리즈
8

고도
성장

다케다 하루히토 지음
최우영 옮김

어문학사

▶ 일러두기

● 일본의 지명 및 인명, 고유명사는 현 외래어 표기법에 따라 표기하였다. 단 장음 표기는 하지 않았으며, 어두에는 거센소리를 쓰지 않아 가급적 일본어 발음대로 쓰는 것을 원칙으로 삼았다. 예를 들어 と, か, た가 어두에 오면 '도' '가' '다' 로 표기하고, 어중이나 어말에서는 그대로 거센소리 '토' '카' '타' 로 각각 표기하였다.

● 중국의 지명과 인명 등은 우리말 한자음으로 번역하고 한자를 병기하였다. 베이징은 북경(北京), 상하이는 상해(上海)와 같이 각각 표기하였다.

● 논문이나 국가 간 합의 문서, 법 조문, 노래, 시, 연극, 소설 제목 등에는 「 」, 신문은 〈 〉, 잡지와 단행본 등 책으로 볼 수 있는 것은 『 』로 표시하여 구분하였다.

머리말 — 경제성장 신화의 탄생

　지금은 일본 경제를 보도하는 각종 미디어에서 '경제성장'을 주제로 하여 '경제성장률'의 등락에 일희일비하는 것은 드문 일이 아니다. 그러나 불과 60여 년 전, 패전 후 얼마 되지 않은 시기의 일본에서는 그러한 광경을 찾아볼 수 없었다.

　그것은 패전의 혼란으로 경제성장이 '먼 꿈'이었기 때문이 아니다. '경제성장'이라는 말이 없었기 때문이다. 당시까지 사람들은 경제 상태의 역사적인 변화를 나타내기 위해 '경제 발전'이라는 말은 사용해도 '성장'이라는 용어는 사용하는 경우가 거의 없었다. 전문가들에게도 상황은 마찬가지였다.

경제성장의 이론

　경제학 전문 서적에서 '경제성장'이라는 말을 책 제목에 포함한 서적이 등장한 것은 1955년 전후였다. 국립 국회도서관의 장서 검색에서 '경제성장'이라는 단어로 검색했을 때 책 제목으로 이 단어를 사용한 가장 오래된 서적은 다카다 야스마(高田保馬) 편『경제성장의 연구』제1권, 유히카쿠(有斐閣), 1954년 판이다. 그 안에는 모리시마 미치오(森嶋通夫)의 '성장경제에 있어서 완전고용정책'이라는 논문 등이 수록되어 있다. 또한 같은 해에 나카야마 이치로(中山伊知郎) 편『일본 경제의 구조분석』상, 하권이 동양경제신보사(東洋経済新報社)에서 간행되는데, 여기에 수록된 아라 켄지로(荒憲治郎)의 '일본 경제의 성장률' 등이 논문 타이틀에서 성장에 관련된 단어를 사용하고 있다. 전문가들의 논의에서 경제성장은 하나의 키워드가 되어 가고 있었다는 사실을 엿볼 수 있다.

이듬해, 훗날『경제성장의 제 단계 ─ 하나의 비공산주의 선언』(원저 간행은 1960년)이라는, 다소 센세이셔널한 타이틀의 책을 쓴 W. W. 로스토우의『경제성장의 과정』이 동양경제신보사에서 번역·출판되었다(원저 간행은 1952년). 이 책은 경제학자들이 경제성장의 이론에 관심을 높이고 있었던 것을 배경으로 역사적인 시점에서 경제성장과 경기순환의 과정을 그리고자 한 것이었다.

국민소득 개념의 도입

이러한 움직임에 동조하듯 정부의 경제 전문가들도 경제성장에 대한 관심을 분명히 나타내었다.

그때까지 경제백서 등의 정부 간행물은 일본 경제의 상황을 이야기할 때, 광공업 생산지수의 신장률 또는 물가 변동을 통해서 경제활동의 전반적인 이미지를 독자에게 전하려고 했다. 미국 유학을 통해 케인즈 경제학을 알게 된 후, 일찍부터 이를 일본에 소개하는 데 힘을 쏟은 쓰루 시게토(都留重人)는 제1회 경제백서인 『경제실상보고서』 (1947년)의 집필자였다. 그러나 쓰루조차 경제성장이라는 단어를 이 백서에서는 사용하지 않고 있다. 이 시기의 경제 상황을 설명할 때에는 가령 '광공업 생산은 현저히 저하되고…… 물가는 급등 상태가 계속되었다' 등의 상투적인 표현을 쓰고 있었다.

이것은 특별히 이상한 일이 아니었다. 국민경제를 하나의 단위로 삼아, 거기서 매년 이루어지는 경제활동의 총생산량을 부가가치를 통해 측정하는 경제통계가 정비되지 않으면, 경제성장을 성장률로 표현할 수 없다. 광공업 생산지수나 물가지수는 상당히 이전부터 통계적인 관찰이 시도되고 있었지만, 서비스 생산량이나 정부의 경제활동 등을 집계하고 정량으로 파악하고자 하는 시도는, 케인즈 경제학의 수요관리정책 등 경제학의 발전과 더불어 새롭게 개발된 경제학적인 인식 수단이었다.

경제정책의 입안자들이 이런 식으로 발전하기 시작한 거시경제학의 새로운 수법에 착목하여 이를 이용하게 된 것이 1950년대였다. 일본에서도 이러한 새로운 흐름을 곧바로 학습하여 받아들였다.

경제안정본부(훗날의 경제기획청)가 이러한 국민경제량 추계(推計)에 착수한 것은 1950년 전후였다. 그리고 국민소득조사실에 의한 시산(試算)이 '백서'에 사용된 것은, 51년 판에 '국민소득과 생활수준'에 포함된 추계 결과에 대한 언급이 최초인 듯하다. 그러나 여기서 주목하고 있는 것은 소비지출을 전전(戰前)과 대비한 것에 지나지 않았다. 그리고 이러한 통계자료가 매년 쌓여도, 55년의 백서까지 이 추계에 관련된 설명은 '쇼와(昭和) 29년도(1954년)의 국민총생산은 전년도보다

약 3%, 금액으로 2천억 엔 정도 늘어, 물가 변동을 소거한 실질액에서도 2% 정도 증가했다. ……무엇보다 지금까지의 국민총생산은 52년이 11.6%, 53년이 15.8%로 급격한 팽창을 나타내고 있기 때문에, 그에 비하면 증가세가 현저히 둔화했다'라고 적혀 있다(『쇼와 29년도 연차 경제보고서』). 전년대비 증가율은 살펴보고 있지만 '경제성장'이라는 단어도, '성장률'이라는 단어도 찾아볼 수 없다.

예측된 '미래상'

이후 1956년 백서에서 처음으로 '고속 성장의 비밀' '성장률 둔화와 투자 유인의 감퇴' 등의 표현이 사용되었다. 이 백서는 맺음말에서, 잘 알려진 문구인 '이제 더 이상 전후(戰後)가 아니다'에 이어 '우리는 이제 다른 국면에 직면하고 있다. 복구를 통한 성장은 끝났다. 앞으로의 성장은 근대화에 의해 이루어질 것이다'라고 지적하고 있다. 56년 백서의 부제로 '일본 경제의 성장과 근대화'를 택한 것은 이러한 인식에 근거하고 있다. 이렇게 해서 '경제성장'이라는 단어는 경제활동의 실태를 표현하는 중요한 용어로서, 세간의 기억에 남은 '더 이상 전후가 아니다'라는 말과 함께 데뷔한 것이다.

그러나 전후와의 결별을 선언한 것처럼 알려진 백서의 표현―이제 더 이상 전후가 아니다(역자 첨가)―은, 사실은 이후의 경제성장의 전제조건인 근대화가 실현하기 힘든 과제라는 것을 말하고자 한 것이었다.

다가올 난관의 강조는, 사실은 경제백서의 저자가 기술한 '더 이상 전후가 아니다'라는 표현의 원조라고 생각되는 나카노 요시오(中野好夫)의 평론에서 보다 분명했다. 나카노는 『문예춘추』 1956년 2월 호에 '더 이상 〈전후〉가 아니다'라는 제목의 글을 기고하였다. 여기서 나카노는 눈앞에 전개되는 보수 합동 등을 통한 구세대의 부활에 경 종을 울리고, 전후 의식으로부터 탈피하여 미래를 향한 비전을 명확히 해야 할 것을 호소했다(『고도성장과 일본인』3).

　'구세대의 부활'이란, 보수 합동을 기반으로 성립된 제3차 하토야 마 이치로(鳩山一郎) 내각의 각료 18명 중 13명이 공직 추방을 당했던 경력을 가진 인물이었던 점에서 상징하듯이, 전전의 정치 지도자층의 부활이 눈에 띄었던 사실을 의미한다(마스다 히로시〔增田　弘〕, '공직 추방 해제의 영향'). 정계에 복귀한 피추방자(被追放者)가 내각 각료에서 차 지하는 비율은 점증하여 제5차 요시다 시게루(吉田 茂) 내각(53년 5월 성 립)에서는 과반수를 넘게 되었다. 여기에 보수 합동을 이룬 하토야마 내각에서 복귀자가 7할 이상이라는 비율은 구세대의 복권을 확연히 의미하는 것이었다. 나카노는 '더 이상 〈전후〉가 아니다'라고 표현하여 전전과의 결별을 말하고 싶었을 것이다. 새로운 세대에 미래를 위탁 하려 한 것이다.

　당시 나카노는 패전 후 소국이 된 일본의 현실을 직시하고, 아시 아·아프리카 등의 '소국(小國)'을 모범 삼아, 소국으로서 국민의 행복 을 실현하는 이상을 추구해야 한다고 주장하였다. 이렇게 나카노가 그린 미래상에서 '전후의 끝'이란 새로운 시대정신을 촉구하는 것으 로, 전전에 비해 혁신적이나 많은 난관이 예상되는 소국 일본이 이상 적인 국가 건설의 출발점에 서 있음을 의미하고 있었다. 당면하게 될 미래의 난관을 각오한다는 점에서는 백서도 나카노 요시오도 같은 시각을 가지고 있었다.

　그러나 이러한 저자들의 의식과는 관계없이, '더 이상 전후가 아니다'라는 말은 세간에서는 패전 후 경제 부흥의 고난과의 결별―새로운 시대의 시작(역자 추가)―으로 세간에 받아들여진 듯하다. 특히 백서는 새로운 시대에 어울리는 새로운 사고방식인 '경제성장'이라는 개념으로써 다가올 시대를 표현하여 시대의 전환을 예고하는 입장이 되었다.

　이렇게 해서 '경제성장'이라는 단어는 전후 일본의 경제사회를 상징하는 말이 되었다. 그리고 나카노가 '더 이상 〈전후〉가 아니다'라는 말 속에 가졌던 우려와는 크게 다르게, 일본은 경제 '대국'으로의 길을 달리기 시작한 것이다.

스피드광의 시대

　다만 경제성장의 의미라든가, 그것이 국민소득에 관련된 추계를 기초로 나타내는 것이라는 사실을, 많은 국민이 이해했던 것은 아니었다. 더구나 그것이 경제활동의 총량을 나타내는 것이라 해도, 거기에 생활수준의 질을 모두 반영할 수 없다는 것, 추계로부터 누락되는 가사노동 등의 중요한 경제활동이 있다는 것 등은 전혀 알려져 있지 않았다. 세간에서는 성장이라는 말이 가지는 이미지에 직감적으로 반응하여, '성장'으로 측정되는 일본 경제의 규모 확대를 마치 자신의 아이의 키를 재는 눈금과 같이 보고 있었던 것은 아닐까.

　이 때문에 국민소득 배증계획이 공표되었을 때, 많은 국민들은

'소득'이란 월급봉투 속의 급여일 것이라는 인식 정도밖에 가지지 못했고, 따라서 '배증'이란 임금이 2배가 되는 것 정도로 받아들였다. 국민소득의 배증이 임금의 배증으로 오인되어 기대를 불러일으킨 것에 당시의 상황이 표현되어 있다.

국민소득 배증계획이 공표된 1960년으로부터 2년 후, 하야시 슈지(林 周二)의 『유통혁명』(중공신서〔中公新書〕)이 베스트셀러가 되었다. 이 저서에서 하야시는 유통혁명의 역사적인 필연성을 '세상(世相, 세태)의 가속화'라는 말로 표현했다. 가속화되는 의식주라는 예시를 통해 일상용품이 시대와 더불어 빠르게 변화하고 있다는 사실을 강조한 하야시는, 일상생활의 변화가 급속히 이루어지고 있는 세간의 '실감'에 호소하여, 고도성장 시대의 특성을 훌륭하게 그려냈다. 성장이 무엇에 의해 측정되든 간에, 그리고 그 측정량이 얼마든 간에, 경제성장에 대한 의식은 무엇보다도 변화의 크기와 속도(변화율)에 관심을 기울이기 때문이다. 그리고 이러한 경향은 종종 생활의 질에 대한 관심이 뒷전으로 밀려나게 하는 등, 훗날 경제성장의 부작용으로 보이는 문제로 나타나기도 했다.

어쨌든 간에 『유통혁명』이 널리 읽혀진 것은 '경제성장'이라는 말이 백서에 처음 등장한 이후 불과 6년 정도 후의 일로, 경제성장에 대한 이해가 아직 미숙하지만, 이에 대해 많은 사람들이 긍정적으로 받아들이기 시작했다는 사실을 나타내고 있었다.

90년을 전후하여 버블 붕괴가 일어난 이후, 제로에 가까운 저성장률하에서 사람들은 '고성장 경제'의 시대를 기준으로, 눈앞에 펼쳐진 경제 상황을 우려하고, 성장률의 회복이 무엇보다도 필요하다는 주장에 이의가 없었다. 격세지감을 느끼지만, 그럴 정도로 '경제성장'이라는 말은 그 탄생으로부터 40여 년 만에 일상적인 경제관념의 중심이 될 만큼 일본 사회에 깊이 침투한 것이다.

본서가 이야기하는 것은 이러한 '경제성장의 신화'가 일본인들 속에 깊이 침투해 간 시대의 이야기이다.

차례

제1장 1955년과 1960년 ─ 정치의 계절

1956년 제2회 원수폭(原水爆) 금지 세계 대회
를 앞두고 서명운동을 하는 스기나미 구(杉並
區)의 주부(시바가키 카즈오〔柴垣和夫〕, 『쇼와
의 역사 제9권 강화에서 고도성장으로』, 쇼가쿠
칸〔小学官〕, 1983년).

1. 전환기 1955년

국제적인 긴장 완화

경제성장이라는 단어가 시민권을 얻은 1955년 전후는 국제 체제, 일본의 정치체제, 그리고 일본 경제사회의 존재 방식에 있어서 전환기였다.

이것은 53년 한국전쟁의 휴전으로 시작된 긴장 완화의 분위기 속에서 일어난 현상이었다. 다음 해인 54년에는 인도차이나 휴전협정이 성립되었다. 그리고 55년 7월, 냉전으로 인한 긴장의 완화의 막을 열고자 했다고 여겨졌던 미·영·불·소 4대국 정상회담이 개최되어, 심각한 군사적 대립의 억제를 주안점으로 하는 '제네바 정신'이 제창되었다. 이 회담에서 소련의 니콜라이 불가닌 수상이, 4개국은 어떠한 상황에도 다른 나라보다 먼저 핵병기를 사용하지 않을 것 등을 제안하였고, 미국의 드와이트 아이젠하워 대통령이 이에 응하여 기습방지책을 제안했기 때문이다. 냉전으로부터의 '해방'이라 여겨진 이 회담을 마치고 귀국한 영국의 해럴드 맥밀런 외무장관은 '이제 전쟁은 없다'고 말하며 회담의 우호적인 분위기를 솔직히 전했다.

이 '해빙' 무드의 순풍 속에서 같은 해 6월부터 런던에서 소일(蘇日)교섭이 이미 개시되고 있었고, 9월에는 소련과 서독 양국의 국교회복을 위한 모스크바 회담이 개최되었다.

하지만 이 같은 대립 억제의 노력이 즉시 효과적이고 구체적인 성과를 낳지는 않았다. 군축 관련 교섭은 난항을 거듭했고, 그 한가운데서 핵병기 개발을 중심으로 하는 군비 경쟁이 더욱 격렬해졌다. 외무장관이 '이제 전쟁은 없다'고 말한 영국도 국방백서에서 수소폭탄 제조의 착수를 표명했고, 또한 기대를 모았던 독일 통일에 관한 외무장관 회담도 충분한 성과를 올리지 못했다.

그럼에도 정상 회담이 열린 제네바에서는 계속해서 각종 회합을 통한 긴장 완화의 시도를 계속하고 있었다. 예를 들면 55년 8월에는 세계 72개국의 과학자가 참가하여 원자력의 평화적 이용을 위한 첫 국제회의가 개최되어, 광범위한 원자력과학 및 기술정보와 의견을 교환하였다. 그리고 이러한 변화의 징조에 세계의 기대가 모아지고 있었다.

반둥정신

냉전의 주역이었던 동서 대립이 변화를 보이는 가운데 일찍이 이들 국가의 식민지로 지배를 받던 아시아·아프리카 여러 나라가 제3세력으로서 존재감을 키워가고 있었던 것도 이 시기에 일어난 세계 정세의 새로운 움직임이었다.

54년의 인도차이나 휴전회의에 즈음하여 중국의 저우언라이 수상과 인도의 자와할랄 네루 수상은 '평화 5원칙'에 관한 공동성명을 발표했다. 그것은 ① 영토 주권의 상호 존중, ② 상호 불가침, ③ 상호 내정 불간섭, ④ 호혜 평등, ⑤ 평화 공존을 그 내용으로 하는 것이었다. 네루 수상은 이 원칙에 입각하여 냉전 속에서 중립 지역의 확대를 꾀하고 있었다.

이러한 의도에 입각하여 55년 4월 인도네시아의 반둥(Bandung)에서 제1회 아시아·아프리카 회의가 개최되었다. 참가국은 29개국으로, 이 회의에서 앞에서 언급한 공동성명을 수정한 '평화 10원칙'이 채택되었다. 정치·경제 체제의 선택에 관해서는 사회주의·자본주의·중립주의 등의 다양성을 나타내고 있는 아시아·아프리카 여러 나라의 대표가 한자리에 모여 반(反) 식민주의, 민족자결, 완전독립에 의견을 일치하고 서로 협력을 맹세했다. 이 회의의 기조는 제3세력의 등장을 나타내는 것으로서 '반둥정신'이라 불렸다. 그것은 국제 정세의 다극화가 진행되어 가고 있음을 나타냄과 동시에, 경제적으로는 아직 발전 도상에 있었던 이들 나라들이 국제 정치의 무대에서 무시할 수 없는 발언력을 가지기 시작했다는 점을 실감케 하는 것이었다. '서문'에서 소개한 나카노 요시오의 '소국'의 이상은 이러한 아시아·아프리카 여러 나라의 존재 방법에 공감한 것이었다.

2. 독립 후의 정치 불안

강화조약의 배경

이보다 먼저인 52년 4월 28일, 샌프란시스코 강화조약의 발효에 의해 햇수로 8년에 걸친 일본 점령이 종지부를 찍었다. 그러나 불완전 강화조약이라는 비판 속에서 많은 교전국과의 전쟁 종결 확인이 해결되지 않은 채로 남겨져 있었다.

이것은 55년에 전환기를 맞이할 때까지, 한반도의 열전(熱戰)을 포함한 동서 대립의 소산이었다. 이 강화조약이 조인된 51년 9월을 전후로 서방의 여러 나라는 냉전 체제를 전제로 한 군비 강화와 동맹 유대의 명확화에 따라 움직이고 있었기 때문이다. 9월 11일부터 워싱턴에서 개최된 미·영·불 외무장관 회의에서는 서독의 재군비를 인정하고, 정식적인 평화 조약을 대신하는 평화 약정을 체결한다는 방침을 결정하였다. 또한 15일부터 캐나다의 오타와에서 열린 제9회 북대서양조약기구(NATO) 이사회는 터키와 그리스의 가맹을 결정했다. 이

러한 흐름 속에서 52년 5월 하순에 본에서 평화 약정, 파리에서 구주
방위공동체조약이 조인되었다. 그것은 서독이 서방 측에 귀속됨을 확
정함과 동시에 독일이 통일을 실현할 길을 멀찌감치 떼어 놓는 것이
었다.

미일 간에는 미일안전보장조약이 체결되었다. 이것은 '중국위협
론'에 근거하여 미국이 태평양 지역에서 상호방위협정을 체결하려는
움직임의 일환이었다. 미일조약을 체결하기 전인 51년 8월에 호놀룰
루에서 개최된 ANZUS(앤저스) 이사회에 대해, 미국의 딘 애치슨 국무
장관은 '태평양 지역의 안전에 관한 중공의 위협이라는 관점에서 미
국, 호주, 뉴질랜드 3국의 공통 이익과 관계도 검토한 점'에 그 의의가
있다고 설명했다. 그것은 미국으로서 처음으로 '중공의 위협'을 언급
하고, 태평양 지역의 안전보장의 중요성을 강조한 것이었다.

아울러 미국은 필리핀과 상호방위조약을 체결하고, 베트남의 민
족독립운동으로 애를 먹고 있던 프랑스에 대한 지원을 증대했다. 이
러한 움직임은 한반도에서의 휴전협정이 난항을 겪자 이에 미국의 위
기의식이 높아졌다는 것을 반영하고 있었다.

즉 일본의 독립은 미국의 대(對) 아시아·태평양 지역에 대한 전
략의 한 부분으로서 실현되었던 것이다. 이에 따라 일본은 미국의 중
국위협론에 동조하여 샌프란시스코 강화회의에 초대받지 못한 중국
대신에 중화민국 국민당 정부(대만 정부)를 선택하여 일화(日華) 평화조
약을 조인하였다. 단 이 교섭에서 요시다 시게루(吉田戊) 수상은 '대륙
정책에 상당한 흥미를 가지고 있으며, 일본이 놓인 지리적 조건상 대
륙을 무시한 생존은 불가능하다는 견해를 가지고 있었'기 때문에, '국
민당 정부를 제한적 정권으로 여기고 조약을 체결한다'는 뜻의 요시

다 서간을 존 댈러스 국무장관 특별고문에게 제출했다. 이것은 '요시다 수상이 생각할 수 있는, 미래에 최대한 문제가 없을 것 같은 선에서' 작성되었고, '수상의 의중은 장래의 적당한 기회에 대륙과의 국교 재개를 꾀하고 싶다는 마음이 강했다' 고 평가되고 있다 (『아사히〔朝日〕연감』 1953년 판). 그러나 정작 중일 국교회복은 이후 20여 년이 지나도록 실현되지 않았다.

일화(日華) 평화조약의 체결에 관하여 〈워싱턴 포스트〉는 '대만 국민당 정부는 그 실패와 독재정치, 부패에 의해 세계의 골칫덩이가 되었다. ……일본 정부가 이러한 정부와 조약을 체결하고, 이를 중국의 정통 정부로서 승인한 것은 실로 아시아 여러 나라를 우방으로 삼으려 하지 않고 스스로 비우호적인 관계로 돌린 것을 의미하고 있다.' (1952년 6월 20일 자)라고 쓰고 있다. 미국의 외교 전략에 따른 일본 정부의 이러한 결정은 미국 내에서도 비판을 받을 정도였다(사사고 카쓰야〔笹子勝哉〕, 『정치자금』).

강화가 남긴 문제

한편 강화조약에는 몇 가지 문제가 있었다. 샌프란시스코 강화에 참가하지 않은 동구권 여러 나라, 특히 소련과의 국교회복은 영토 문제와 어업권 문제 등 중요한 과제를 해결하기 위해서는 불가결한 것이었다. 그러나 대립의 구도 속에서 서구 진영으로 들어감에 따라 문제 해결은 멀어지게 되었다. 이런 이유로 국제연합가맹 등 국제기관에 참가하는 일도 쉽게 진행되지 않았다.

근린의 아시아 여러 나라와의 관계 회복에도 많은 과제가 남아 있었다.

중국과 함께 조약에 초빙되지 않았던 한국과의 국교회복은 한일 양국 간 협의에 맡겨져 있었으나 국적 문제, 기득권의 지속적 인정 등의 현안이 해결되지 않았고, 특히 어업권 문제가 말썽이 되고 있었다. 그 때문에 강화 발효 직전(1952년 4월 25일)에 한일회담은 중단되었고, 양국 간의 정식 국교는 개방되지 않은 채로 65년까지 미루어지게 되었다.

태평양전쟁에 의해 전장이 되었던 동남아시아 지역에는 미국이 제시한 무배상이라는 강화원칙에 이의를 제기하고 강화조약에 불참한 나라가 많아서, 이들과의 국교회복도 중요한 과제로 남겨져 있었다.

국내적으로는 안전보장조약의 체결과 이에 기초한 행정협정에 의해 일본의 주권 회복에 일정한 제약이 가해진 것이 문제였다. 특히 사실상 치외법권을 인정했다고 평가되는 '행정협정'은 미국의 기득권익만을 지킨 것이었기 때문에, 미군 접수(接收) 등의 제약 해제를 기대한 사람들에게 준 것은 낙담 이외엔 아무것도 없었다. 이 때문에 정부가 무제한 사용을 인정한 이시카와 현(石川県)의 우치나다(內灘) 발사 시험장 등의 지역에서는 반(反)기지 투쟁이 확대되었다. 그리고 일본 고유의 영토라고 인정되면서도 일본의 주권 회복이 인정되지 않은 채 미군의 군사기지로 남겨진 오키나와(沖縄)나 오가사와라(小笠原) 등의 지역에 대해서는 '복귀' 문제가 오랫동안 현안이 되었다.

52년 아사히신문의 여론조사에서는 강화조약 체결에 대해, '밝은 기분이 되었다' 41%, '안심되지만 기뻐하고만 있을 수는 없다' 23%

로, 전반적으로는 강화·독립을 환
영하고 있지만 요시다 내각에 대한
지지도는 52년 3월에는 33%로, 전
년 9월의 강화회의 직후의 58%에
서 급락한 상태였다(이하 본항의 내용
은 『아사히 연감』 1953년 판).

또한 소련과 강화하는 편이
좋다는 의견이 54%로 과반수를 넘

▶사진 1-1. 발사시험장 저지를 위해 지역 주민은 착탄 지점에 오두막을 세우고 농성 시위를 펼쳤다(우치나다〔內灘〕투쟁)(마쓰오 타카요시〔松尾尊兌〕, 『일본의 역사 제21권 국제국가로의 출발』, 슈에이샤〔集英社〕, 1993년).

었고, 중국(중화인민공화국)과의 관계에 대해서도 '이대로 좋다' 11%에
비해, '이대로는 안 된다' 57%로 남겨진 강화 문제에 대해서 여론은 해
결을 요구하고 있었다.

한편에서는 미군 주둔에 대해서 '희망한다' 48%, '희망하지 않는
다' 20%, '어쩔 수 없다/어느 쪽도 상관없다' 16%, '모르겠다' 16%였기
때문에, 기지 주변의 주민은 논외로 두더라도, 그러한 문제에 절실함
을 느끼지 않는 국민들 사이에서는 주둔에 의한 안전보장은 어쩔 수
없다는 분위기가 강했다. 이것은 경찰예비대를 국내 치안 유지를 위
한 것이라고 인식(33%)하면서, 언젠가는 어쩔 수 없이 재군비를 할 것
이라는 불안을 동반하고 있었다. 동시에 많은 국민들이 군대를 창설
한다면 지원병 제도로 해야 한다(64%)며 징병제를 기피했다. 전쟁의
어두운 기억을 재현하는 데에, 소극적이기는 하지만 저항의 의사 표시
가 이루어지고 있었던 것이다.

52년 3월 초, 요시다 수상은 참의원 예산위원회에서의 질의에서
'헌법에서는 전력을 국제 분쟁의 도구로 제공하는 것을 금지한 것으
로, 자위를 위한 전력은 금지한 것이 아니다'라고 답변하는데, 같은 달

10일에는 이것을 취소하는 등, 재군비와 헌법 9조의 해석에 의미상 의심스러운 부분이 발생하고 있었다. 이러한 상황에 대해 긴박한 동서 대립을 반영한 것인지, 많은 국민은 정부가 헌법을 들면서 '재군비를 하지 않는다'고 언명한 것에 대해, '믿는다' 12%, '말뿐이다' 48%, '모르겠다' 40%로 답하고 있었다.

추방 해제와 정국 불안

52년 5월 3일에 개최된 강화조약발효 독립기념식전이 개최된 황거(皇居) 앞 광장에서는 2일 전인 노동절에 유혈 사건이 일어났다. 노동운동 등을 기반으로 하는 혁신 세력과 보수 진영의 대립만이 아니라 보수와 진보 양 진영 모두 내분이 있어서, 강화를 둘러싼 국내 정세에는 안정성이 결여되어 있었다.

이러한 정치 정세에 영향을 준 것은 강화에 따른 추방 해제였다. 51년 말부터 52년 봄에 걸쳐 정부는 정·재계의 공직추방에 대해 대폭적인 해금을 단행했다. 정계에서는 하토야마 이치로(鳩山一郎), 오가타 타케토라(緒方竹虎), 기시 노부스케(岸信介) 등이 정치 활동을 개시하는 등 전전 이래의 정치적 그룹이 부활했고, 경찰예비대나 해상경비대에서는 옛 군인들의 임용이 이루어졌다. 특히 전 자유당 총재인 하토야마 이치로의 복귀는 요시다 수상과의 정권 교환 문제로 인해 자유당 내의 대립을 강화시켰다.[1]

---

1 하토야마는 1946년 당시 일본 민주당의 당수로 정권 수립과 수상 취임을 목전에 두고 공직추방을 당했고, 요시다가 수상으로 취임했었다. 하토야마는 1952년 공직추방이 해제되어

이에 대해 야당에서는 전 외상인 시게미쓰 마모루(重光葵)의 복권이 난항을 겪고 있던 개진당(改進党)의 총재 문제를 해결하였고, 가와카미 조타로(河上丈太郎)의 복권은 우파 사회당의 위원장 문제에 해결의 실마리를 제공하게 되었다. 이러한 사정은 각 당파 파벌에 있어 각각의 지도 체제의 주도권 싸움을 격화시키면서 정계 재편의 움직임을 낳았다.

52년 6~7월의 제13회 국회기 말에는, 여당의 내분이 연일 계속되어 '법률안 심의도 뒷전' 인 상태가 되었다. 게다가 10월의 총선거에서 자유당은 요시다·하토야마 양 파의 격렬한 당내 항쟁을 거치는 가운데 겨우 과반수를 차지하였고, 이듬해 3월에는 하토야마 계열이 분당파 자유당(分自党)을 결성, 독립하여 5월에 성립된 제5차 요시다 내각은 단독으로 소수 여당 내각이 되었다. 이 때문에 각종 정부의 시책이 지체되었고, 53년도 예산은 어쩔 수 없이 7월까지의 잠정 예산이 되었다.

경제적으로는, 외화 부족으로 인한 '고탄가(高炭價), 고철가(高鐵價)' 등 기초 자재의 가격 상승이 경제 확대를 제약하여, 전시(戰時) 국가 관리 체제를 해체하고 전력업이 지역별로 9개의 민영 전력사로 재편성된 이후에도 전원 개발의 진보 속도가 늦어져 계획 정전이 일상화되는 등 전력 부족 현상이 생겨나고 있었다.

이 때문에 재계에서는 정치적 안정을 위한 노력을 요구하는 목소리가 높아졌고, 52년 10월에 이시카와 이치로(石川一郎) 경제단체연합회(経団連) 회장은 하야시 조지(林 讓治) 자유당 간사장과 회견하

정계에 복귀했고, 구 하토야마파가 결집하여 당시의 수상 요시다를 압박해 정권을 인수하려는 과정에서 요시다파와의 갈등이 있었다.

였다. 이어서 이듬해에는 경단련(経団連)·일본상공회의소(日商)·일본경영자단체연맹(日経連)·경제동우회(経済同友会) 등 경제 4단체가 '정국 안정에 관한 긴급 요망'을 결의하고, 후지야마 아이이치로(藤山愛一郎) 상공회의소 회장과 우에무라 코고로(植村甲午郎) 경단련 부회장 등 재계인 6명이 하토야마 자유당 간부들을 방문하여 정국 안정을 위한 노력을 요청하였다.

그러나 여전히 정국은 안정되지 않았고, 이듬해 53년 4월의 총선거에서 자유당이 과반수를 획득하지 못하자, 재계는 5월에 재차 '기본 경제정책에 관한 의견'을 건의하고 보수 정당의 연대를 요구했다. 외견적으로는 정책적으로 대립하고 있는 듯 보여도 그 내실은 거의 보수 진영 내부의 계속되는 주도권 다툼이었기에, 충분한 정책 논의가 이루어지지 않는다는 비판이 생겨난 것은 당연한 일이었다.

대립의 구도

자유당과 개진당, 두 보수당은 재군비를 주장하는 개진당과 사실상 이를 인정하면서 겉으로는 재군비에 신중한 자세를 취하는 자유당이라는 대립 구도를 이루고 있었다. 재군비 시점에서는 자유당의 주장과 혁신 진영의 주장이 근접했지만, 경제정책에서는 개진당이 자본주의적 경제제도를 수정한 '큰정부'가 필요하다는 인식을 바탕으로 혁신 진영에 가까웠다. 이러한 배경 아래 53년 4월 총선거 후에 부상한 시게미쓰 개진당 총재를 수반으로 하는 중도연립정권(中道連立政権) 수립은 충분히 가능성이 있었다(나카키타 코지〔中北浩爾〕, 『1955년 체제의 성립』). 그러나 이 연립공작은 좌절되었고, 그 결과 재군비 관련 헌법 문제를 초점으로 보수와 혁신의 대립이 명확해졌다. 그러나 아직 자유·개진 양당의 대립이 거세었고, 보수 진영의 단일화에는 시간이 필요했다.

한편, 혁신 진영에서는 강화회의의 평가를 둘러싸고 사회당이 분열하고 있었다. 강화조약과 안보조약 모두에 반대하는 좌파에 비해, 우파는 강화조약에만 찬성하는 상태였다. 이 분열은 국철노동조합(国労)·전국체신노동조합(全逓)·일본교직원조합(日教組)을 중핵으로 하는 일본노동조합총평의회(총평〔総評〕) 주류파(左派)가 평화 4원칙(전면 강화, 중립 견지, 군사기지 반대, 재군비 반대)에 기초하여 강화조약 반대로 일관했기 때문이었다. 총평 좌파가 결성한 '노동자 동지회'는 51년 10월 임시 당 대회에서 사회당 좌파를 분열로 이끌었다. 이것이 사회당 좌파와 총평의 밀월 관계의 시작이었다(마스미 준노스케〔升味準之輔〕, 『일본 정치사 4』).

한편 사회당 우파는 자위력 정비를 독립의 기본 전제로 하고 있었기 때문에 '재군비 반대'를 포함한 평화 4원칙의 수용을 거부하고 있었다. 우파는 일본이 서방 진영에 귀속하는 것을 전제로, 국제공산주의의 위협 등을 지적하고, 자위력 정비를 정책 목표에 편입하여 공산당과 경계를 분명히 할 것을 주장하고 있었다. 이 심각한 의견 대립에서 본다면 사회당의 분열은 자연스러운 결과였다.

전후 정치적 영향력을 증대시킨 일본공산당은 당내 노선 대립에 의해 내분과 혼란이 계속되었고, 강화 전후에는 화염병 투쟁이나 산손

(山村)공작대[2]를 조직하는 등 폭력 노선을 채택한 끝에 대중적인 기반을 점차 잃어가고 있었다. 그 후 55년에 공산당은 제6회 전국협의회(6전협)를 개최하여 그때까지의 운동 방침에 종지부를 찍고, 대중적인 운동을 기반으로 하는 민족 해방 통일 전선으로 노선을 전환했다.

계속되는 의옥(疑獄)사건

정치적 혼란은 보수정권의 부패가 표면화됨에 따라 더욱 깊어졌다. 53년 10월에 발각되어 정치 문제화된 보전경제회(保全経済会)사건과, 이듬해 54년 1월에 명확히 드러난 조선의옥(造船疑獄)사건이 그것이다.

익명조합(匿名組合)[3]으로서 전국에 207개소 지점망을 설립하였고, 중소상공업자와 농어촌 주민 등 15만 명으로부터 45억 엔의 출자 자금을 모았던 보전경제회는, 53년 10월에 배당 불능을 이유로 휴업 상태가 되었다. 사법 당국은 사기 용의로 조사를 개시했고, 동회는 거액의 정치 헌금 제공을 의심받고 있었다. 이에 대해 중의원 행정감찰

2 1951년 당시 중국에 망명 중이던 도쿠다 큐이치(德田球一) 등의 일본공산당 임시중앙지도부가 중국공산당의 항일전술을 모방하여 농촌을 중심으로 한 게릴라전을 지시한 결과, 이를 맡게 된 일본공산당의 산하 조직이다. 그러나 농민들의 반응은 차가웠고, 여론의 비난과 함께 공산당은 1952년 총선거에서 전원 낙선하였다. 이후 1955년 일본공산당에 의해 정식으로 '극좌모험주의'로 비판받고 중지되었다. 참고로 중지 결정에 반발하여 공산당에서 독립한 일부는 후일 신좌익(新左翼)의 원류가 되었다.
3 무한책임을 지는 영업자와 유한책임을 지는 익명의 조합원으로 구성되는 조합으로, 간단히 말하면 무한책임을 지는 영업장의 사업에 익명의 조합원이 투자하고, 이익이 발생하면 이의 일부를 배당하는 형태의 조직이다. 익명조합의 사업자와 조합원 간의 관계는 민법상의 조합 관계가 아니다.

위원회가 53년 말부터 조사를 진행하여, 이듬해 2월에는 히라노 리키조(平野力三, 사회당 우파), 와세다 류에몬(早稲田 柳右衛門, 개진당) 등의 의원을 비롯한 증인을 소환 조사하였다. 그리고 히라노 리키조로부터 '보전경제회의 이토 마스토미(伊藤斗福) 이사장 등으로부터 자유당의 히로카와 코젠(広川弘禅), 이케다 하야토(池田勇人), 사토 에이사쿠(佐藤 榮作), 개진당의 오아사 타다오(大麻唯男), 구 하토야마(鳩山)파인 미키 부키치(三木武吉) 씨 등에게 헌금이 건네졌다고 들었다'(『아사히 연감』 1955년 판)라는 증언이 나오면서, 갑자기 정치 문제로 불거졌다.

문제의 초점은 ① 상당수의 정치가가 동회 고문 등의 직함을 빌려 자금 모집을 한 혐의가 있다는 점, ② 보전경제회 및 유사 단체에 대한 보호입법운동과 관련하여 뇌물 증여의 혐의가 있었다는 점으로, 특히 ②에 관련하여 당시의 대장성(大蔵省) 대신인 이케다 하야토에 대한 증인 소환 조사가 야당 측으로부터 요구되었다. 그러나 이를 둘러싼 각 회파의 대립은 용이하게 해결되지 않았고, 2월 중순에는 일시적 냉각 기간을 두게 되었다.

그 후 쟁점 사안인 이케다의 소환이 실현되지 않은 채로 조선(造船)의옥사건으로 옮겨졌다. 에도바시(江戸橋) 상사(商社) 모리와키 마사미쓰(森脇将光) 사장의 고발(1953년 8월)이 발단이 되어 체포된 일본특수산업 이노마타(猪股功) 사장의 자백으로, 야마시타기선(山下汽船), 일본해운, 일본통운 등에 대한 부정 대출 사건이 밝혀졌기 때문이다. 54년 4월의 야마시타기선 요코타 아이사부로(横田愛三郎) 사장의 체포로 확증을 잡은 사법 당국은, 계획 조선의 할당과 이자보급법의 성립을 둘러싸고 해운업계로부터 거액의 뇌물 증여가 있었던 사실을 적발하여, 유력 조선 회사의 간부와 운수성 관방장(官房長)을 체포

했다. 이어서 2월 중순에는 아리타 지로(有田二郎) 자유당 부간사장이
체포되어, 요시다 내각에 책임을 추궁하는 심각한 정치 문제가 되었
다. 또한 같은 시기에 일본교통공사(日本交通公社), 철도홍제회(鐵道弘
済会)본부, 제도고속도교통영단(帝都高速度交通営団) 등이 일제히 단
속되는 '육운의옥(陸運疑獄)'도 표면화되었다.

이러한 사태에 대해 국회에서는 2월 19일 중의원 결산위원회에
서 모리와키 사장이 '조선 이자보급법 성립 전후, 정관계 요인이 업계
간부와 요정에서 만난 사실이 있다'고 진술하였고, 22일 동 예산위원
회에서는 개진당의 나카소네 야스히로(中曽根康弘)가 '이시이 미쓰지
로(石井光次郎) 운수상, 오노 반보쿠(大野伴睦) 국무상이 재계로부터
돈을 받았다'는 폭로성 질문을 하는 등, 엄격한 추궁이 계속되었다(同
前).

그 후 2월 하순부터 이케다(池田) 자유당 정조회장, 오카자키 가
쓰오(岡崎 勝男) 외상, 사토(佐藤) 자유당 간사장 등에 대한 임의 조사
가 계속되면서, 이를 기회로 요시다 내각을 총사퇴로 몰아가려는 야당
의 추궁이 한층 강해졌다. 사토 간사장 등의 체포는 시간 문제로 받아
들이고 있었다.

4월 중순, 조사의 최종 단계를 맞이한 검찰청은 사토 자유당 간사
장의 체포를 청구하는 방침을 결정했다. 그러나 이에 대해 이누카이
타케루(犬養 健) 법무상이 21일에 요시다 수상 등의 의견에 따라 검찰
청법 제14조에 의거하여 지휘권을 발동, 체포 연기를 지휘했다. 이러
한 이례적 조치로 인해 요시다 내각에 대한 비판은 한층 강해졌다. 지
휘권 발동에 의해 사토의 체포가 저지되었기 때문에 사실상 의옥사건
의 조사는 붕괴되었다. 정계 관계에서는 조사를 받은 사람이 약 100명

에 이르렀음에도 불구하고, 뇌물 증여 혐의에 의한 기소가 5명, 정치자금규정법 위반 혐의에 의한 기소는 1명에 지나지 않았고, 거의 대부분이 기소유예 내지는 불기소처분을 받았다. 이후 10여 년간 의혹의 소용돌이 속에 있었던 이케다·사토가 계속해서 내각을 조직하게 됨으로써 조선의옥의 종결 방법은 전후 정치의 행방에 중대한 영향을 미쳤다고 할 수 있다.

특수(特需) 소멸의 불안

한국전쟁 특수(特需)를 통해 부흥의 계기를 얻은 일본 경제는 휴전에 의한 특수 소멸이 부흥의 발목을 잡는 것이 아닐까 하는 불안에 빠져 있었다. 자원이 부족한 일본 경제가 자립하는 데는 원재료의 수입이 필요했고, 이를 위해서 외화가 불가결했다. 그러나 외화 획득을 위한 수출산업의 경쟁력이 빈약했고, 일본 제품은 '싼 것이 비지떡'이라고 해서 해외시장에서 평판이 좋지 않았다. 그뿐만 아니라 전전 일본에서 중요한 수출 지역이었던 중국이나 동남아시아는 배상 문제 미해결이나 국교회복의 미진 등으로 시장으로서 크게 기대할 수 없었다.

이러한 약점을 보완할 것으로 기대되었던 것이 미국의 방위력 강화 요청과 더불어 부상한 상호안전보장법(Mutual Security Act, 1951년 10월 성립)에 기반을 둔 원조(MSA원조) 문제였다. 댈러스 국무장관은 53년 7월 상원에서 일본의 10개 사단 창설 구상에 대해 증언하고, 다음 달 방한(訪韓) 귀국길에 요시다 수상과 회담하여 방위력 강화를 요청했다. 이 요청은 미일 교섭 개시와 연동하여 '방위증강계획의 제시와 MSA원조액의 결정은 교환관계에 있다'(『아사히 연감』 1954년 판)라고 일컫는 것처럼, 일본의 경제적 약점을 찌른 것이었다.

이전부터 미국은 MSA원조가 동맹국의 방위력 증강의 중요한 수단이 될 수 있다고 생각하고 있었다. 6월의 하원 청문회에서 '일본에 MSA원조를 한다면 종국적으로는 미국의 경비 절감이 된다. 미 육군이 일본에 계속 주둔하는 것보다도 MSA원조 쪽이 5배 내지는 10배 경제적이다'라고 프랭크 내시 국방차관보가 진술한 것은 이러한 미국 측의 의도를 명확히 보여주고 있다(앞의 글,『1955년 체제의 성립』).

요시다 내각은 특수 감소의 완충역으로 MSA원조에 기대를 걸고 있었으나, 이것이 국방력 강화를 조건으로 하는 경우에는 재정적인 부담이 커질 것을 우려하여, 경제력 강화의 우선과 경제력 향상에 비례한 방위력 점증을 요구하였다. '경무장·경제중시'가 요시다가 생각하고 있었던 기본 노선이었던 것이다. 10월에 요시다 수상의 특사로서 파견된 이케다 하야토(池田勇人)는 월터 로버트슨 국무차관보와의 회담에서 '방위력 5개년계획 이케다 사안(私案)'을 제시했으나, 명확한 합의를 얻지 못한 채 공동성명을 발표했다. 사안은 육상 병력을 다음 연도부터 3년 동안 18만 명 체제로 증강할 것 등을 내용으로 하는 것이었다. 이 제안은 이케다와 대장성 측근 그룹이 작성한 것으로, 보안청은 관여하지 않고 있었다. 사안에 관하여 경제적 측면을 중시하던 일본의 자세

▶그림 1-2. 자위대 창설 당시 〈요미우리(読売)신문〉(1954년 3월 7일)에 게재된 니시무라 코이치(西村晃一)의 풍자만화(이와사키 지로〔岩崎爾郎〕/시미즈 이사오〔清水勲〕,『읽을 수 있는 연표·별권 쇼와의 풍자만화와 세태풍속 연표』, 자유국민사, 1984년).

가 배어 있었던 것이다(사도 아키히로〔佐道明広〕, 『전후전략과 자위대』). 이러한 교섭을 배경으로 하여, 결국 54년 7월에 방위청과 육해공 자위대가 창설되었다.

외화 부족뿐만 아니라 경제적 현안은 산더미처럼 쌓여 있었다. 특히 전후 개혁의 영향을 받은 여러 제도에 대해 경제계의 불만이 강해서 독립 전후부터 시작된 점령정책의 재평가 결과, 독점금지법 개정이나 독립행정위원회제도의 폐지 등이 실행되었다. 탄생한 지 얼마 되지 않은 공익사업위원회가 폐지되었고, 교육위원회가 독립성을 잃었으며, 전전과 마찬가지로 소관 관청의 권한이 회복되었다. 또한 독점금지법에서는 카르텔 규제 등의 완화가 실현되어, 이후에 합리화나 불황 대책 등을 목적으로 하는 카르텔 활동이나 독금법(独禁法) 적용 제외 규정이 모색되었다.

한편, 격렬한 정치적 대립의 영향으로 사회당 등의 혁신 세력의 기반이 된 노동운동에서는 여전히 심각한 대립이 계속되고 있었다. 총평은 앞서 본 것처럼 좌파가 주도하여 평화 4원칙으로 집약된 정치적 요구를 강화하고 있었고, 동시에 총파업을 주요한 운동 형태로 삼는 대결 노선이 노동운동을 강하게 지배하고 있었다. 이에 대해 경영자 측에서도 경제동우회 등이 패전 직후에 제창한 노사협조적인 기업 민주화론과 멀어지며 경영권 회복을 슬로건으로 삼고 대결 자세를 강화하고 있었다. 이러한 배경이 의회에서의 보수와 개혁의 대립을 한층 강화시켰던 것이다.

3. 보수 합동과 55년 체제

정계 재편성의 움직임

53년 가을부터 현안이 산적한 가운데, 정국 혼란의 수습책을 둘러싸고 보수와 혁신의 2대 정치 세력이 각각 재결집의 방향을 모색하고, 새로운 정치체제를 구축하게 되었다.

보수 측에서는 자유당의 분열(1953년 3월, 분당파 자유당 결성)로 의회에서 열세에 서게 된 요시다 수상이 9월 말에 시게미쓰(重光) 개진당 총재와 방위 문제를 중심으로 의견을 교환하고, 큰 틀에서 일치를 본 것을 계기로 자유·개진 양당의 연대·연립의 구상이 세워졌다. 이 구상은 개진당의 내부에 반대가 있어, 12월에 시게미쓰 총재가 '자유당과는 정책이 일치한다면 협력하겠지만, 요시다 내각과는 연립하지 않는다'(『아사히 연감』 1955년 판)라고 밝힌 소신의 파장이 사라지기까지 정국의 동향을 좌우하는 초점의 하나가 되었다.

그러한 한편으로 요시다 수상은 11월 중순에 하토야마 분자당(分

自黨) 총재를 방문하여 분자당의
무조건 복당을 요청하였고, 같은
날 회담에서 헌법조사회와 외교위
원회의 설치 등의 쟁점에 대해서
양보의 자세를 보였다. 하토야마
총재가 이를 받아들여 11월 말까
지 일부 강경파를 제외한 분자당
의 복당이 실현되었으나, 이 재결
집의 움직임은 이듬해 54년에 시

▶사진 1-3. 1954년 6월 3일, 중의원의 회기 연장을
둘러싸고 난투하는 여야당 의원(쓰지 키요아키[辻淸
明], 『도설(図説) 일본의 역사 18 전후 일본의 재출발』,
슈에이샤, 1976년).

작되는 보수 합동 문제의 서곡에 지나지 않았다.

보수 진영의 움직임에 대응하여 좌우 양파의 사회당도 서로 간
에 양보의 움직임을 보여, 10월에는 양당 위원장·서기장 회담으로 국
회에서의 공동 투쟁 강화가 논의되었다. 다만 이후 일정 기간 동안 양
당의 기본 노선에 관한 대립도 있어 적극적인 움직임은 나타나지 않았
고, 54년 1월의 당 대회에서 각기 '사회주의 정치 세력의 결집'을 위해
노력한다는 방침을 결의하는 데 머물렀다(同前).

요시다 수상의 퇴진

이러한 상황 속에서 54년 1월에 정치 문제화된 보전경제회 문제
와 조선의옥사건에 의해 국회 내에서 여야의 대립이 격화되어 6월에
는 헌정사상 미증유의 국회 난투 사건이 일어났고, 국민의 정치 불신
은 한층 높아졌다.

이에 대해 여당인 자유당에서는 3월 말에 오가타 타케토라(緒方竹虎) 부총재가 국면의 타개책으로서 '보수 합동'에 관한 구상을 발표했다. 이를 계기로 보수 합동에 관한 논의가 활발해졌고, 5월 말에는 자유당·개진당·일본자유당 3당파에 의한 정식 절충이 개시되었다. 그러나 자유당 주류파가 요시다 내각의 강화를 노리고 있었던 것에 비해 요시다 퇴진이 신당 결성의 전제라는 반대가 강하여 3당파의 절충은 완전히 좌절되고 말았다.

이후 신당 결성을 목표로 하는 세력은 7월 3일에 자유당 반(反)요시다파와 개진당의 자개(自改) 연대파를 중심으로 하는 신당결성준비회(후에 신당결성협의회로 개칭)를 결성하고, 요시다 내각과의 대립 자세를 강화했다. 9월이 되자 하토야마 이치로를 중심으로 하는 보수 신당 결성의 움직임이 본격화되고, 11월 24일에 자유당의 기시파(岸派), 하토야마파(鳩山派), 개진당, 일본자유당이 결집하여 일본 민주당 결성 대회가 열려, 보수 정계는 자유·민주로 이분되는 상황이 되었다.

해산·총선거라는 강경 방침을 고집하고 있던 요시다 수상은 자유당 내의 대세를 받아들여 12월 7일에 내각 총사직을 선택하지 않을 수 없었다. '터무니없는 짓을 한다면 총재라고 해도 제명해버리겠다'고 몰려, 요시다 수상 자신이 결석한 채로 각의는 총사직을 의결했다(앞의 책, 『일본 정치사 4』). 그리고 10일에 일본 민주당 하토야마 이치로를 수반으로 하는 신내각이 탄생했다. 7년간에 걸쳐 정권을 담당했던 요시다 체제는 여기서 종지부를 찍었다.

하토야마 내각의 성립

새로이 발족한 하토야마 내각은, 수상 지명을 둘러싼 야 3당의 절충으로 55년 1월 말에 중의원 해산의 합의가 있었기 때문에 선거 관리 내각이었다. 합의에 기초하여 55년 2월 말에 시행된 총선거에서 민주당은 185의석(해산 전 124의석)을 확보하여 제1당이 되고, 자유당은 180의석에서 112의석으로 격감하여 참패했다. 한편 통일을 공약으로 임한 좌우 양파 사회당도 합계 156의석(해산 전 135의석)을 획득하여 혁신 세력이 3분의 1 이상의 의석을 확보했다. 이 때문에 보수와 혁신 양측 대립의 초점이 되어 가고 있었던 헌법 개정의 발의는 사실상 불가능해졌다. 총선거 후의 제22기 특별국회에서 수상으로 선출된 하토야마 이치로는 민주당 단독 내각을 조직하고, 자유당과의 협조를 통해 국회 운영을 진행하겠다는 방침을 세웠다.

이 신내각의 방침에서 가장 중요하게 여긴 것이 소일(蘇日)교섭을 중심으로 한 평화 외교의 추진과 헌법 개정의 준비였다. '한편에서는 평화 외교를 제창하면서 다른 편에서는 군비를 추진하고, 헌법 개정 문제를 통해 혁신 진영과의 대결을 꾀하는 양면 작전'이 하토야마 내각의 기본 성격이라고 평가되었다(『아사히 연감』 1956년 판). 이 같은 전략이 채택된 기본적인 이유는, 요시다 내각에 의해 실현된 강화와 일본의 독립이 미일 관계 중시에 편중되어 있다는 비판을 받았기 때문에 이를 소일 국교회복을 통해 수정하고, 국제사회로의 더욱 완전한 복귀를 이룰 필요가 있었다는 점, 또한 일본의 방위 문제의 근본적인 해결에는 헌법 개정이 필요하다는 생각이 있었다. 그러나 헌법 개정에 대해서는 보수 진영이 중의원의 2/3 이상의 의석을 확보하지 못했고, 헌법조사회 법안이 참의원에서 미심의 종료되었다는 사실에서 보이듯 실제로도 어려웠다. 한편 소일교섭은 6월 1일부터 런던에서 본격적인 교섭이 개시되었으나, 영토 문제로 난항을 겪었고 10월에는 일시 중단될 수밖에 없었다.

공약의 조기 실현이 사실상 곤란해진 상황에서 하토야마 내각의 국회 운영에도 파란이 일게 되었다. 제22기 특별국회 개시 직후, 중의원 의장선거에서 민주당 후보가 패배한 것을 시작으로 55년도 예산 심의에서는 양파(兩派) 사회당에 자유당이 누차 동조하여 심의가 대폭 늦어졌다. 그 결과 3개월의 잠정 예산을 계속한 끝에, 자유당의 대폭 수정 요구를 상당 부분 받아들인 민자 공동 수정안이 6월 8일에 중의원에서 간신히 가결·성립될 정도였다(참의원은 7월 1일 가결 성립).

또한 경제정책 면에서는 경제심의청이 수립 중이었던 경제자립 6개년계획을 기초로 장기적인 경제 계획을 세우고, 이에 기반하여 정부가 새로이 제안하는 정책을 검토해 나갈 방침이었다. 그러나 정부 계획의 결정이 55년 12월까지 대폭 늦어지고, 게다가 장기 계획을 염두에 두면서 채택된 당면 시책도 빈번히 국회 승인이 어려운 상황에 빠졌다.

이러한 사태는 하토야마 내각이 소수 단독 내각이었다는 점과 전년부터의 보수 진영 재편을 둘러싼 대립이 해소되지 않은 점 등으로 인해 자유당의 협력을 충분히 얻지 못했기 때문이었다. 보수 진영의 통일에 의한 정국의 안정이 필요했던 것이다.

보수 합동의 실현

2월 총선거에서 '통일 사회당에 의한 새 정권'을 슬로건으로 의석을 늘린 양파 사회당은 선거 결과에 힘입어 합당을 위한 절충을 5월 초부터 개시, 9월 초에는 강령안을 정리했다. 그 후 약간의 우여곡절은 있었으나 10월 13일에는 사회당의 통일 대회가 열려, 새 강령을 만장일치로 채택하고 위원장에 스즈키 모사부로(鈴木茂三郎), 서기장에 아사누마 이네지로(浅沼稲次郎)를 선출했다.

사회당의 통일 실현을 향한 착실한 걸음은 보수 합동을 촉진하는 중요한 요인이 되었다. 그러나 그 여정은 지극히 험난한 것이었다. 같은 해 4월 12일, 민주당의 미키 부키치(三木武吉) 총무회장이 민주당으로의 보수 결집을 추진하기 위해 자유당과 대화를 하겠다는 방침을 밝혔다. 그러나 10월의 사회당 통일과 재계 등의 요망으로 통합론이 높아질 때까지 보수 양당의 교섭은 특별한 합의점을 찾지 못하고 있었다. 최대 쟁점인 신당의 총재 문제에 관한 대립이 해결되지 않았기 때문이다. 이 때문에 우선 총재 문제는 보류하고, 신당을 결성한 후에 대행 위원제를 통해 당무를 이행하고, 제3차 하토야마 내각을 발족시킨다는 타협이 성립되었다.

이리하여 11월 15일에 자유민주당(자민당)의 결당대회가 열려, 강령 등을 만장일치로 가결하고 중의원 299의석, 참의원 118의석을 차지한 보수 정당이 탄생했다. 이 결과 일본의 정계는 보혁 2대 정당 대립의 시대를 맞이했지만, 그 실질은 안정적인 다수를 얻은 자유민주당 내각에 의한 장기 정권 장악의 시대, 즉 '1과 1/2정당 체제'였다. 이것이 '55년 체제'라 칭해지는, 전후 정치를 특징짓는 정치체제였다.

정책 결정 과정의 변화

56년 1월 30일, 시정(施政) 방침 연설에 나선 하토야마 수상은, ① 평화 외교의 추진에 의한 소일 국교의 정상화, ② 헌법 개정의 준비, ③ 선거 제도의 개정을 추진한다고 발표했다. 그러나 헌법 개정 문제에 관련하여 '육군을 가지지 않는다, 해군을 가지지 않는다는 식의 헌법에는 반대한다' '자위를 위해서는 적의 기지를 침략할 수 있다'는 등 실언을 계속했다. 야당의 추궁이 더욱 거세지는 가운데 정부와 여당은 소선거구제 법안, 신교육위원회 법안, 국방회의 구성법안, 헌법조사회 법안 등의 중요 법안에서 사회당과의 대결 자세를 분명히 하면서 수적 우위를 배경으로 한 강경한 태도로 끝까지 가려고 했다. 국회의 심의는 혼란을 거듭했고, 보수와 개혁의 대립적 인상을 남기는 것으로 끝이 났다.

그러나 상기의 중요 법안 중 소선거구제 법안을 제외한 세 법안이 성립되었고, 56년도 예산도 3월 중에 참의원에서 정부 원안대로 가결 성립되는 등, 여당이 중의원의 3분의 2 가까운 의석을 차지하게 된 보수 합동의 성과가 나타나고 있었다. 예산안이 해당 전년도 내에 수정 없이 성립된 것은 52년도 예산 이래 4년 만의 일이었다. 그러나 반면 56년도 예산은 '각 성(省), 당의 쟁탈전으로 들쑤셔져 상당히 무리'했고, 국회 제출에 앞선 단계에서 자민당에 의해 대폭 수정되었다(『아사히 연감』 1957년 판).

국회에 제출하기 전의 정부·여당 간의 절충에 의한 심의·수정은 예산만이 아니라 다른 중요 법안에서도 보였다.

합동이 이루어지기까지 보수 정당 간의 대립으로 인해 의회 운영이 자주 곤란에 빠졌고, 예산안뿐만 아니라 다른 중요 법안도 심의 미종료 상태로 차기 국회에 이월되거나 법안 폐기로 몰리는 일이 많았다. 재계가 정국 안정을 강하게 요망한 것은 이러한 상황에 대한 초조함 때문이었다.

그러나 합동 이후 최초의 통상(通常) 국회(한국의 정기국회―역자)가 된 제24회 의회에서는, 국회 제출 이전에 여당과의 절충이 예산안 확정 과정에서 중요한 의미를 가지게 되는 등, 많은 법안의 순조로운 성립을 위해서 정부와 자민당의 사전 조정이 가지는 중요성이 커졌다. 물론 정책 입안 능력을 가진 전문가 집단인 관료 조직의 역할이 압도적으로 컸으며, 소관 관청 내의 토의와 관계 업계로부터의 의견 청취에 의해 각종 정책의 골격이 정해지고, 다시 각 관청 간의 절충, 관계 심의회의 심의를 통해 구체적인 법률안이 만들어지는 틀에는 큰 변화가 없었다. 그러나 당시까지 신정책(법률안)에 대해 정책 입안 측과 자유당 또는 민주당과의 협의는 정례화되어 있지 않았다. 이에 비해 새롭게 발족한 자민당은 정부 제출 법안에 대해서는 국회 제출 전에 미리 정조회의 관계부회, 정조심의회, 총무회의 순서로 의견 조정의 장을 가지는 것을 엄격히 요구하였다. 또한 법안에 따라서는 담당 관청이 사회당의 정책 심의회의 요구에도 응하여 설명을 하는 일도 있었다 (『통상산업 정책사』 제5권).

이렇게 보수 합동에 의한 국회의 세력 분포 변화 속에서 정책 결정 과정에도 큰 변화가 일어났다. 50년대 후반에도 심각한 정치적 갈등이 계속되었지만, 중요 정책의 입안, 입법화 과정에 정형화된 수립 절차가 생겨났고, 55년 체제는 안정된 시스템으로 성숙하게 되었다.

4. 국제사회로의 복귀

소일(蘇日)교섭의 타결

현안이었던 소일교섭은 55년 9월에 중단된 상태였지만, 이듬해 1월부터 재개되었다. 그 결과 평화 조약의 초안에 비해 상당한 진전을 보였지만, 영토 문제로 막다른 골목에 부딪혀 3월에 교섭은 무기한 연기에 들어갔다. 그러나 소련 측이 북양(北洋)의 연어·송어 조업에 대해서 자원 보호 관점에서 어획 제한의 의사를 표명했기 때문에 일본은 이에 대응하여 어업 문제에 대한 교섭을 하기로 했다. 6차에 걸친 회담의 결과, 어업 조약 등은 5월 14일부로 조인되었다. 이 어업 교섭의 타결 조건에는 7월 말까지 일본이 소일교섭 재개에 응한다는 조건이 포함되어 있었다. 그러나 7월 하순부터 재개된 교섭도 영토 문제로 진전되지 못하고 어쩔 수 없이 중단되었다. 정부 내에서는 교섭 타결을 위해서는 어느 정도의 타협도 어쩔 수 없다는 입장도 있었으나, 이에 대한 자민당 내부와 여론의 반발이 강했기 때문이다.

여기서 하토야마 수상은 사태의 타개를 꾀하기 위해 영토 문제를 보류하고 국교회복을 목표로 할 것을 결의하며, 그 실현을 계기로 용퇴(勇退)할 것을 조건으로 당내 다수의 지지를 성립시켰다. 이리하여 10월 19일에 소일 양국은 공동 선언의 조인에 도달했다. 12월 12일에 이 선언이 발효되어 샌프란시스코 강화조약 이래의 현안이었던 동구권 여러 나라와의 국교가 정상화되고, 일본의 국제사회로의 복귀가 크게 진전되었다.

국제연합 가맹과 국제기관 참가

소·일 공동 선언 발효와 같은 날에 국제연합 안전보장이사회가 일본의 가맹을 만장일치로 승인한 것은 소일 국교회복의 의의를 상징적으로 나타내었다. 일본은 80번째 국제연합 가맹국이 되었다.

이와 전후해서 경제 면에서도 국제통화기금(IMF)과 관세 및 무역에 관한 일반협정(GATT)에의 참가도 실현되었다. 전자에 대해서는 독립과 동시에 비교적 자연스럽게 가맹이 인정되었다. 일본이 IMF에 가맹하기 위해 움직이기 시작한 것은 50년 4월에 이케다 하야토 대장상이 방미 중인 때였지만, IMF는 52년 5월의 제30회 연차 총회에서 일본의 가입을 승인했다.

이에 비해 GATT에의 가입은 많은 곤란이 따라 여정이 매우 험난했다. 무역 면에서 차별적 위치에 있었던 일본은 원칙적으로 무역 상대국의 자의적이고 차별적인 수출입 제한 등을 면할 수 있다는 점 등에서 GATT 가입에 큰 기대를 걸고 있었다. 국제 경제 사회의 정식 일원으로 인정된다는 상징적인 의미 이상으로, GATT 가입은 수출 진흥을 과제로 하고 있었던 일본에게 있어 반드시 실현해야 할 과제였다.

그러나 일본의 가입은 쉽게 실현되지 않았다. 전전의 일제 섬유 제품을 덤핑 수출한 것에 대해 쓴 기억을 가진 영국을 비롯한 여러 나라에서 강하게 반대했기 때문이다.

일본은 강화조약 조인 직후인 51년 9월에 제네바에서 개최된 제6회 GATT 총회에 옵서버 참가를 신청했다. 종래의 옵서버 초청 문제는 단순한 수속 문제로서 간단히 처리되었지만, 일본의 초청 문제를 심의한 회의에서는 전전 일본의 무역 관행을 두려워한 나라들의 신중론으로 인해 심의가 난항을 겪었다. 결국 일본은 회기 도중부터 옵서버로 출석하여 GATT 가입에의 발판을 얻었지만, 이후에도 반대론·신중론이 강했다.

일본의 임시 가입이 인정된 것은 54년 7월의 일로, 55년 2월에는 정식 가맹 절차를 위한 관세교섭위원회가 제네바에서 열렸다. 이 교섭 과정에서 큰 역할을 하여 일본의 가입을 촉진한 것은 미국이었다. 미국은 솔선하여 대일 관세 교섭에 응할 것을 밝힌 것뿐만 아니라, 일본에 대해 실질적인 관세 인하를 행하는 나라에 대해서는 미국 자신이 그 나라가 희망하는 관세를 내릴 용의가 있음을 표명했다. 미국의 의도는 미국의 관세 인하라는 인센티브를 제공함으로써 일본과의 관세 교섭의 테이블에 앉히고자 하는 것으로, 일본을 강력히 지원하는 것이었다.

이렇게 해서 대략 55년 5월 하순에 교섭이 타결되어 일본은 9월 10일에 정식으로 GATT 가맹국이 되었다. 신청 이래 3년여가 걸린 것이다.

그러나 GATT 가입이 그대로 대일 차별의 철폐로 이어지지 않았다. GATT 제35조의 규정을 원용하여 일본에 GATT 규정을 적용하는 것을 거부하는 나라가 적잖이 있었기 때문이다.[4] 일본 가입 시 일본에 대해 제35조를 원용한 국가는 영국, 프랑스, 네덜란드, 벨기에, 룩셈부르크, 호주, 브라질, 인도 등의 14개국이었다. 그것은 전전 이래 일본에 대한 뿌리 깊은 불신감 때문이었다. 제35조 원용은 GATT 가입의 의의를 말살하는 것이었기 때문에, 그 철회 교섭이 이후의 경제 외교상 큰 문제가 된 것이다.

통상 관계의 회복과 경제 외교

뒤떨어진 무역의 부흥과 관련해서는 통상 관계의 정상화를 위한 2국 간 교섭이 더 추진되었다. 강화조약은 그 제7조에서, 각 연합국은 조약 발효 후 1년 이내에 전전에 일본과 체결한 조약 또는 협약을 계속해서 인정할지의 여부를 일본에 통지하도록 하였다. 그러나 이를 따른 것은 전전의 조약 체결국 39개국 중 7개국에 지나지 않았다. 많은 나라가 전후의 새로운 체제에 잘 맞는 새로운 조약을 원했다. 이 때문에 각국과의 통상 관계 정상화를 위한 교섭이 시작되었다. 62년까지 10년간 일본이 새로이 서명한 통상(항해) 조약의 상대국은 합계 11개국, 통상 협정 상대국은 9개국이 되었고, 대부분의 주요국과의 통상

4 GATT(관세 및 무역에 관한 일반 협정)는 기본적으로 제1부 규정에 의해 가맹국 간의 무조건 최혜국 대우를 원칙으로 하였으나, 제35조를 통해 가맹국이라도 무조건 최혜국 대우를 주는 것을 거부 또는 거부할 권리의 유보도 인정하고 있었다.

에 관한 조약 내지는 협정을 맺기에 이르렀다(『통상산업 정책사』 제6권).

이들 새로운 조약 중에서 미국과의 통상 항해 조약이 특히 중요했다. 통상 무역 관계의 규모만이 아니라 타국과의 조약 등에 모델이 된다고 여겼기 때문이다. 교섭의 쟁점은 미국 측이 '투자 보호'를 목적으로 요구한 내국민대우(內國民待遇)였다. 그것은 일본의 산업정책, 무역정책에 있어 근본적 제약이 되는 것이었다. 그러나 교섭 결과 성립된 조약은 미국이 크게 양보한 내용으로 이루어졌다. 내국민대우에서는 공익사업, 조선업, 항공운송, 수상운송, 은행의 예금, 신탁업무, 토지와 그 외의 천연자원의 개발 분야에서 업종 제한이 확장되었고, 외자도입(外資導入)의 국내 재투자에서는 외자도입법의 제한을 3년에 걸쳐 적용하는 것이 인정되었다. 또한 외화 사정에 기초한 외환 관리나 사전 공표 등을 조건으로 한 수출입 제한이 인정되었다.

그 외의 서방 여러 나라와의 통상 협정 교섭에서는 일본에 대한 차별적 수입 제한이나 GATT 제35조 원용의 철폐라는 일본의 요구가 쟁점이 되었다. 이들 조약 교섭의 원활한 진전을 위해 일본 정부는 수출 질서의 확립 등 수출 진흥 정책을 강구하게 되었다.

한편에서는 냉전 격화라는 국제 정세하에서 동구권 국가들과의 무역을 제약하는 국제적인 틀이 강화되어 있었다. 이 규제는 소련권으로 향하는 물자를 대상으로 성립된 코콤 리스트(COCOM list, 대공산권 수출통제품목—역자)와 중국에 대한 친콤 리스트(CHINCOM, 대중국 금수품목 리스트)에 기반한 것으로, 일본은 52년 11월 코콤 가입을 결정했다.

미일 관계를 중시한 이 선택은 일본에게 큰 제약이 되었다. 50년대 후반에 수출 제한이 완화의 방향으로 향한다고는 하나, 중국은 전전의 최대 무역 상대국이었다. 수출 진흥이 경제정책상의 지상 과제인 이상, 대미 협조와의 균형을 고려하면서도 중국과의 무역 확대가 요구되는 것은 당연했다.

이 사이 소련과의 무역 교섭이 57년 9월 정부 간에 개시되어 소일 무역이 본격적으로 시작되었지만, 이에 대한 기대는 낮았다. 기대했던 중일무역의 확대는 정부 간의 협정이 곤란한 외중에, 52년 이후 4차례에 걸친 중일민간무역협정 등 민간 협정의 형태로 추진되었다. 그러나 58년의 제4차 협정에서 일본 정부가 중국 대표부의 국기 게양에 형법상 외국 국기에 대한 보호 규정을 적용하지 않는다는 태도를 취한 점 등으로 인해 중·일 관계에 마찰이 생겼고, '나가사키 국기사건'(같은 해 5월, 나가사키 시의 백화점에서 열린 중일우호협회 주최의 전시회장에서 입장자 중 한 명이 중국 국기를 잡아당겨 내린 사건)을 계기로 무역 거래도 중단되었다. 60년 8월에 저우언라이 수상이 '대일무역 3원칙'(정부 간 협정, 민간계약, 개별적 배려)을 제시하여 개별 민간 거래를 재개하는 길을 열고, 62년 11월에 중일종합무역에 관한 각서가 랴오청즈(廖承志)와 다카사키 타쓰노스케(高碕達之助) 사이에서 체결되어 두 사람의 이름 앞자를 딴 소위 'LT무역'이 개시될 때까지, 어쩔 수 없이 상당한 공백기를 가질 수밖에 없었다.

배상 문제와 경제협력

동남아시아 여러 나라와의 현안이 된 배상 교섭에서는, 강화조약 제14조에 따라 일본에 배상을 요구한 필리핀, 인도네시아, 미얀마, 베트남, 라오스, 캄보디아 등 6개국과 교섭이 개시되면서 관계 회복의 길이 모색되었다. 이외에 태국 및 프랑스령 인도차이나와의 사이에는 전시 중 특별 엔[5]의 처리 문제가 있었고, 또한 후에 배상청구권을 포기한 라오스, 캄보디아에 대해서도 배상에 준하는 성격을 가진 무상경제 기술협력 교섭이 진행되었다.

배상 교섭은 대미얀마 배상이 55년, 대필리핀 배상이 56년, 대인도네시아 배상이 58년, 대베트남 배상이 60년에 각각 협정이 발효되면서 일단락되었다. 강화조약 전에는 인도네시아가 172억 달러, 필리핀이 80억 달러 등 거액의 배상을 청구하여, 그 합계액은 55년 일본의 국민소득 189억 달러를 훨씬 넘기고 있었다(하시모토 주로〔橋本寿朗〕, '1955년'). 그러나 교섭 결과, 4개국 합계 17억 달러로 감액되었고, 그 위에 장기 연불(年拂)이 인정되었다.

강화조약에 명시된 원칙(일본의 경제적 자립을 방해하지 않는 범위에서 청구에 응한다, 용역에 의한 배상을 중심으로 하고 금전 배상을 하지 않는다)을 관철하는 것이, 배상 교섭에 있어 일본의 기본적인 태도였다. 전쟁에 의해 일방적으로 손해를 입은 나라들에 대해 배상에 응하는 것은 일본의 당연한 책무였으나, 한편으로는 문제를 해결하면서 정상적인 통상 관계를 회복해 가는 것이 일본의 경제적 자립에 불가결한 일이었다. 이러한 사정이 배상에 대한 일본의 대처를 적극적으로 만들었다. 동남아시아 여러 나라는 일본의 경제 발전에 필요한 원료자원이 풍부한 나

5 1940년 9월부터 종전까지 프랑스령 인도차이나 지역의 일본군 주둔 기간에 무역 결제, 중요 물자의 구입 및 군비 조달 등을 위한 지불을 프랑스−일본 양국 협정에 의해 1943년 1월 1일까지는 금 및 미달러로, 이후는 '엔'으로 결제하도록 합의되었다. 이 때 금 지불분은 전후에 지불 완료되었으나, 달러 및 엔 기준의 지불은 전시중과 전후의 통화가치 변동으로 지불액의 감정을 둘러싸고 양측에 이견이 있었다. 이 때 문제의 대상이 된 엔을 '특별엔'이라 하며, 특별엔 문제는 타이와 일본 사이에도 있었다.

라가 많고, 또는 제품을 수출할 수 있는 시장으로서의 기대도 컸기 때문이다.

예를 들면, 통상성은 '이들 각국에 대하여 배상 및 이에 수반되는 경제협력을 성실, 그리고 적극적으로 실시함으로써, 우리나라로서는 중공업 제품 시장의 안정적인 확보와 공업 원재료의 수입 시장 육성을 기대할 수 있으며, 또 투자처의 개척이 크게 기대된다'는 점을 강조하였다(앞의 책, 『통상산업정책사』 제5권). 이렇게 해서 배상 지불은 금전이 아닌 '실물 배상'으로, 일본으로부터 수출품 내지는 용역을 제공받는 것이 되었고, 상대국의 경제개발계획이나 공업화 정책에 협력하는 것이 되었다.

경제협력에 대한 대처

같은 의도에서 57년 이후에는 혹독한 외화 사정하에서 경제협력의 확대가 모색되었다. 기시(岸) 수상의 아시아개발기금 구상에 기초하여, 정부는 58년에 첫 직접차관으로 대인도 엔 차관교섭을 정리했다. 이 차관은 57년 5월에 동남아시아 6개국 순방 도중에 인도를 방문한 기시 수상이 네루 수상과의 공동 커뮤니케이션에서 인도의 제2차 5개년계획에 전면적으로 협력하기로 표명한 것을 발단으로 했다. 그것은 180억 엔을 한도로 3년간에 걸쳐 철도 시설, 수력 및 화력발전 설비, 송전 및 댐 건설 시설, 채탄선탄(採炭選炭) 설비, 광석 채굴 및 선광 설비, 선박, 항만 시설 등을 대상으로 협력하는 것이었다.

다른 한편에서는 경제협력 실시체제를 강화할 목적으로, 57년 5

월에 일본수출입은행법이 개정되었고, 58년 7월에는 '동남아시아개발 기금'이 설립(61년에 해외경제협력기금)되었다. 또한 아시아 지역에 관한 종합적인 연구 조사 기관으로 아시아경제연구소가 설립되었다.

이 외에 이 시기에는 남베트남에의 엔 차관(1959년 5월 협정조인, 27억 엔), 파라과이 엔 차관(1959년 10월 합의, 총액 13억 6,800만 엔)이 실행되었고, 아랍연합, 유고슬라비아, 파키스탄, 이란 등과의 경제협력도 실현되었다.

일본의 경제협력을 추진하게 된 배경에는, 56년 2월 발표된 소위 '존스턴 구상'에 의해 동남아시아 여러 나라의 경제개발에 있어 일본에 지도적 입장을 기대한다는 미국 측의 방침이 명확해졌다는 사실이 있었다. 그러나 56년 3월에 경제기획청이 정리한 해외투자 기관 구상에 대해서는, 마침 진행 중이었던 일본·필리핀 배상 교섭에서 필리핀 정부가 반대 의사를 표명했다. 국가 자금에 의한 투자 기관은 상대국에 대해 정치적 진출을 의도하고 있다는 인상을 준다는 이유에서였다.

미국의 구상에 따라 전개되려 하였던 대외경제협력 구상의 실현은 이렇게 해서 아시아 여러 나라로부터의 강한 경계심에 의해 미루어졌다. 여기에는 아시아 여러 나라들 속에 뿌리 깊게 남아 있던 전쟁의 기억과 일본에 대한 불신이 가로놓여 있었다.

5. 춘투(春鬪)와 미이케(三池)쟁의

생산성향상운동

55년은 노동운동의 면에서도 전환기가 된 해였다. 생산성본부가 발족하고, 춘투(春鬪, 노조의 임금 인상 투쟁이 봄철에 집중된다는 의미―역주) 방식이라는 새로운 형태의 운동이 시작되었기 때문이다.

55년 2월에 발족한 일본생산성본부에 의한 생산성향상운동은 이후의 노동운동에 큰 영향을 미치게 되었다. 일본생산성본부는 미국의 FOA(대외활동본부)의 원조에 기반을 두고, 54년 3월에 경단련, 일경련, 일상, 경제동우회 등 4개 단체가 '미일생산성증강위원회'를 결성한 것을 계기로 하여 '미일생산성협의회'를 거쳐 발족한 것이었다.

설립 취지서에 의하면 '생산성 향상이란, 자원, 인력, 설비를 효과적이고 과학적으로 활용하여 생산 코스트를 절감하고, 이를 통해 시장 확대, 고용 증대, 실질 임금 및 생활수준의 향상을 도모하고, 노사 및 일반 소비자의 공동 이익을 증진하는 것을 목적으로 한다'라고 되어 있다. 생산성향상운동을 국민운동으로 조직하기 위해 해외 시찰단을 파견하는 등, 생산성 향상에 필요한 지식의 보급 등 계몽 활동이 전개되었다.

생산성본부는 노동조합에도 참가할 것을 요구했지만, 총평은 이 것을 거부했고, 전일본노동조합회의(전노) 계열의 일본노동조합총동맹(총동맹)과 해원(海員)조합만 참가하게 되었다. 총평의 반대 이유는 '유럽의 생산성증강운동이 마셜 플랜과 관련이 있듯이, 일본에서의 생산성향상운동은 MSA의 군사적·정치적 목표를 실현시키기 위한 것으로, 무의미한 노동 강화와 실업자를 초래할 것이다' 라는 것이었다(『아사히 연감』 1956년 판).

이렇게 생산성향상운동은 당시의 노동운동에 있어서는 상대적으로 소수파를 끌어들이는 데에 그쳤다. 그러나 생산성향상운동에 나타난 '생산성의 향상을 통한 노동자 생활의 개선' 이라는 생각은, 운동에의 직접적 참가 여부와 상관없이, 고도성장기 이후에 눈부신 발전을 이룬 일본의 거대 기업에 있어 노동자의 '일에 대한 참가 의식' 을 높이고, 협조적 노사 관계를 형성하는 기반이 되었다.

춘투 방식의 성립

재계는 생산성본부와 협조 노선을 걷는 한편, 경영권 확립을 목표로 하여 노동운동과의 대결 자세도 견지했다. 일경련은 53년, 경제 자립을 달성하기 위해서는 '생산에 국민의 총력을 결집하고, 내핍(耐乏) 생활을 통해 자본을 축적하며, 기업 합리화를 통해 대외 경쟁력을 강화할' 필요가 있다고 호소하고 있었다.

그러한 사고방식의 연장선상에서 54년 초에는 임금과 물가 상승의 악순환을 회피하기 위해서, '노동 생산성의 향상을 동반하지 않는 임금 인상은 인정하지 않는다' 는 등의 내용을 담은 '임금 3원칙' 을 공표했다. 이러한 경영자 측의 공세는, 일면에서는 생산성향상운동을 통한 임금 상승에 기대를 거는 노동조합에게 '당근' 의 의미를 갖는 것과 동시에, 이에 참가하지 않는 총평 등에게는 운동 방침에 대한 위기의식을 높이는 것이 되었다.

이러한 상황에서 55년 봄에 합성화학산업 노동조합연합(合化勞聯)의 오타 카오루(太田薰)의 제창에 따라, 총평 산하의 5단산(單産, 산업별 단일노동조합)이 '임금 인상을 중심' 으로 한 전국 통일 투쟁을 목표로 하는 공투(共鬪, 공동투쟁)를 조직하게 되었다. 오타는 임금 동결 정책을 타파하기 위해서는, '모든 산업의 총파업' 으로 대항하는 것 외에는 방법이 없지만, 노동조합 측은 도저히 총파업체제를 취할 수 있는 상황이 아니기 때문에 '우선 시작할 수 있는 단산부터 차례로 통일 투쟁을 해 나가고, 이 과정에서 통일 투쟁이 아니면 싸울 수 없다는 자각을 대중에게 심어 나간다' 는 것이 목표였다고 진술하였다. 그것은 '어두운 밤에 손에 손을 잡고 나가자' 라는 '약자의 연대' 였다(효도 쓰토무〔兵藤ツトム〕, '노동의 전후사').

55년의 공투는 총평 산하의 5개 단산에, '춘기 임금인상 공투회의' 에 참가한 비(非)총평의 전국금속, 화학동맹, 중립 계열의 전기노련(電機勞聯)이 더해져 8개 단산 공투가 되었다. 이것이 후에 '춘투' 라 불리는 임금 인상 투쟁의 시작이었다.

56년이 되자 그때까지 연말에 임금 투쟁을 해 왔던 관공노조가

▶사진 1-4. 1950년대 전반, 대중 레저의 주역으로 급속한 인기를 모은 '파칭코'(1955년)(『1억 인의 쇼와사 6 독립―자립에의 고뇌 쇼와 27년~35년』, 마이니치〔每日〕신문사, 1976년).

참가하여 관민공투로 발전했다. 이 사이에 총평 지도부에는 기존의 다카노 미노루(高野 実)를 대신하여 국로(國勞)[6]의 이와이 아키라(岩井 章)가 사무국장으로 취임하고, 오타 카오루도 임금 담당 부의장(58년 의장)이 되어, 새로운 이와이·오타 체제하에서 춘투를 기축으로 하는 투쟁 방침이 추진되었다. 참가 조합은 해를 거듭할수록 증가하여 60년 춘투에서는 민간 115단산, 관공노 전(全)단산이 참가하여 410만 명의 노동자에 의한 운동이 되었다.

이 춘투는 기업별 조합을 조직하고 있는 각 단산이 각각 뜻을 모아, 이를 토대로 춘투공투위원회가 '사전에 전 기간에 걸친 투쟁 일정의 큰 틀과 정점을 담당할 거점 단산을 정하고, 거점 단산의 투쟁을 지원하여 참가 단산이 파상적으로 공격함으로써 전체의 임금 인상을 도모하고자 하는 전술을 취했다'(同前)는 것에 특징이 있었다. 이렇게 해서 비교적 투쟁력이 있는 단산, 또는 비교적 업적이 양호한 산업 부문의 단산을 거점으로 하여 노동자의 임금 인상이 추진되었다.

---

6 일본의 국철노동조합(国鉄労働組合, National Railway Workers Union). 1946년 2월 결성.

정노(政勞)의 대립

노동조합운동의 공동 투쟁에 대해 정부 및 경영자 측은 57년 춘투에서 거점이 된 국철 노조에게 국철 당국을 통해 공공기업체등노동관계법(공노법〔公勞法〕) 위반에 의한 처분을 무기로 대응했다. 기시(岸) 내각을 특징짓는 총평과의 대결 자세는 공무원 및 공공기업체 직원의 위법 쟁의 행위에는 단호한 처분을 내린다는 것이었다. 또한 정부는 57년 추계 연말 투쟁에 대해 9월 각의에서 '이시다(石田〔博英, 히로히데〕) 노동성 대신 담화'와 '공공기업체 등 직원의 노동조합 쟁의 행위 등에 대하여'라는 제목으로 공노법의 정리된 견해를 결정, 공표했다. 이것은 총평 투쟁 방침의 위법성을 구체적인 예를 들어 경고한 것으로, 이러한 전술을 취할 경우에는 '조합은 형사상·민사상의 면책을 받지 못하고, 형벌 법규의 적용, 손해배상의 책임을 지게 되며, 정부 당국의 해고, 기타 조치에 대해 부당 노동 행위로써 대항할 수 없음을 강조'한 것이었다(『아사히 연감』 1958년 판). 이것이 소장파(小壯派) 상공성 관료 시대(1930~31년), 하마구치 오사치(浜口雄幸)[7] 당시 내각의 긴축정책에 따른 '관리 감봉'(공무원 급여 인하)의 실시 주장에 반대의 선두에 섰던 기시(岸) 수상의 입장이었다.

이러한 정부의 강경 자세로 인해 그해 춘투에서 국철 노조는 해고를 포함한 가혹한 처분을 받았고, 이후의 처분 철회 투쟁도 충분한

---

7 1929년 7월에 일본의 총리가 되었으나, 그가 총리에 오른 때에는 미국에서 경제 대공황이 시작된 시기였다. 이 대공황의 영향으로 일본에도 불경기가 시작되어 수많은 기업이 도산하고, 실업자가 속출했으며, 주식이 폭락하여 투자자가 자살하는 등의 큰 경제 위기가 닥쳤다.

성과를 낳지 못한 채 조합의 분열을 맞이하는 타격을 입었다. 춘투 등의 새로운 운동 방침이 반드시 순조롭게 성과를 거둔 것이 아니었던 것이다.

정노(政勞) 대립은 총평을 중핵으로 하는 노동운동이 선거 투쟁을 통해 사회당(주로 좌파)의 선거운동을 지지하고, 기지 반대 투쟁의 지원 운동 등 정치적인 활동을 전개하며, 최저임금법 제정을 촉구하는 광범위한 운동을 전개하여 의원 입법을 노리는 등, 국정 운영에도 적지 않은 영향력을 지녔던 사실을 보여주고 있었다. 이 때문에 정부는 58년 11월에는 5일로 계획되어 있었던 총평·전노(全勞)·중립노동조합연락회의(中立勞連)·전국산업별노동조합연합(新産別) 등의 노동단체가 연합한 경직법(警職法, 후술) 반대운동에 대해서 바로 전날인 4일, '정치 파업은 위법이다'라는 노동대신 담화를 발표하였고, '정치 파업은 헌법 28조에서 보장하는 단체 행동 옹호의 범위를 일탈하는 것으로, 노조법상의 면책 대상이 되지 못한다'고 강경한 입장을 보였다.

미이케(三池)쟁의

이러한 정노 대결의 연장선상에 미이케(三池) 쟁의가 있었다.

59년부터 60년에 걸쳐 국내 최대의 탄광이었던 미쓰이(三井)광산 미이케(三池)광업소를 무대로 1년 가까이 계속된 미이케쟁의는 전후 부흥기에 탄생한, '강력한 투쟁의' 노동조합운동이 그 명운을 건 일대 쟁의였다(히라이 요이치[平井陽一], 『미이케쟁의[三池爭議]』).

에너지 혁명이 진행되는 과정에서 일찍부터 일본의 대표 산업이었던 석탄 산업은 수입 석유에 대항할 수 있는 경쟁력을 가지기 위해 엄격한 합리화가 요구되고 있었다.

무대가 된 미이케광업소의 미이케탄광노동조합은 직장 투쟁의 선구적 존재로 여겨져, 노동 조건의 개선을 강경한 투쟁 방침을 통해 실현하고 있었다. 이 때문에 경영자 측도 이러한 투쟁 형태가 '기업 질서의 파괴를 겨냥한 것'으로 파악하고 강경한 대결 자세를 취하고 있었다. 이 때문에 미이케쟁의는 '총자본 대 총노동'의 싸움이라고도 불렸다.

경영자 측은 일본 굴지의 우량 탄광인 미이케탄광이 '직장 질서의 문란'에 의해 '저능률·고임금'으로 적자 경영에 빠졌다고 주장하고 있었다. 실제로는 후술할 '석탄 정책의 진로 이탈'에 의해 합리화 노력에 해이해진 이유였기에, 석탄 산업의 경영자 측과 정부도 적자 경영에 책임이 있었다. 그러나 그 책임은 모두 노동자에게 돌아갔다. 미이케의 경영진은 다른 대기업에 앞서 59년 1월에 제1차 기업재건안을 발표, 희망 퇴직자 모집에 의한 인원 삭감이나 노사 관행의 개혁을 제안했다. 또한 8월의 제2차 기업재건안에서는 각 광구(鑛口)별 퇴직 희망 인원을 정하고 7개 항목 기준을 통해 퇴직 권고를 행하여, 모집 인원을 채울 것을 노동조합 측에 통고했다. 이 같은 계획에는 경영자 측의 '숫자는 물론 질적인 문제도 도외시할 수 없다'라는 단체교섭상의 발언에 나타나듯이, 실질적으로는 직장

▶사진 1-5. 대량 해고 저지를 호소하는 일본탄광노동조합(炭労) 임시 대회(1959년)(『실록 쇼와사 격동의 궤적 4 고도 경제성장의 시대 쇼와 31년~쇼와 40년』, 교세이〔ぎょうせい〕, 1987년).

규율을 흐트러뜨리는 '업무 소외자'를 지명해고 하는 의도가 담겨 있었다.

노사 격돌을 우려한 중앙노동위원회에 의해 직권 중재(나카야마〔中山〕 중재안)가 제안되었으나, 경영자 측은 이를 거부했다. 미쓰이광산 상무회의 기록에는 '일경련 및 은행 쪽이 상당히 완고하다. 은행의 말로는 중재안으로는 (특히 질의 해결에 대해) 회사의 재건은 불가능하기 때문에 33억의 융자를 포함하여 일체의 융자를 중지한다고 한다. 따라서 이 점이 해결되지 않으면 알선안도 무의미해져 버리고, 기타 노동 조건 등을 이야기하는 것 역시 무의미해져, 조합을 배신하는 것이 될 것이다'라고 적혀 있었다고 한다. 또한 알선을 제안한 나카야마 이치로(中山伊知郎) 회장에 대해 시나 에쓰사부로(椎名悦三郎) 관방(官房)장관은 '초대도 하지 않은 자리에 뻔뻔스레 나온 덜떨어진 기생'이라고 야유했다고 한다. 거부 방침은 경영자 측의 의사가 미치지 않는 정부와 재계의 레벨에서 결정되어 있었다.

직권 알선을 거부한 경영진은 12월 1일에 지명 퇴직을 권고하고, 이에 따르지 않은 1,200여 명에게 해고를 통고했다. 여기에는 '300명에 달하는 직장 활동가(사회당원 120명, 공산당원 31명 포함)가 포함되어 있었다'(앞의 책, 『노동의 전후사』 상).

이러한 경영진의 자세에는 합리화와 고용 조정이 필요한 상황을 이용하여 노사 관계의 양상 그 자체를 바꾸려는 강한 의사가 작용하고 있었다. 이 때문에 노동조합 측의 대응도 강경해졌던 것이다.

미이케노동조합의 패배

이렇게 하여 분쟁에 돌입한 미이케광업소에서는 60년 1월에 회사에 의한 공장 폐쇄와 미이케 노조의 무기한 파업 돌입에 의한 실력 대결이 시작되었다. 장기화의 양상을 보인 쟁의 끝에 3월에 제2조합이 결성, 생산 재개를 향한 움직임이 일어나고, 직원층의 이탈과 전국 미쓰이탄광 노동조합연합회(三鉱連)의 타 지역 탄광이 통일 파업지령을 반려하면서 쟁의단은 궁지에 몰렸다.

이에 탄광노조 집행부는 일본탄광노동조합(炭勞)이 신청한 중앙노동위원회(中勞委, 회장 후지바야시 케이조〔藤林敬三〕) 중재안(후지바야시 중재안)을 받아들이는 것 이외에 길이 없다고 판단하고 있었다. 하지만 '4월 9일에 열린 탄광노조 임시대회는 10시간에 걸친 논의 끝에 미이케 노조를 제외한 미쓰이광산 연대의원이 퇴장한 가운데 중재안을 거부하고 끝까지 저항할 것을 결의했다.'

이렇게 해서 파업은 당시 성황을 이룬 안보반대 국민운동과 호응하듯이 지속되어 '안보와 미이케는 하나'라고 일컬어졌다. 그리고 안보투쟁이 6월 19일의 자연 승인에 의해 급속한 퇴조에 들어서자, 미이케탄광노조는 생산 재개를 저지하기 위해 출탄(出炭)을 막기 위해, 핵심적인 위치에 놓았던 호퍼를 사수하기 위해 전력을 투입했지만, 싸움은 고립화되었다. 7월에 호퍼 주변의 피켓 해제를 결정한 후쿠오

▶사진 1-6. 미이케쟁의에서 피켓대를 습격하는 우익 세력(1960년 3월 29일)(앞의 책, 『일본의 역사 21 국제국가로의 출발』).

카 지법의 가처분 집행을 앞두고, 중앙노동위원회가 노사 양측으로부터 백지위임을 얻어내어 직권 알선에 나섰다. 제2차 후지바야시 중재안은 4월의 중재안과 거의 같았으나, 투쟁을 지속하는 것이 곤란하다고 판단한 탄광노조는 미이케 노조를 누르고 절차를 밟는 것 이외엔 방법이 없었다. 이렇게 하여 '미이케 노조는 고립 상태에서 패퇴하였다.' 이것은 한 시대의 종말을 상징하였다. 패전 후의 민주화 정책 속에서 생활 방위를 위해 생겨난 강력한 투쟁 주체였던 노동조합운동이 시대적 사명을 다한 것을 의미했기 때문이다.

회사 측이 우익 세력 등과 호응하여 행한 분열 공작 등의 영향이 있었다고는 하나, 장기간에 걸쳐 경영 기반을 흔들고, 그 결과 자신의 일터 자체의 존립이 위험해지는 격렬한 투쟁에 함께 따라가지 못하는 조합원이 늘어났고, 이것이 조합의 분열을 초래하였다. 이 같은 변화는 이미 50년대 초두의 노동운동에서도 맹아적으로는 나타났다. 그리고 드디어 미이케에도 그러한 물결이 밀려들면서, '미이케 노조가 성장하는 그 반대편으로 반(反)조합적 분자를 축적하고 있었던'(시미즈 신조〔清水慎三〕, 『전후 혁신 세력』) 것이다. 이렇게 '총평형 노동운동의 분수령'(시미즈 신조〔清水慎三〕, 『미이케쟁의 소론』)이 된 미이케쟁의는 노동조합 측의 패배로 끝났다. 생산이 재개된 것은 60년 12월 1일, 회사 측의 공장 폐쇄에 의한 무기한 파업으로부터 312일째였다.

6. 미일안전보장조약 개정 문제

죽음의 재 – 제5후쿠류마루(第五福竜丸) 사건

54년 3월 1일 오전 4시 12분경, 야이즈(燒津)의 참치 어선 제5후쿠류마루(第五福竜丸, 99톤)는 비키니 환초의 동북동 80해리 부근에서 조업하던 중, 돌연 남서 방향 수평선에서 섬광을 보았고, 7~8분 후에는 폭발음을 들었다. 섬광은 비키니 환초에서 행한 미국의 수소폭탄 실험에 의한 것이었다. 이것이 원자수소폭탄 금지운동의 세계적인 전개로 이어진 '제5후쿠류마루 사건'의 발단이었다.

섬광과 폭발음으로부터 약 3시간 후 '흰 재가 온 선상에 낙하하고, 갑판을 살포시 하얗게 덮었다.' 그리고 야이즈로의 귀로에 접어든 선상에서 2~3일 후에는 '전 승조원 23명이 가벼운 두통을 느꼈고, 그 중에는 구역질을 하는 사람도 나왔다. 재가 묻은 선원의 피부 부분에는 검붉은 수포가 생기고, 후에 검은색으로 변했다. 또한 두발 탈모도 생겨났다'(『아사히 연감』 1955년 판).

2주 후인 14일 아침에 야이즈에 입항하여 치료를 받은 승조원 중 중상자 2명은 상경하여 도쿄대 병원의 진단을 받았고, 또한 '배에 실어 온 2,500마리의 참치, 상어, 꽁치는 야이즈 시내, 도쿄, 오사카, 홋카이도, 호쿠리쿠 등으로 보내졌지만, 모두 강한 방사능이 검출되어 땅속에 묻어 폐기처분 되었다'. 도쿄대학 종합조사단에 의하면 제5후쿠류마루는 '살인적'인 양의 방사능에 노출되어 있었다(同前). 원폭증으로 입원한 무선 연락 책임자〔無線長〕구보야마 아이키치(久保山愛吉)는 치료의 보람도 없이 9월 23일 저녁에 사망했다.

'죽음의 재'에 의한 피폭이 보도된 다음 날인 3월 17일, 쓰키지(築地) 시장[8]은 '참담한 상황'을 맞이했다. 참치의 도매가는 반값 아래로 떨어졌으며, '입하량의 9할 이상이 판매되지 못했다'(가와나 히데유키〔川名英之〕, 『다큐멘트 일본의 공해』 제4권). 수산청이 파견한 조사선은 포획된 생선이 모두 방사능에 오염되어 있다는 점, 광범위한 수역에서 방사능이 검출된 점을 확인했다. 또한 비키니 환초 부근에서는 방사성 물질이 '깊이 100미터, 폭 수십 킬로에서 수백 킬로의 벨트형을 이루며 서쪽 방향으로 천천히 흐르고 있는 것을 발견했다'. 죽음의 재는 '북적도 해류를 타고 필리핀 해역으로 확산, 여기서부터 구로시오(黑潮) 해류를 타고 일본 근해나 북태평양까지 오염이 확장되었다'(同前).

'죽음의 재'를 맞은 것은 제5후쿠류마루만이 아니었다. 3월 말부터 8월 말에 걸쳐 죽음의 재를 직접 맞은 것으로 판명된 어선은 98척, 모든 배가 사전에 지정된 위험 수역과는 멀리 떨어져 있었다. 대미 관계를 고려한 하토야마 내각이 조사를 중단한 12월 말까지의 입항 검

---

8 도쿄의 수산물 거래 도매시장.

사에서 어획물로부터 방사능이 검출된 원양 참치 어선은 '전국에서 총 856척을 넘었다'고 한다(同前).

이러한 사정으로 사건 발생으로부터 수개월간 참치 등 어류의 방사능 오염이 문제시되었고, 장마 기간에 각지의 비에서는 비정상적인 방사능량이 검출되었으며, 연쇄적으로 음료수나 농작물의 오염 등이 문제가 되었다. 수소폭탄 실험은 죽음의 재에 의한 피폭이라는 직접적인 인적 피해뿐만 아니라 국민 생활의 다양한 측면에 끊임없이 위협을 주었다.

'약간의 방심'

피해의 심각성이 명백해진 상황에서 미국원자력위원회는 어류의 오염에 대한 부정적인 견해를 표명하고, 그 위에 '어민들이 실험에 대한 스파이 행위를 하고 있었을지도 모른다'(同前)라던가, '미국은 소련이 원자력의 국제 관리에 응하지 않아 어쩔 수 없이 실험하고 있다'라는 등의 회답을 보냈다(『아사히 연감』 1955년 판). 책임 전가였다.

실제로는 이 실험과 관련하여 미국 측에게 책임이 있었다. 실험 담당자들은 수소폭탄의 파괴력을 과소평가하여 한정된 수역만을 위험 구역으로 지정하였다. 풍향에 따른 위험수역의 변화 발생 가능성 때문에 풍향 여부에 의한 실험 연기가 사전에 인정된 상태였고, 당일 풍향 예측에 따르면 연기되어야 했음에도 불구하고, 이를 무시하고 실험은 강행되었다. 실험을 실시한 테오도르 테일러 박사는 35년 후, 일본의 TV 취재에서 '비키니에서는 약간 방심해 버렸거든요'라고 말하고 있다(앞의 책, 『다큐멘트 일본의 공해』 제4권). 실험이 환경에 미치는 영향에서 보더라도 허용될 수 없는 일이지만, 이 죽음의 재에 의한 피폭, 구보야마 무선장의 죽음은 피할 수 있는 인재였다.

원자수소폭탄 금지 운동

태평양전쟁 말기의 원폭 피해 실태는 영화 「원폭의 아이」나 나가이 타가시(永井隆)의 「나가사키의 종」 등에 의해 그 일부가 알려져 있었다. 강화에 의해 GHQ 검열 등의 제약을 받지 않게 되자 '생생한 원폭의 기록이 노동조합이나 학생운동 단체의 손에 의해 일반 속에 전해져 강연회, 영화회, 사진전 등을 통해 상당히 널리 국민 앞에 명백해' 지고 있었다(『아사히 연감』 1955년 판).

이러한 기반을 토대로 하여, 이 사건을 계기로 원수폭(原水爆) 금지 운동이 빠른 속도로 국내에 퍼져, 모든 계층으로부터 지지받는 국민운동이 되었다.

최초의 움직임은 제5후쿠류마루의 모항(母港)인 야이즈 시의 의회가 3월 21일에 채택한 원수폭 금지 결의였다. 그 후 중참(衆參) 양원을 비롯한 각지의 지방의회와 학회, 단체, 노조 등이 원수폭의 제조 금지, 원수폭 실험의 금지, 원자력의 국제 관리와 평화 이용을 요구하는 결의를 채택했다.

이들 의회나 지방 공공 단체가 선두에 서서 개시한 원수폭 금지 서명은 8월 8일에 원수폭 금지 서명운동 전국협의회가 결성되어 전국적인 운동으로 일원화되었고, 이는 3,300만 명 서명이라는 결실을 맺었다.

이 전국협의회는 원수폭 금지 서명운동 스기나미(杉並, 도쿄 내 지명) 협의회장 야스이 카오루(安井郁) 등이 제창하여 결성된 것으로, 다채로운 분야의 상임 간사가 참가한 사실에서 사상, 종교 등 입장 차이를 넘어선 국민적 규모의 지지를 얻은 사실을 알 수 있다. 이 운동에 담긴 염원은 평화에 대한 기원이었다. 그것은 '생선 장사 죽이는 데는 3일이나 필요 없다. 비키니 재가 내리면 죽는다' 라는 슬로건에서 볼 수 있듯, 일상생활 속에 원수폭 방사능 위험이 숨어들고 있다는 위기감에서 생겨났다. 이렇게 해서 생긴 다양한 조직이 각각의 기반 위에서 금지 운동에 관계하게 되었다.

해외에서도 인도의 네루 수상이 54년 4월에 핵보유국에 대해 실험 중지를 호소하는 성명을 공표하였고, 이듬해 7월에는 '러셀―아인슈타인 선언'이 핵전쟁의 위기를 경고하는 등, 원수폭 금지의 목소리가 커졌다(앞의 책, 『다큐멘트 일본의 공해』 제4권).

'국민 한 사람 한 사람에 대한 설득 활동'으로서 추진된 서명운동에서 출발한 운동은, 이러한 국제적 확산을 배경으로 55년 8월에는 히로시마에서 원수폭 금지 세계대회 개최에 성공하였고, 핵무기 반대의 목소리를 세계로 발신하게 되었다. 이 대회까지 세계 수준에서 펼쳐진 금지 서명은 6억 7천만 명에 달했다. 이듬해 56년의 나가사키 대회에서는 일본 원수폭피폭자 단체협의회도 결성되어, 이후 대중운동 속에서도 중요한 역할을 담당하게 되었다.

이시바시(石橋) 내각의 적극정책 구상

56년 12월 14일, 자유민주당은 당 대회를 개최하여 이시바시 탄잔(石橋湛山)을 제2대 총재로 선출했다. 제1회 투표에서 1위가 된 기시 노부스케(岸信介)에 대항해 이시바시와 이시이 미쓰지로(石井光次郎)의 2, 3위가 연합하여 얻은 승리였다. 이를 받아들여 20일에 하토야마 내각은 총사직하고 후속 수반에 이시바시 탄잔이 선출되었다. 그러나 격렬한 총재 선거의 영향으로 이시바시 내각은 각 파벌의 포스트 쟁탈전에 휘말려, 당초의 적재적소 인재 등용이라는 구상을 살리지 못하고, 큰 좌절을 경험하게 되었다(쓰쓰이 키요타다〔筒井清忠〕, 『石橋湛山』).

이 인사 항쟁에서 기시는 총재 선거의 논공행상인 '이시이(石井) 부총리' 안에 반대하고, 이에 이시바시가 고집을 부린다면 입각을 거부하겠다고 버텼다. 이시바시는 거당 일치 체제를 취하기 위하여 기시에게 외상에 취임할 것을 요청하여, 사실상 부총리 격으로 각내에 맞이했고, 이시이는 입각하지 않았다. 이것이 기시를 '수상의 위치까지 끌어올렸'던 정치적 결단의 줄거리였다(하라 요시히사〔原 彬久〕, 『岸信介』).

23일에 조각이 완료된 후, 이시바시 신(新)수상은 경제적극정책을 실행할 것을 골자로 하는 다음과 같은 담화를 발표했다.

나는 국민의 의사를 반영하는 책임 정치를 실행하고, 밝고 평화롭고 자유로운 민주 일본 건설에 몸 바칠 각오를 하고 있다. 이를 위해서는 우선 국민의 정치에 대한 신뢰감을 높이기 위해 기강을 바로잡고, 청렴한 정치를 하고자 한다. 경제에 대해서는 국민 생활의 향상과 안정을 목표

로 하여, 급격한 변화를 피하면서 대대적으로 적극정책을 단행할 것이
다. 외교에 대해서는 자유주의 국가의 일원으로서 국제연합에 어디까
지나 협력하면서, 자주 외교의 확립을 기한다(『아사히 연감』 1957년 판).

이 방침은 이케다 대장대신이 발표한 57년도 예산편성의 기본 방
침과 더불어 '1,000억 감세, 1,000억 투입'을 슬로건으로 내세운 확장
적 정책으로, 이시바시 내각을 특징짓게 했다. 그러나 이시바시 수상
은 이 방침을 실현할 기회를 얻지 못했다. 정책을 구체화할 예산편성
도중인 1월 말에 병으로 쓰러졌기 때문이다. 이 때문에 기시 외상이
수상 대리로서 시정방침 연설을 하게 되었다. 그 후 장기간의 요양이
필요하다고 판명되었기 때문에 이시바시 내각은 2월 23일에 총사직
하고, 고작 9주 만에 퇴진하게 되었다. 후임으로는 총재 선출에서 이
시바시에게 협력한 이시이가 아닌, 부총리 격이었던 기시 노부스케가
선출되어, 25일에 이시바시 내각의 진용을 거의 이어받은 기시 내각
이 탄생했다.

기시 내각의 대결 자세

기시 내각의 성립은 단순히 자민당 내의 정권 이동이라고만은 표
현할 수 없는 변화를 초래했다. 그러한 모습을 보여주는 가장 큰 점은
외교정책 면에서 볼 때, 하토야마·이시바시 시대에 추구되었던 구소
련과의 국교회복, 중일 관계의 개선 등의 방침에 비교하여, 한층 더 미
일 협조에 중점을 두었다는 점이었다. 그것은 미일안전보장조약의 개
정, 오키나와·오가사와라 반환 등의 현안과 더불어 56년경부터 미국

에서 강화되었던 일본제 섬유제품 등에 대한 수입제한운동 등의 문제를 해결하기 위한 새로운 해법이 필요했기 때문이다. 이렇게 하여 정국은 안보조약 개정의 시기를 노리면서 움직이게 되었다.

한편 국내 정책 면에서는 국제수지의 악화로 이케다 대장성의 적극정책에 대한 정·재계의 비판이 점차 강해져, 6월 8일에 기시 수상의 사적인 경제 고문이었던 이치마다 히사토(一万田尚登) 등이 이케다를 비판하는 태도를 표명한 것을 계기로, 기시 수상은 국제수지 종합대책을 실시하는 방침으로 돌아섰다. 경제정책은 '확대'에서 '긴축'으로 180도의 방향 전환을 이루었다. 이로 인해 일본 경제에서 '진무경기(神武景氣, 1955년부터 1957년까지의 일본의 호경기—역주)'가 끝나고, 1년 정도의 조정기(일반적으로 약한 불황 상태)를 경험하게 되었다.

이후 57년 7월의 내각 개조를 통해 체제를 정비한 기시 수상은 '오직(汚職), 폭력, 가난의 3악 추방'을 슬로건으로 하였다(『아사히 연감』 1958년 판). 이 방침은 9월에 발표한 자민당 신정책에서 ① 국민에게 신뢰받는 청결한 정치, ② 새 시대를 만드는 교육과 기술, ③ 뿌리 강한 산업, 획기적인 수출 증진, ④ 노동에 질서를, 전 국민에게 사회보장을, ⑤ 국제연합을 중심으로 아시아와 세계를 잇는 외교, 이 다섯 항목으로 정리되었다. 그중에서 기시 내각은 '도덕, 역사, 지리 교육 과정의 충실'이라든가, '노동쟁의의 합법·비합법의 한계를 명확히 하고, …… 조합운동으로부터 일탈한 비합법 행위를 배제한다' 등 문교·노동정책 면에서 총평이나 일본교직원조합(일교조, 日教組) 등의 노동운동과 정면으로 대결하는 자세를 보였다. 언급한 춘투와 관련하여 국철 노조에 내린 처분은 그것의 반영이었다. 이에 대해 노동 측의 반발도 강하여, 이후 보수·혁신은 격렬한 대립의 양상을 띠게 되었다.

근무평정 반대 투쟁

기시 내각의 노동운동과의 대결 자세는 교육 현장에서의 근무평정(평가) 문제에서도 명확해져, 근무평가 실시에 대한 격렬한 반대 투쟁을 불러일으켰다.

근무평가는 법령에 근거하여 각지의 교육위원회가 실시하도록 정해져 있었지만, 56년에 이를 교직원의 정기 승급이나 승격의 자료로 이용하려는 계획이 에히메(愛媛) 현 교육위원회에서 제시된 것을 계기로 사회 문제화되었다. 일교조는 이에 대해 '조합의 약체화와 교육의 관료 통제를 겨냥한 것' 이라 하여 강하게 반대했다. 이 비판대로 그 목적은 정치적인 것이었다. 혁신 정당의 진출에 위기의식을 품었던 에히메 현의 보수층뿐만 아니라 정부는 유력 조합으로서 노동운동에서 중요한 역할을 담당하고 있던 일교조에 대항할 절호의 대책으로 생각하고 있었다 (무라이 아쓰시〔村井淳志〕, '근무평정').

이에 대해 노동운동의 조직 강화를 꾀하고 있던 총평은, 이 투쟁을 통해 기시 내각과의 대결 자세를 강화하고 일교조와 보조를 맞추는 통일 운동을 조직했다. 그러나 총평의 '조합원 자제 전원의 등교 거부' 등의 지령이나 일교조의 '수업 중단' 전술에 대해서는

▶사진 1-7. 근무평정(평가) 반대 중앙집회(1957년 11월)(앞의 책, 『실록 쇼와사 격동의 궤적 4 고도경제성장의 시대』).

조직 내부에서도 비판이 있었고 사회적으로도 문제가 되었다. 교원조합과 학부형과의 대립도 각지에서 발생하는 상황에서 가나가와 현(神奈川県) 교조는 58년 12월에 현 교육위원회와의 교섭에서 '교사의 반성 기록을 중심으로 한' 독자적인 근무 평정서를 제출하기로 결정했다. 사회당은 이것을 계기로 근무평가 반대에서 이 '가나가와 방식'을 지지하기로 전환했다. 조합은 지역 주민과의 공동 투쟁을 목표로 했다. 그러나 정부 측에서 농업 관계 보조금을 급부하는 등의 방법을 이용하여 방해하는 관계로 주민들과의 연대가 실현될 수 없었다.

이러한 상황 속에서 59년 이후 '가나가와 방식'을 근평 문제를 해결할 수 있는 실마리라고 주장한 일교조 주류파는, 절대 반대 입장을 양보하지 않는 반(反)주류파와의 대결을 남겨둔 채 투쟁의 종식을 도모하게 되었다.

경직법(警職法) 문제

58년 5월의 중의원 총선거에서 거의 개선(改選) 전의 의석을 확보한 기시 수상은 정권 주도에 대한 자신감을 가지게 되었고, 혁신 세력에 대한 고압적인 태도를 한층 명확히 했다. 이 강경한 방침은 국회 운영에서는 정부의장·임원의 자민당 독점으로 이어졌고, 보수파 의회는 도덕교육의 의무화 등 새로운 보수적 제안을 상정하였다.

9월 말부터 시작된 제30회 임시국회의 쟁점은 경찰관직무집행법(警察官職務執行法, 警職法) 개정안이었다. 경직법 개정의 목적은 '경직법의 중점을 개인의 생명·신체·재산의 보호로부터 공공의 안전과 질서 유지로 바꾸어, 이를 위한 직무 집행에 관한 경찰관의 권한을 현저히 확대 강화하는 점에 있었다.'(『아사히 연감』 1959년 판).

　　기시 수상은 '경찰관이 책임을 가지고 치안 유지에 임하기 위해서는, 범죄가 발생하기 전에 이에 대한 일정한 예방 조치도 강구하지 않으면 안 된다'고 하였다(앞의 책, 『기시 노부스케〔岸信介〕』). 이는 기시가 다음 절에서 보는 안보 개정에 염두를 두고 '(안보 개정은)

▶사진 1-8. 「데이트도 못하게 하는 경직법(警職法)!」이라 보도한 『주간 묘조(明星)』, 1958년 11월 9일 호).

목숨을 걸어서라도 할 생각이기 때문에 그 질서를 유지하기 위한 전제로서 경직법의 개정은 반드시 필요'(『기시 노부스케〔岸信介〕의 회상』)했다고 생각했기 때문이다. 이 문제가 표면화된 것은 안보 개정 교섭이 시작된 58년 10월 4일이었다. 이에 대해 직무집행 기준이 애매하고 남용의 위험 — 데이트도 방해하는 경직법[9] — 이 있다는 이유로 개정안에 대한 반대가 강했다. 사회당의 격렬한 저항과 강력한 여론의 반발에 직면하게 된 기시 내각은, 사태를 타개하기 위해 지금까지의 관행을 깨고 11월 4일에 국회의 회기 연장을 강행했다. 그러나 그 결과 전국적인 반대운동이 한층 강화되어 경직법 개정안은 폐기되었다.

　　경직법의 폐안을 계기로 자민당 반주류파는 집행부에 대한 비판·책임 추궁으로 돌아서 반주류파의 3각료(이케다 하야토〔池田勇人〕, 미

---

9 경직법의 지나친 규제안에 대해 당시의 언론들이 야유조로 풍자한 표현.

키 타케오〔三木武夫〕, 나다오 히로키치〔灘尾広吉〕)가 사임했고, 기시 체제는
'조직이 해이해졌다'는 평을 받게 되었다(『아사히 연감』 1959년 판). 이 때
문에 내외 현안 해결은 현저히 정체되었다. 외교 면에서는 3월에 조
인된 중일무역협정이 앞서 언급한 나가사키 국기사건을 둘러싼 대립
으로 인해 성립되지 않았다. 또한 안보조약에서는 9월에 도미(渡美)
한 후지야마 아이이치로(藤山愛一郎) 외상이 교섭 개시의 동의를 얻어
귀국하여 10월 초순부터 교섭이 시작되었으나, 다시 국회가 정상화될
때까지 연기되었다. 경직법으로 마찰이 있었던 제30회 임시국회에서
는 정부 제출 법안 41건 중 6건이 성립되는 데 그쳤고, 독점금지법(独
禁法) 개정안, 공직선거법 개정안, 방송법 개정안, 최저임금법안, 수출
입거래법 개정안, 공공용수역의 수질 보호에 관한 법안, 공장폐수 등
의 규제에 관한 법안 등의 심의가 미완료되었다.

안보 개정 교섭

이듬해 59년에 들어 미일안전보장조약의 개정을 둘러싼 문제로
보혁(保革)의 대립이 더욱 극심해졌다. 1월에 자민당 총재로 재선된
기시 수상은 27일의 시정방침 연설에서 중립정책은 일본의 국제적 고
립화를 초래하는 것이고, 자유주의 국가와의 제휴를 기조로 하는 외
교 방침을 견지하여, 국민에게 납득이 가는 형태로 미일안전보장조약
의 개정을 실시한다는 생각을 명백히 밝혔다. 단 구체적인 방침에 대
해서는 자민당 내의 의견 조정에 시일이 걸려, 개정 요강안이 정리된
것이 4월 초순이었기 때문에 미일교섭이 재개된 것은 4월 13일이었다.

한편 제31회 통상국회에서는 국민연금법, 최저임금법, 방위 2법(방위청 설치법·자위대법의 각 개정) 등의 중요 법안이 성립되었지만, 국회 심의는 자주 중단되었다. 그러나 기시 내각이 경직법 개정안과 독금법(独禁法) 개정안 등 여야 대립 법안을 제출하는 것을 단념함으로써 전반적으로는 안보 개정 문제의 대결을 대비하는 소강상태가 되었다.

정국의 전기가 된 것은 6월 초의 참의원 선거였다. 자민당 의석 증가라는 선거 결과에 힘입은 기시 수상은, 내각 개조를 단행하고 체제를 굳히면서 안보 개정을 최우선 과제로 삼을 것을 공약하였다. 이에 비해 사회당에서는 선거 패배로 당 재건의 기본 노선에 관한 좌우 양 파의 격심한 대립이 생겨나 10월부터 11월에 걸쳐 우파의 니시오(西尾末広)파, 가와카미(河上丈太郎)파가 탈당, 이듬해 60년 1월에 민주사회당(민사당)이 당 결성대회를 열게 되었다. 좌우 양파가 통일한 지 고작 4년여 만에 다시 분열한 것이다.

사회당이 재건 문제로 분규를 이어가는 가운데 안전보장조약 개정의 준비가 착착 진행되어, 59년 7월까지 조약 내용에 관한 교섭은 실질적으로 종료되었고, 행정 협정 등의 교섭으로 이행되었다. 이렇게 해서 10월에는 전문 10개조와 '사전협의사항' 등의 교환 공문 두 가지를 내용으로 하는 '일본국과 미합중국 사이의 상호 협력 및 안전보장에 관한 조약'의 모든 내용이 명백히 밝혀졌다.

안보조약 개정 저지 운동

새로운 안전보장조약에 대한 반대운동은 광범위한 기반을 통해

이루어졌다. 처음 조직적인 움직임을 전개한 것은, 총평과 사회당을 중심으로 59년 3월에 결성된 '안보개정저지 국민회의'였다. 결성대회에는 총평, 사회당, 공산당 등 134개 단체가 참가하여 안보조약의 개정을 저지하고, 그 폐지를 요구하였다. 동시에 나아가 일본의 적극적 중립을 실현할 것을 공통의 목표로 하여 국민의 관심을 일으키는 것이 운동 방침으로 채택되었다(『아사히 연감』 1960년 판).

이에 기반을 둔 제1차 통일행동이 4월 15일에 총평의 춘투 제6차 통일행동에 맞추어 실시되었고, 이후 매월 전국적인 통일행동이 59년 한 해만도 10차에 걸쳐 행해졌다. 이 가운데 제8차 '10만인 청원 데모'에서는 실제 참가자가 경찰청 조사로는 3만 미만이라 보고되었다(앞의 책, 『아사히 연감』 1960년 판). 국민의 관심은 예상외로 부진했다는 것이 실태였다. 운동에 지도적인 역할을 담당했던 노동조합의 간부들은 경직법 반대운동과 비교하여 반응이 미약한 상황에 대하여 '안보는 미지근하군'이라고 뇌까리고 있었다.

특히 이 제8차 통일행동에서 데모대의 일부가 일으킨 국회 구내 난입사건은 국민회의 운동에 있어 큰 걸림돌이 되었다. '여론으로부터는 공전의 불상사로 비판받았고, 그 결과 운동 자체도 일시적으로 후퇴'하였던 것이다(『아사히 연감』 1961년 판).

한편 안보개정에 대한 반대 성명을 내는 단체가 점차 늘어나, 학자를 주체로 한 '안보문제연구회'(1959년 3월 발족)와, 작가·평론가를 중심으로 하여 영화·연극인 등 각 방면의 문화인을 포함해 1만 명의 회원을 모은 '안보 비판의 모임'(1959년 10월 발족) 등이 행동을 개시하였다. 이에 대해 안보개정 찬성 측인 '신일본협의회' 나 '안보추진학생연맹' 이 결성되기도 하여, 노동운동과는 다른 토대에서 국민적 수준의 관심이 조용히 높아지고 있었다.

이러한 상황은 60년 4월경까지 크게 변하지는 않았다. 좀처럼 주목받지 못하는 국민 반대의 목소리를 결집하기 위해 잡지『세계』5월호에 시미즈 이쿠타로(清水幾太郎)는 '이제 국회로' 를 써서 청원운동에 참가할 것을 권유했다.

그러나 5월 20일 미명에 중의원에서 새로운 안보조약의 승인이 강행 채결되자, 안보반대운동은 일거에 도각운동(倒閣運動)의 성격이 강력해지면서 전국적으로 격화되었다. 자칫하면 '행사화' 될 경향에 있었던 통일운동을 중심으로 한 반대운동이 이처럼 변질된 것은 '기시 정권의 정치 감각의 결여가 역사적인 혼란의 최대 원인이었다' 라고 지적된 것처럼(앞의 책,『아사히 연감』1961년 판), 강압적인 국회 운영에 대한 분노가 폭발한 것이었다. 이렇게 하여 '민주주의의 근저가 흔들렸다' 라고 전해진 격동의 한 달이 시작되었다.

강행채결(强行採決)과 자연 승인

5월 19일, 26일로 다가온 통상국회 회기의 연장과 신조약의 중의원 통과를 노린 자민당은 오후 10시 25분, 중의원 본회의 개회의 예비

타종을 신호로 안보특별위원회에서 질의 중단을 가결하고, 의장실 앞 복도에 진을 친 사회당 의원 및 비서단을 500명의 경관을 동원하여 한 명씩 잡아 끌어낸 뒤, 자민당 의원단이 기요세 이치로(清瀬一郎) 의장을 본회의장으로 실어 날랐다. 그리고 의장은 회기 연장을 짧은 시간에 가결시킨 후, 본회의에서의 토론도 전혀 하지 않은 채 신조약과 관련된 행정 협정안의 가결을 선언한 것이다.

다음 날부터 이러한 날치기 행위에 항의하여 야당은 국회를 완전히 보이콧했다. 전년에 일어난 데모대의 국회 난입에 비판적인 시선을 보였던 여론은, 의회에서 수적 우세를 이용하여 강행 타결한 것에 대해서도 격렬히 반발했다. 신문 등 보도기관도 일제히 정부와 자민당의 책임 추궁으로 돌아서, 기시 내각의 퇴진과 중의원 해산을 요구하는 대중운동이 원외에서 광범위하게 일어났다. 이에 대해 기시 수상은 여전히 강경한 자세로 '원외에 넘쳐나는 기시 내각 타도의 목소리'가 아닌 '소리 없는 목소리를 들어라' 라고 저항했다.

기시 내각에 대한 비판의 목소리는 국회 주변의 데모에 그치지 않고 지방으로도 확대되었다. 6월 4일에 국민회의는 전국에서 560만 명(총평 발표)을 동원한 공전의 통일행동을 벌였다. 그러나 이러한 활발한 움직임에도 불구하고 안보개정 저지운동은 목적을 달성하기 위한 결정적인 방법을 가지고 있지 않았다. 중의원을 통과한 이상, 6월 19일에는 참의원 의결이 없어도 조약은 성립하게 되어 있었기 때문이다.

이 때문에 날이 갈수록 데모대의 슬로건에는 기시의 퇴진을 노리고 아이젠하워 대통령의 방일 저지를 외치는 사람들이 늘어났고, 이것

이 6월 10일에는 하네다공항에서의 헤거티사건(ハガチ―事件)[10]이 되었으며, 이어서 15일에 국회에서 동경대생인 간바 미치코(樺美智子)가 사망하는 비극을 초래했다. 이날 밤 '라디오 간토(関東)'의 실황 방송 기록에는 '앗, 지금, 목을 잡혔습니다. 지금 방송 중이지만, 경관대가 저의 머리를 때렸습니다. ……엄청난 폭력입니다. 지금 법률도 질서도 아무것도 없습니다. 단지 증오뿐. 분노로 불타고 있는 경관과, 그리고 학생들의 증오가 있을 뿐……' (앞의 책,『일본 정치사 4』)이라는 아나운서의 목소리가 남아 있다. 이러한 혼란과 대립 때문에 정부는 아이젠하워 대통령의 방일을 연기해 달라고 요청할 수밖에 없었다.

국회 주변에서의 데모가 절정에 달했던 14일부터 15일에 걸쳐, 기시 수상은 아카기 무네노리(赤城宗徳) 방위청 장관에게 대통령 방일을 실현하기 위한 자위대 출동을 요청했다(사와키 코타로〔沢木耕太郎〕,『위기의 재상』). 혁명 전야의 양상을 보인 반대운동에 정부는 위기감을 느끼고 있었던 것이다. 그러나 이 요청은 받아들여지지 않았다. 경찰 진압력이 부족한 것이 혼란의 원인이라 생각한 기시 수상은 자위대를 출동시켜 치안 회복을 하는 데 기대를 걸었지만, '국민의 중심이 되어 무기를 들고 일어선다는 사명을 가진 무장 부대를, 국민에게 향하게 하는 일만은 절대로 해서는 안 된다' 라는 반대에 의해 저지되었다(고토다 마사하루〔後藤田正晴〕,『情과 理』上).

이렇게 해서 정부의 위기의식이 강해지는 가운데, 6월 19일 오전 0시에 신안보조약이 자연 승인되었다. 정부는 21일에 장관들을 모으

10　당시 미대통령보도관이었던 헤거티(James Campbell Hagerty)가 6월 10일 아이젠하워의 방일 일정을 협의하기 위해 하네다 공항에 도착하자 데모대가 이를 포위, 미해병대가 헬기로 헤거티를 구출하였던 사건이다.

지 않고 의제를 각 장관에게 차례로 돌려 비준을 각의 결정하고, 천황의 인증을 거쳐 국내 수속을 완료한 후, 23일에 도쿄 시바시로가네 (芝白金)의 외상 공저에서 후지야마 외상과 더글라스·맥아더 2세 미국 대사 사이에 비준서가 교환되었다. 10분 정도 걸린 허망한 종막이었다(『아사히 연감』 1961년 판).

기시 내각의 퇴진

신안보조약이 발효된 그날, '신안보조약 발효에 즈음하여, 인심을 일신하고, 국내외의 다수에게 적응할 새로운 정책을 추진하기 위해' 기시 수상은 총사직을 표명했다. 이해의 연두 기자회견에서는 '안보개정은 내 은퇴의 꽃길이 아니라 정국 담당의 시작이다'라고 장기 정권 유지의 의욕을 보였던 기시 수상은 의회제 민주주의를 무시한 강제적이고 시대착오적인 정치 수법에 의해 국민의 반발을 산 끝에 결국 지지를 잃었다.

59년 2월 아사히신문의 여론조사에 의하면 기시 내각 지지율 28%에 비해, 지지하지 않는 쪽이 34%였고, 내각 교체를 요구하는 목소리는 회답자의 42%에 달했다(『아사히 연감』 1961년 판). 그리고 1년 반 후에는 지지율이 12%까지 저하되었다. 안전보장조약 개정을 정치적 사명으로 삼고, 이를 실현함으로써 정권 기반 강화를 노렸던 기시 정권은, 그러한 생각과는 달리 조약 개정의 잘못된 처리로 인해 퇴진하게 되었다.

기시의 후임 총재 선거는 당내의 파벌 대립이 전면 부상하여 격렬한 싸움이 되었고, '관료파(官僚派)'와 '당인파(党人派)'의 대립 속에서 자민당은 사실상 분열 상태의 혼란에 빠졌다. 차기 총재 후보로 지목된 것은 이케다 하야토(池田勇人), 이시이 미쓰지로(石井光次郎), 오노 반보쿠(大野伴睦), 그리고 차차기(次次期)를 노리고 입후보한 후지야마 아이이치로(藤山愛一郎) 등이었다. 이 사이 '총재·총리 분리론'과 '잠정 총재론' '선거 후 본격 총재 공선론' 등이 부상했다가 사라졌고, 결국 임시 당 대회에서 이케다와 이시이의 결선 투표 결과, 이케다가 차기 총재로 선출되었다.

테러의 대두

한편 국회 내외를 혼란에 빠뜨린 안전보장조약을 둘러싼 정치적 대립 속에서, 안보 개정의 촉진과 '반공'을 외치는 우익 단체의 활동도 활발해져, '행동우익'의 테러 행위가 나타났다.

안보조약 개정 반대의 대중운동에 대하여 기시 내각은 '우익 단체를 유무형으로 원조하였고, 안보 개정에 촉진적 역할을 한 우익에게 재계의 일부에서도 자금이 흘러들어'(『아사히 연감』 1961년 판), 우익 단체의 설립이 계속 이어졌다. 이러한 가운데 안전보장조약 자연 승인 직전인 6월 17일에는 사회당의 가와카미 조타로(河上丈太郎) 습격 사건이 중의원 면회소에서 발생하였고, 그 위에 7월 14일에는 이케다 총재 축하회가 열리고 있던 수상 관저에서 기시 전 수상이 습격을 당하는 등 테러 사건이 이어졌다.

우익의 불온한 움직임은 그 이전부터 예측된 일이었다. 이러한 정치가에 대한 폭력 사건과는 별개로, 우익단체 '유신행동대(維新行動隊)'가 안보 반대를 외치는 데모대를 습격한 사건(6월 15일)이 일어났고, 미쓰이의 미이케쟁의에 개입하거나 아사히신문사를 습격하는 일도 일어났다. 또한 원수폭금지 세계대회와 근무평정 반대투쟁에 대해 방해하는 등, 수년간 우익이 정치 세력으로 대두되고 있음을 보여주는 사건이 거듭 벌어지고 있었다. 안보 채결을 강행한 5월 19일, 국회와 자민당 대회에서는 우익 단체의 배지를 단 단원이 들어와, 이들 단체와 자민당과의 유착이 문제시되었다.

60년 10월 12일에 열린 3당수 공개 연설회에서 있었던 아사누마 이네지로(浅沼稲次郎) 사회당 위원장 살해 사건은, 이러한 우익 단체에 의해 실행되었다. 이것은 전전의 암흑 시대를 상기시키는 테러 활동이었다. 청중의 면전에서 '의회주의의 옹호'를 외치던 아사누마 위원장의 목숨을 우익 소년의 흉기가 빼앗은 장면이 텔레비전과 뉴스 카메라를 통해 보도되었고, 이에 국민들은 분개했다. 해외에서도 〈런던 타임즈〉는 '일본에 있어 민주주의의 장래는 절망적이다'라고 극론하였고, 〈뉴욕타임즈〉도 이 폭력 행위는 일본의 불확실한 민주주의에 '상실을 고(告)하는 것이다'라고 전하며 일본 민주주의의 위험을 지적했다(『아사히 연감』 1961년 판).

기시 정권은 의회제 민주주의를 무시함으로써 테러의 대두라는 불안한 시대 상황을 만들어 냈다. 그리고 이러한 정치체제에 사람들은 명확한 반대 의사를 표명하고 있었다. 대결 자세를 노골적으로 드러낸 정치체제의 전환이 요구되고 있었다.

7. 55년 체제와 전후 민주주의

안보 개정 문제를 통해 일관되게 강경한 대결 자세를 관철한 기시 내각은, 안전보장조약의 불평등성을 개선한다는 점에서 일정한 성과를 올렸다고는 하나, 그 주요한 정책 구상(헌법 개정, 일은법〔日銀法〕 개정, 독점금지법 개정)의 많은 부분을 실현할 수 없었다.

개헌론의 좌절 – 헌법문제조사회

원수폭 금지운동으로 상징되는 전후의 평화운동은, 야당 세력이 의회에서 3분의 1 이상을 차지하게 되는 상황을 만들며 헌법 개정·재군비로 대표되는 기성 정권의 기본적인 정책 구상들 중 상당 부분의 실현을 저지하였다.

헌법 개정은 하토야마 내각의 중요한 공약이었다. 이 때문에 56년 1월 말의 통상국회에 제출된 헌법조사회 법안이 성립되자, 정부는 즉시 헌법 개정안의 검토에 착수했다. 이에 대해 사회당의 스즈키 모사부로(鈴木茂三郎) 위원장은 '호법국민연합과 협력하여 헌법 개악 반대 서명운동을 전개할 것이다'라는 성명을 발표하였고, 이후에도 보혁 대립의 최대 초점의 하나가 되었다. 무엇보다 56년 7월의 참의원 의원선거에서 혁신 세력이 참의원 의석의 3분의 1(84명) 이상인 86명을 확보했기 때문에, 적어도 사실상 3년간은 개헌이 곤란한 상황이 되었다.

이러한 상황하에서 법률 시행으로부터 1년 2개월 후, 기시 내각은 미루어 두었던 헌법 개정 문제의 논의를 개시하기 위하여 헌법조사위원회를 임명했다(회장 다카야나기 켄조〔高柳賢三〕). 이에 앞서 기시 수상은 스즈키 사회당 위원장에 대해 사회당도 조사회에 참가하도록 요청했다. 그러나 사회당은 이를 거부했다. 사회당은 '조사회의 운영이 민주적으로 이루어진다고 해도 결국 이 조사회는 헌법 개정을 위한 수단으로 사용될 것'이라고 불참 이유를 발표했다.

헌법조사회는 58년까지 현행 헌법의 제정 과정과 헌법 운용 현황에 대해 조사·심의를 했지만, 결과는 정부·여당이 의도한 '헌법 개정 초안의 기안'과는 거리가 멀었다.

다른 한편으로는 이러한 관제 조사회에 대항하기 위해 오우치 효에(大內兵衛) 호세이(法政) 대학 총장, 가야 세이지(茅誠司) 도쿄대학 총장 등이 발족인이 된 헌법문제연구회가 58년 6월에 발족되어 '헌법의 기본적 원리와 그 조장의 의미를 가능한 한 정확히 연구한다'는 목적으로 활동을 시작했다(『아사히 연감』 1959년 판).

이러한 상황에서 결국 여당이 의회 의석 3분의 2를 확보하지 못한 것에는 변화가 없었기 때문에, 당초의 목소리와는 반대로 개헌 실현은 전혀 전망이 없는 상황이었다.

독점금지법 문제 간담회

재계의 요망을 받아 통산성이 독점금지법 개정에 착수한 것은 55년 무렵이었다. 통산성은 산업합리화심의회 조직부회에 통산성 검토를 거친 개정 방향 요강을 제시, 개정의 가능성을 찾기 시작하였다. 이 시기 개정안의 기본적인 생각은 현행법을 '폐해규제주의', 즉 폐해가 있을 때에 한해 카르텔(기업연합) 등의 공동 행위를 배제한다는 원칙으로 전면 전환한다는 것이었다. 그런 의미에서 이 개정은 재벌해체 정책을 통해 경제 민주화의 기본적 원칙을 변경하고, 전전(戰前)의 경쟁정책으로 전환하는 것을 목표로 하고 있었다. 표면적으로는 산업조직화를 통해 '생산·경영·자본의 집중과 같은 기업 집중을 통해 질적·양적인 생산 효과, 코스트 효과, 투자 효과를 올리는 것'을 중시하고 있었지만, 실질적으로는 전전과 같은 '독점의 자유'를 추구하고 있었던 것이다(앞의 책, 『통산산업 정책사』 제5권).

그러나 이러한 생각에 기초하여 정리된 '독점금지법 개정안 요강'에 대한 산업합리화심의회 조직부회의 반응은 반드시 호의적인 것은 아니었다. 이 때문에 통산성은 새로이 통산대신의 사적 자문기관으로 독점금지법 문제 간담회를 설치하고, 그들에게 검토를 맡기는 형태로 개정안의 정리를 추구했다.

그 사이 통산성은 독점금지법의 적용 제외 입법으로서, 기초 산업 부문의 산업조직화촉진법 구상을 추진하려는 움직임을 보였다. 이것은 성장이 기대되는 자동차·석유화학 산업 등에서의 합리화 촉진, 철강을 비롯한 기초산업의 수급 안정화 카르텔(기업연합), 구조적 불황에 빠진 업종의 설비투자 조정을 위한 카르텔을 인정하자는 것이었다.

그러나 이 법안은 각 방면으로부터 강한 반발을 받았다. 공정거래위원회가 독점금지법의 원리적 전환에 절대 반대의 자세를 견지한 것은 물론, 산업계도 정부 인허가권의 확대를 경계했기 때문에 실현되지 못했다.

이러한 경위를 거쳐 기시 내각에 57년 10월 독점금지법 심의회가 설치되어 새로이 전면 개정안이 검토되었다. 동 심의회는 차기 국회에 제출될 개정안의 골자를 제출하는 것을 기본 목적으로 하고 있었다. 심의회가 행한 조사에 의하면, 각 단체의 의견은 ① 산업 단체, 금융 단체 및 무역업 단체로부터 제출된 독점금지법 대폭 완화의 요망 의견, ② 소비자 단체, 중소기업 단체, 농업 단체로부터 제출된 독점금지법 완화 반대 및 강화를 요망하는 의견, ③ 조선업, 상업 단체, 기타 단체로부터 제출된 대폭 완화 반대 의견으로 나뉘었다. 경제계에서도 중소기업 단체가 개정에 반대였고, 조선업계 등이 '독점금지법 완화로 얻을 수 있는 이익은 거의 없다'고 신중한 의견을 제시하는 등, 의견이 분열된 것이 이 시기의 개정 문제의 특징이었다.

심의회가 58년 2월에 기시 수상에게 제출한 답신은, ①의 의견에 가까운 것으로, 독점금지법의 원칙적 변환을 의도하는 것이었다. 그러나 이를 제출받은 정부의 법안화 작업은 난항을 겪었다. 쟁점은 규제가 완화될 카르텔 설립에 대한 인허가권의 귀속 문제였다. 이 문제는 인허가권을 공정거래위원회에 남기고, 산업을 소관하는 대신이 경제정책적 관점에서 의견서를 첨부하여, 공정거래위원회에 신청서를 제출한다는 형태를 취하는 것으로 결착되었다. 이렇게 해서 정리된 독점금지법 개정 법안은 58년 10월에 국회에 제출되었지만, 이에 전후하여 원외에서는 격렬한 반대운동이 전개되었다. 당초 관심이 적었던 농업, 소비자, 중소기업 등을 기반으로 하는 각 단체는 개정안의 내용이 명확해짐에 따라 점차 반발의 수위를 높였다. 53년의 법 개정 문제를 거론할 단계에서는 분명한 태도를 보이지 않았던 독점금지법의 (암묵적) 지지 세력이 개정안에는 반대 세력으로 나타난 것은, 독점금지법이 일본에 정착했다는 것을 나타내고 있다.

게다가 국회에서는 경직법안을 둘러싼 분규가 있었기 때문에 자민당은 사회당과의 대결을 피할 수 없었고, 여당 내에서도 이론이 있는 독점금지법 개정안 심의로 인해 분규가 일어날 것을 염려한 정부의 판단에 의해, 결국 한 번도 실질 심사가 이루어지지 않은 채 개정안은 심의 미완료, 폐안이 되었다.

폐안 후, 경단련은 '무리한 수정을 해서까지 재차 제출할 필요는 없다'는 방침을 확인했다. 개정에 신중해진 최대 이유는 이 이후에 국회가 안보조약 개정 문제를 초점으로 하여 격렬한 대립 상태에 빠져 법안의 성립을 전망할 수 없는 정치 상황이 되었기 때문이었다.

일은법 개정 문제

경제 면에서는 또 하나의 중요한 제도 개정이 시도되었다. 일본은행의 독립성과 관련한 일본은행법 개정 문제였다.

점령기부터 전후 부흥기까지는 GHQ의 신임을 배경으로 일본은행은 이치마다 히사토 총재하에서 금융정책의 자율성을 지키고 있었다. 제도적으로도 독립성을 보증하는 정책위원회의 설치를 정한 일은법 개정이 49년에 실현되어 있었다. 『일본은행 백년사』는 그 사정을 다음과 같이 서술하고 있다.

> 점령 기간 중, 정치·경제 기타 모든 문제와 함께 금융정책의 운영도 연합국 최고 사령부의 관할 아래에 있었지만, 중앙은행으로서의 본행에 대한 최고 사령부의 신뢰감이 지극히 높았기 때문에, ……당시의 민주화 풍조 속에서 정부 내지 대장성에 대한 본행의 지위는 현저히 높았고, 금융정책 운영에 있어서도 고도의 자주성을 유지했다. 이 점에서 이미 서술한 바와 같이 전시기의 본행이 행정기관화되어 행정·대장성에 대한 지위가 현저히 저하된 것과 완전히 대조적인 사태였다(『일본은행 백년사』 제5권).

이러한 일본은행의 자율성은 공정보합(公定步合, 기준금리) 조작만이 아니라, 산업 대상의 자금 배분에 관한 일본은행 중심의 조정 방식에서도 확인할 수 있었다. 그러나 55년경부터 자금 배분에 관하여 '재정투융자의 재검토'가 은행업계로부터 요청되었다. 그것은 일본개발은행 등이 민간은행의 융자 기회를 빼앗고 있었기 때문에, 정책금융기관은 질적으로 중요한 분야에 머무르고, 양적인 면은 민간은행 융자에 맡겨야 한다는 주장이었다.

그 위에 이케다 하야토 대장대신은 이시바시 내각의 적극정책을 실현하기 위해 일본은행의 금리 인상에 강하게 반대했다. 그리고 이후 공정보합의 인상은 형식적으로는 일본은행의 결정 사항이지만, 실질적으로 대장성의 소관 사항이 되었다(나카무라 타카후사〔中村隆英〕·미야자키 마사야스〔宮崎正康〕 편, 『기시 노부스케 정권과 고도성장』).

이러한 흐름 속에서 일은정책위원회를 폐지하고 전시기에 제정되었던 일본은행법에 규정된 광범위한 권한의 회복을 도모하고 있던 대장성은 금융제도조사회를 설치, 금융 조절의 정책 수단으로서 새로이 준비예금제도를 도입하였고, 이어서 일본은행법 개정을 통한 정책위원회 제도의 폐지를 계획하였다. 대장성의 주장에 대해 조사회 의견의 대부분은 일은의 독립성을 유지하는 것을 지지했다. 이 때문에 조사회 의견을 정책위원회 폐지로 정리·수렴하려는 움직임도 있었지만, 최종적으로는 양론을 모두 병기(併記)하는 답신(答申)이 되면서 개정 의도는 관철되지 않았다.

이러한 과정을 일본은행 측에서 보고 있던 요시노 토시히코(吉野俊彦)는, 기시 정권의 기본적인 특성이 '구(舊) 대일본제국 헌법 이래 행정권의 우월에 기초한 관료의 힘을 어떻게 유지하며 지킬 것인가'에 있었고, 그러한 관점에서 일본은행법의 개정은 금융정책에서 대장성이 복권을 시도한 것이었다고 회상하고 있다(同前).

이상과 같이 50년대 후반에 들면서 보수 합동 후의 하토야마 내각, 기시 내각이 주요 정책으로 들었던 ① 일본국 헌법 개정, ② 독점금지법 개정, ③ 일은법 개정은, 보혁의 대립이 계속되는 의회 사정과 개정에 반대하는 원외 활동 등에 의해 실현이 저지되었다. 이들은 모두 제2차 세계대전 후 개혁의 시대에 새로운 시대를 상징하는 중요한 법령이었다. 헌법만이 아니라 경제 관계의 기본법이라고 할 수 있는 독점금지법도, 53년의 개정을 넘어서는 재개정은 지지를 얻지 못했고, 또한 금융 제도에서는 전시체제와의 결별을 명확히 한 정책위원회 제도 위에서 일본은행의 독립성을 제한하는 것에는 신중한 판단이 내려졌다.

물론 이들 문제의 실질적인 경과를 보면, 헌법 개정은 실현되지 않았더라도 자위대의 전력 증강은 GNP 1% 이내라는 방위비의 틀 속에서 경제성장과 함께 착실히 진행되었고, 독점금지법의 적용 제외 법률이 다수 성립되었으며, 금융정책에서도 대장성의 권한이 강화된 측면이 있었다는 점은 부정할 수 없을 것이다. 그러나 전후에 성립된 정치와 경제체제의 기본법에서 원칙 유지가 선택되었다는 점은 말할 수 있다.

기시 내각이 안전보장조약 개정을 최우선 과제로 하기 위해 당내 대립의 가능성이 있는 정책 과제를 전력 추진할 수 없었던 점이 있었다고는 하나, 이러한 정책 개정의 좌절은 전후 개혁에 의해 기반이 잡힌 전후 민주주의가 개혁의 기본 원칙을 유지한다는 형태로 정착되었다고 할 수 있다. 안보 개정 문제에 대한 국민의 광범위한 저항이 일어난 것은 안전보장 문제에 대한 관심만이 아니라, 심의 절차의 강압적 과정이 커다란 반발을 불렀기 때문이다.

정치의 계절의 끝은 강력한 노동조합 시대의 끝이기도 했다. 미이케쟁의에서 노동 측의 패배는 전후 부흥기부터 이어지고 있었던 '강력한 노동조합' '투쟁하는 노동조합'의 시대가 끝났음을 고했기 때문이다. 전후 부흥기의 노동운동은 전투적 노선을 통해 경영자 측과 대결하였고, 노동 조건의 개선을 쟁취해 왔다. 그 결과, 노동 배분율은 개선의 징조를 보였지만, 반면에 기업은 높은 비용으로 인해 성장이 지연되었다. 그러나 55년부터의 생산성향상운동(본장 5절 참조) 등 새로운 흐름과 춘투 방식을 통한 임금 인상의 정착 속에서 격렬한 투쟁 노선은 점차 후퇴했다. 이 시기가 되면 이미 스스로 일하는 기업의 공장에서 '공장에 잡초가 멋대로 자라나도(원문에는 '냉이가 나도'로 집이나 집터 따위가 황폐해짐의 비유—역자) 투쟁한다'(기업이 망해도 상관없다)는 노동조합은 발견하기 어렵게 되었다.

협조적인 노사 관계로의 움직임은, 패전 직후 경제동우회가 '기업 민주화' 제안을 통해 제창한 기업 모델로의 회귀였다. 이 제안은 전후 혼란기에 생존 유지에 쫓긴 노동자가 기업 이익을 손실시켜서라도 임금 인상을 요구해야 했던 상황 속에서 잊혀 가고 있었다. 그리고 본격화된 경제성장이 이러한 전후 개혁기의 구상을 실현 가능하게 했던 것이다.

제2장 투자경쟁과 기술혁신—경제의 계절

1950년의 광고(아마노 마사코〔天野正子〕·사쿠라이 아쓰시〔桜井厚〕, 『'물건과 여자'의 전후사』, 유신도고분샤〔有信堂高文社〕, 1992).

1. 경제 자립에서 소득 배증으로

경제계획의 시대

고도성장기는 정부의 경제계획이 연이어 발표된 시대이기도 했다. '경제성장'에 대한 관심은 그러한 계획의 입안 작업 속에서 자라났다.

독립 직후의 정부는 미일 경제협력에 기초하여 경제 자립 달성을 목표로 일본 경제의 장래상을 그렸고, 취해야 할 정책을 탐색했다.

이러한 초기 계획은 합리화에 기초한 수출 진흥, 중화학공업화에 중점을 둔 것이었다. 미국의 원조를 이끌어 내기 위해서는 무기 생산의 확대·발전뿐만 아니라 그 기초가 되는 중화학공업 부문의 내실이 불가결했기 때문이다. 동시에 미일 관계로의 편중이 전전 최대의 수출 시장이었던 중국과의 관계 개선을 멀어지게 하여 수출 확대를 제약하고 있었기 때문이기도 했다. 53년 12월에 작성된 경제안정본부의 오카노 키요히데(岡野清豪)의 구상 '우리나라 경제의 자립에 대하여'

등이 그 대표적인 것이었다.

이러한 작업을 이어받아 55년 초에 하토야마 이치로(鳩山一郎) 내각은 경제심의청의 작업에 기초하여 '종합 6개년계획'의 책정을 경제정책의 기본으로 두기로 하고, '우리나라 경제의 자립을 달성하고, 또한 매년 증대하는 노동력 인구에 충분한 고용의 기회를 부여하는 것'을 계획 목표로 설정했다.

지금까지의 정책 운영이 종합적인 계획성과 비전을 충분히 가지고 있지 않았던 탓에, 적극적인 확대가 단기에 국제수지의 위기를 초래한 것을 반성하여, 60년을 목표 연차로 하여 57년까지의 전반기 3년 동안은 특수에 의존하지 않고 국제수지의 평균을 실현하고, 후반기 3년 동안에 경제의 확대 발전을 통한 완전고용의 달성을 도모한다는 목표를 내세웠다. '국제수지의 균형'과 '완전고용의 달성'을 기본 노선으로 하는, 하토야마·기시로 이어지는 자민당 내 민주당 계열의 정책 지향이 강하게 드러난 목표 설정이었다.

완전고용을 위한 고성장 지향

하토야마 내각은 아직 개괄적이었던 6개년계획안과 관련하여, 55년 7월 20일에 경제심의청을 경제기획청으로 개조하고, 이 새로운 체제를 기초로 경제심의회에 심의를 맡겨 장기 경제 계획안의 구체화를 도모했다. 심의회에서 정리된 계획안은 두 개의 목표 중 '완전고용의 달성'을 더 중시한 것으로, 실제 경제 상황에서 본다면 무리한 목표라고 비판받을 만한 면도 가지고 있었다.

예를 들면, 통산성은 제2차 산업 부문에 대폭적인 고용 흡수를 기대하면 노동 생산성의 상승은 불합리하고, 생산성의 상승이 일정 수준 진전되면 고용 확대에는 한계가 있을 것이라고 판단하고 있었다. '완전고용 달성'이라는 민주당 내각의 정책 목표를 우선시한다면, 생산성의 상승은 장애가 되고, 국제경쟁력을 잃으며, 일본 경제의 자립을 방해한다고 여겼던 것이다(앞의 책, 『통상산업정책사』 제5권).

이러한 정부 부내의 비판을 받아 정리된 '경제자립 5개년계획'은 55년 12월에 정부 최초의 공식적 경제계획으로서 각의 결정되었다. 이에 따르면 최종적으로는 완전고용을 외친 당초 안의 후반 3년의 목표를 '경제 규모의 확대와 고용 기회의 증대'로 수정하였다. 그리고 5개년계획은 계획 달성의 기본적인 시책으로 산업 기반의 강화와 점진적인 무역 자유화 체제의 정비, 자급도 향상을 위한 국내 자원 활용과 새로운 산업의 육성 등을 추구하게 되었다. 이렇게 하여 5개년계획은 이후 정부의 정책 입안 지침으로서 경제정책의 큰 틀을 제시하고, 구체화를 위한 관계 성청의 검토·입안을 요구해 나가게 되었다.

이 계획이 상정한 성장률의 목표치는 5%였다. 이는 당시의 많은 관계자가 너무 높은 목표라고 느낀 것이었다. 그러나 '완전고용'이라는 목표를 실현함과 동시에 통산성 등의 비판을 피하기 위해서는 합리화·근대화를 통하여 삭감되는 고용을 흡수할 만큼의 경제 규모의 확대, 즉 고성장의 상정이 필요했다. 그리고 그 의도는 예상을 넘어 실현되어 가게 된다.

장기경제계획의 책정

'경제자립 5개년계획'의 목표 수치의 많은 부분은, 연 성장률 7.5%라는 진무(神武) 경기하의 순조로운 경제성장에 의해 계획 기간의 절반도 지나지 않은 기간에 달성될 전망이었다. 그러나 급속한 경제 확대에 따른 각종 문제점도 표면화되어 '경제의 안정적 성장을 위한 새로운 지침 작성'을 통감하게 되었다. 정부는 57년 2월, 개정의 필요를 인정하고 구체적인 작업에 돌입했다. 그 결과 경제심의회의 심의에 기초하여 12월에 '신(新)장기경제계획'이 각의 결정되었다.

새로운 계획은 57~62년도에 걸친 5년간의 평균 경제성장률을 6.5%로 설정하였다. 이 계획도 수출 진흥을 통한 광공업 생산의 확대를 꾀하고 있었다. 그러나 지금까지의 계획과 비교해 보면, 1인당 38%의 소비 수준 상승을 상정한 것이 특징이었다. 가전(家電)제품 등 내구소비재 보급에 의해 생활의 고도화가 진행되어, 완전고용 상태에 근접할 것이 예상되고 있었기 때문이다. 수출에서는 '잡화, 약제, 화학제품, 기계, 비금속 등의 대폭 신장이 예상되어', 이에 '장래 수출 산업의 중심이 될 것으로 예상되는 기계, 금속, 화학공업을 주체로 한 중화학공업 부문의 생산 증강에 중점이 놓이'게 되었다(同前).

이렇게 내용적으로는 경제자립 5개년계획의 수정이라는 성격이 강한 것이었지만, 새로운 장기경제계획에서는 '특수(特需)로부터의 탈피'라는 의미에서, 경제 자립에서 '더욱 높은, 안정된 경제성장의 실현'으로 계획 목표가 전환되었다. 이는 '소비를 억제하여 투자를 확대한다'라는 50년대 전반의 정책 자세가 국민 생활의 질적 향상도 내다보는 것으로 전환되었다는 점에서 중요했다. 일본 경제는 확실히 한

계단 올라간 지점에 있었던 것이다.

이 사이 일본 경제의 발전이 산업구조의 중화학공업화를 기반으로 하는 수출 확대를 통해 이루어지지 않으면 안 된다는 경제구조의 장래상은 일관되어 있었다. 이를 위해서 뒤에 기술할 다양한 정책 노력이 계속되었다.

소득 배증에 대한 기대와 성과

안전보장조약 개정 문제에 의한 격렬한 정치적 대립의 시대를 전환하기 위해서, 이케다 내각이 정책의 기본에 둔 것이 '국민소득배증(倍增)계획'이었다. 이 계획은 기시 내각기에 이케다의 의견을 넣어 경제심의회가 검토를 개시, 새로운 내각 성립 후 60년 11월의 심의회의 답신에 기초하여 같은 해 말에 각의 결정되었다.

11개월간 총 2천 명의 전문가가 동원된 이 계획은 10년 동안 일본의 경제 규모(국민총생산)를 2배 늘인다는 목표로, 이를 위해 선행 계획보다 더 높은 경제성장률, 평균 7.2%를 설정했다. 게다가 이케다 수상의 강한 의지로 최초 3년 동안 9%라는 성장률이 설정되었다. 10년 후인 70년에는 1인당 소비지출이 2.3배로 증가하고, 광공업 생산은 4.3배, 수출은 3.5배로 만드는 것이 계획 목표치였으며, 이로 인해 완전고용에 거의 가까운 상태가 실현될 것이라고 여기고 있었다.

이케다 내각은 '안보의 악몽'을 끝내기 위해 총선거 시기를 4개월 뒤로 연기하고, 이 소득배증계획이라는 새로운 경제정책을 통해 '새로운 정권의 매력'을 인상 지으려고 했다. 11월의 총선거에서 자민당은 296의석을 확보했다. 이에 대해 테러의 흉도에 쓰러진 아사누마(浅沼) 위원장의 유지를 잇는다며 결속한 사회당도 145석을 확보하여, 안보조약에 대한 대응을 둘러싸고 사회당으로부터 분열한 민사당의 쇠락을 조롱하며 크게 약진했다. 안보 반대 운동이라는 정부 비판의 기세를 생각하면, 이 결과는 정부에게 있어서는 기대 이상의 승리였다. 경제성장정책을 전면에 내세움으로써 '국민에게 꿈을 준다'는 선거 전략은 나름의 효과를 거두었다.

그러나 그 한계가 드러나는 데에는 그다지 많은 시간이 걸리지 않았다. 아이러니하게도 소득배증계획이 정책의 중심에 자리 잡은 이후, 소비자물가의 상승 등 급격한 성장정책이 초래한 '부작용'이 문제시되었기 때문이다.

성장정책에 대한 비판이 등장하여 고성장 지속에 대한 의문이 제시되는 등, 일본 경제의 장래에 관한 논의가 활발해졌다. 한편에서는 도쿄신문의 여론조사에서 소득배증계획이 '생활을 어렵게 만들었다'

▶표 2-1. 국민소득배증계획의 주요 지표

	기준년	목표년	증가배율
국민총생산(억 엔)	97,437	260,000	2.67
국민소득(억 엔)	79,936	213,232	2.67
1인당 국민소득(엔)	87,736	208,601	2.38
1인당 개인소비지출(엔)	63,636	147,883	2.32
민간설비투자(억 엔)	15,290	36,210	2.37
광공업 생산 수준	100	432	4.32
농업 생산 수준	100	144	1.44
취업자 수(만 명)	4,154	4,869	1.17
총 에너지 수요(석탄 환산 천 톤)	131,815	302,760	2.30
수출(통관 베이스 100만 달러)	2,701	9,320	3.45
수입(통관 베이스 100만 달러)	3,126	9,891	3.16

는 회답이 35%를 상회하고, '생활을 향상시켰다'는 긍정적 평가는 약 8%로, '부분향상 부분저하'의 32%를 포함하여 겨우 4할에 지나지 않았다. 특히 물가 상승에 대한 걱정이 강해져, 물가가 '너무 올랐다'는 비판적인 목소리가 52%였다(61년 10월 3일, 도쿄신문 조사). 게다가 '더 심해질 것이다'라는 예상이 6할에 가까웠고, 물가 문제가 국민 생활의 안정을 위협할 것이라는 불안이 높아지고 있었다.

2. 투자와 그 제약 요인

외화 제약과 성장률 순환

1955년 이후 일본 경제는 '고도경제성장'이라 불리게 되는 고성장 경제로 착실히 나아가기 시작했다. 호황기의 실질 성장률은 10% 전후의 높은 비율이었고, 단기간의 저성장률 기간을 포함한 순환적 경제 확대였다. 경제성장률이 전전과 같이 크게 마이너스가 되는 일이 없고 플러스의 범위 내에서 상승 및 하락하는 것으로부터 '성장률 순환'이라고 표현되었다.

고성장 경제로의 이행은 성장률의 변동이 있었다고는 하지만 종종 자본주의 경제를 뒤흔드는 격렬한 공황을 회피하고 있었다는 점에서는 큰 변화였다. 하지만 성장률이 낮은 조정기에 실업이 증가하고, 중소기업을 중심으로 기업 도산이 증대하는 등 심각한 문제를 낳아, 일본 경제는 그 얕은 깊이를 드러냈다.

이러한 단기간의 변동은 60년대 전반까지 일본 경제가 아직 국제수지 기반이 약하고, 낮은 외화 축적에 제약을 받고 있었기 때문이었다. 한국전쟁기 이후의 일본에서는 전쟁에 의한 특수가 경제 확대의 기반이 되어, 특수에 의존하지 않고 국제수지 균형을 실현하는 것이 '경제 자립'의 달성 지표라 여기고 있었다. 이 목표를 실현하기 위해서 54년도의 『경제백서』는 '목표는 국제수지의 개선에 있다. 수입의 삭감도 국내 구매력의 압축도 그 목표를 달성하기 위해 필요한 것이다. 경기를 후퇴시키는 것은 목표가 아닌 수단인 것이다. 국민의 소득을 무리하게 줄이지 않아도 각자가 그 소득 중 소비에 충당하는 비율을 가능한 한 억제하고, 같은 소비라도 되도록 외국 물건을 사지 않도록 한다면 그만큼 목표에 가까워질 것이다' '예를 들면 절임을 만들고, 커피를 마실 때 설탕을 한 사람이 하루에 한 스푼 절약하는 것만으로 연간 약 1천만 달러의 수입 부담이 경감되고, 그만큼 다른 중요 공업 원료의 수입을 늘릴 수 있는 여지를 낳을 수 있다'고 말하고 있다.

그 후 1년 후인 55년에 일본 경제는 이윽고 '경제 자립'을 실현했다. 그러나 아직도 외화의 축적이 불충분했기 때문에 정부는 적은 외화를 유효하게 사용하여 기업 합리화를 진행하고, 무역수지를 개선하는 데 힘썼다.

경제성장을 위해서는 설비 기계, 원재료 등을 수입하지 않으면 안 되었지만, 이를 위한 외화가 부족했기 때문이다. 수출을 통해 외화를 벌어들이고 이를 통해 기술혁신을 진행하여 산업의 국제경쟁력을 높이지 않으면 안 되었다. 투자가 확대되고 경기가 호황으로 향하면 반드시 원재료 등의 수입이 증가하고 무역수지가 악화되어 '외화의 천장(天障)'에 부딪혔다. 따라서 55년 이후에도 일본은 외화 준비 상태를 지표로 하면서 '스톱 앤드 고(stop and go)'의 경기정책을 반복했다.

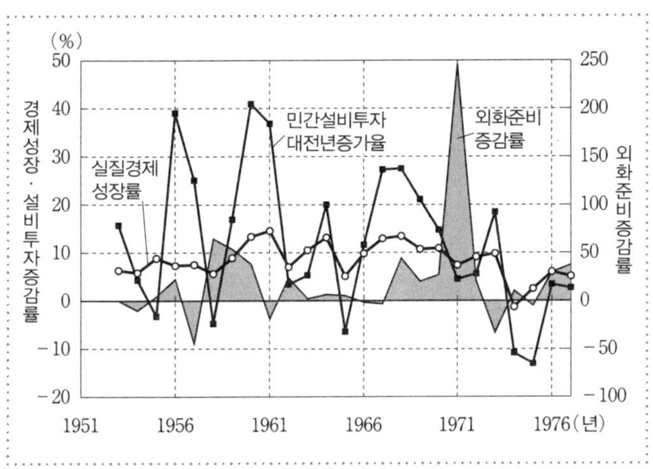

▶그림 2-1. GNP·설비투자·외화준비의 대 전년 증감률.
자료: 1977년판 (일본)국민소득통계

고도성장기의 경제성장률과 설비투자의 신장률, 외화 준비의 증감률을 나타낸 그림 2-1에 의하면, 높은 성장기에는 대폭적인 설비투자의 증가가 나타나고, 침체기에는 성장률의 저하가 연동되어 있었다. 이에 비해 외화 준비는 성장률이 높아지면 그 중반쯤부터 급속히 증가세가 둔해지고, 외화 준비의 축적을 손상시키게 되었다. 그리고 경기가 위축됨과 동시에 증가세로 전환된다는 '어긋남'이 나타났다. 스톱 앤드 고는 이렇게 외화 준비를 브레이크로, 설비투자를 엔진으로 하는 것이었다.

이렇게 해서 53년의 소비경기, 54년의 디플레이션기, 55년부터의 수량경기(數量景氣)·진무경기, 58년의 '바닥 불황(鍋底不況)', 59년부터의 이와토(岩戶) 경기(1958년부터 1961년에 걸쳐 고율의 설비투자에 의해 생긴 호황—역주)의 경제 순환 속에서 성장의 높은 산이 기록되는 한편, 격렬한 투자의 위축도 발생했다. 이 사이 경기 상승의 계기는 세계 경제의 호전, 수출의 확대, 또는 국내 소비의 확대, 활발한 투자 등이었다.

이들 요인이 다양한 형태로 뒤섞여, 그때마다 각각 중요한 영향을 미쳤다. 그러나 공통된 것은 국제수지의 악화에 의해 외화 위기가 발생하자 우선 금융 면에서 긴축정책이 전개되어, 경제 확대에 스톱을 걸었고, 경기를 후퇴 국면으로 이끌었다는 점이었다.

'외화의 천장'을 높이는 것은 당시의 일본에서는 지상 명제였다. 그렇기 때문에 동남아시아 여러 나라와의 배상 교섭에 있어 장래의 수출 시장으로서의 육성이 추구되었다.

투자가 투자를 부르는 경제

호황기에 설비투자가 활발해져 수입이 확대되는 것은 강도 높은 투자 경쟁이 전개되었기 때문이었다. 경제 계획이 높은 성장률을 설정해도 실적이 이를 항상 상회해 나가자 기업 행동은 점점 적극적으로 변했다. 현재의 시장점유율을 유지하기 위해서라도 멈춰 설 수 없었고, 발 빠르게 계속 달리지 않으면 안 된다고 생각하게 되었다. 여기에는 경제 계획의 어나운스먼트 효과(announcement effect)가 작용한 면이 있어, 경우에 따라서는 '과당경쟁(過當競爭)'이라고 비판받는 경쟁의 과열도 발생했다.

설비투자의 확대는 투자재를 생산하는 중공업 기업에 확대 기회를 가져왔고, 그때까지 외국에서 수입하고 있던 설비·기계 등에도 점차 국산화가 진행되었다. 산업 간의 유기적 관련성이 강화되고, 이것이 상승효과를 발휘하면서 확대가 계속되었다.

이렇게 하여 '투자가 투자를 부르는' 경제 상황이 나타났다. 이는 투자 확대가 연쇄적으로 관련 산업의 투자 확대를 불러일으킨다는 것이었다. 그러나 이뿐만이 아니라 동일 부문 내에서도 경쟁 상대에 뒤처지지 않기 위해 활발한 투자 경쟁이 전개되었다는 점에서도 '투자가 투자를 부르는' 상태였다고 말할 수 있다.

빠른 성장의 요인은 활발한 기업 행동뿐만이 아니었다. 국제통화 체제의 안정과 세계무역의 확대는, 수출이 경제 발전의 열쇠라고 여기고 있던 일본에게 좋은 기회였다. 한편에서 정부가 국내 산업의 경쟁력 강화에 다양한 정책적 조성을 행한 것도 이 시기에는 유효했다. 이러한 정책적 개입과 정책 목표의 설정에 관하여 60년대 전반까지 큰 이론은 없었다. 일본은 '후진국'이고, 자원이 빈약하며, 산업은 왜소하다 등이 공통된 인식이었고, 그것도 과도하게 의식되고 있었기 때문이다.

석탄정책의 혼란

자원 소국이라는 인식이 정책 결정에 중대한 영향을 미친 것이 석탄정책이었다.

전력 부족으로 상징되는 에너지 공급의 곤궁함은 부흥기의 산업 합리화를 제약했기 때문에 석탄의 증산이 강력하게 요구되었다. 한정된 천연자원 중에서 높은 자급률을 실현할 수 있었던 석탄에 해결의 실마리를 구하고 있었던 것이다. 그러나 한국전쟁 특수(特需)가 일단락되자, 물가상승과 전시부터 행해진 무분별한 채굴에 의한 자원의 고갈, 설비의 노후화 등으로 인해 비용이 상승하고, 석탄 가격이 높이 상승하면서 에너지 공급상의 제약 요인이 되었다.

　하지만 정부는 석탄 생산의 확대에 문제 해결의 길을 찾고 있었다. 외화를 절약하기 위해서 귀중한 국내 자원인 석탄을 유효하게 이용하는 것이 필요하다고 여겼다. 이에 대해 산업계에서는 수입 석유의 증가를 통해 에너지 공급 부족을 해소하고, 동시에 상대적으로 값이 싼 석유를 이용하면 비용을 인하할 수 있으며, 국제경쟁력 향상에도 유효하다는 생각도 있었다.

　그러나 석탄 광업의 합리화를 중심으로 하는 에너지 정책은 외화 위기로 이어지는 중유 사용의 증가를 억제하면서 석탄 광업의 합리화를 도모하는 방향에서 진행되었다. 이 때문에 석유를 필요로 하는 보일러 설치를 제한하는 것(탄주유종〔炭主油從〕 정책에 의한 중유전용 보일러 설치 제한)을 전제로, 55년에 석탄광업 합리화 임시조치법이 제정되었다.

　이 계획은 석탄의 비용 인하를 통해 석유와 대항할 수 있는 가격 수준에서 에너지 공급의 책임을 국내 자원에 맡기는 것을 목표로 하였다. 그러나 진무경기에 수반된 석탄 수요의 증대와 수에즈 동란에 의한 국제적 석유 공급 불안이 겹쳐, '저렴하고 안정된 공급'이라는 합리화의 목표는 '증산을 통한 합리화'라는 방향으로 궤도 수정되었다. 그러나 이러한 정책 전환은 단기간에 명백한 실패로 드러났고, 59년부터는 다시 철저히 합리화하는 방향으로 수정되어, 풍부한 수입 석유에 에너지 공급을 의존하게 된다. '에너지 혁명'의 진행이었다. 석탄정책은 혼란 속에서 이윽고 이 변화를 인정하게 되었다.

　이 사이 에너지 부족의 해소책으로 새로운 에너지원인 원자력발전이 주목받게 되었다. 특히 55년 8월에 열린 국제연합 주최의 '제1회 원자력 평화이용 국제회의'를 계기로, 여기에 참가한 국회의원단이 중심이 되어 초당파적 의원 입법에 의해 원자력 3법(원자력기본법, 총리 부설치법의 일부를 개정하는 법률, 원자력위원회 설치법)이 성립되었다. 그러나 이 성급한 움직임은 원자력발전이 이미 채산을 맞추어 '상업성'을 얻었다는 명목하에서 행해졌기 때문에, 도입에 앞선 연구 개발의 기초가 결여되어 있었고, 체계적인 정책을 세울 기회를 갖지 못한 채 필요조건이 충족되지 못한 상태로 진행된 것에 지나지 않았다. 실용화하기까지 긴 시간을 필요로 하고, 실용화된 후에도 오랫동안 문제가 산적한 채 미해결 상태로 남은 것은, 이러한 초기 개발 단계의 결함에서 유래하는 부분도 적지 않았다.

산업 기반 정비의 시점

55년에 산업합리화심의회는 '산업입지조건 정비에 관한 결의 및 보고서'를 발표하고, 산업 발전의 기반이 되는 도로·항만과 철도 등의 수송망을 정비하는 것이 중요한 정책 과제라고 지적했다. 56년 이후에는 기반 정비의 지체가 애로 사항이 되어 경제 확대가 제약을 받고 있다는 목소리도 강해졌다. 국철의 수송력 결핍에 따른 각 역의 체화(滯貨)가 정상의 2~3배에 달하고 있었다. 철강 등 기초 자재의 공급 부족도 격화되었다. 석탄 부족으로 인해 합리화 정책이 재고되어 흔들리게 된 것도 바로 이 수송 능력의 문제 때문이었다.

이러한 상황 속에서 공업용 수도와 도로, 항만의 정비를 추진함으로써 새로운 산업 입지를 추진하려는 움직임이 활발해졌다. 이는 소득배증계획의 산업의 적정 배치나 지역 경제의 균형 발전을 위한 제언으로 이어져, 62년에 지역개발과 소득격차 시정을 목적으로 한 전국종합개발계획(全國綜合開發計劃, 전종〔全綜〕)이 책정되는 것으로 결실을 맺었다.

그 후 69년에 '신(新) 전종'이 책정되었고, 고속 교통 네트워크의 정비, 대규모 산업 개발 프로젝트의 추진 등이 포함되었다. 이 위에 77년에는 정주권(定住圈) 구상에 기초한 '3전총'으로 전개되었다.

이러한 정책 전개는 경제성장의 열매를 지역격차 없이 분배하려는 것이었다. 그러나 62년 계획의 실시 과정에서는 공장의 지역적 분산에 관해서도 거점 개발 방식을 취하는 등, 개발 효과를 중시하게 되었다. 구체적으로는 개발 거점을 선별한 '신(新) 산업도시' 건설이나, 공업정비 특별지역 등이 설정되었지만, 이로 인해 개발이 급속히 진행된 것은 소위 '태평양 벨트 지대' 였다.

개발 집중은 과소·과밀 문제를 낳게 되었지만, 당면한 경제성장에 있어서는 필요한 것이었다. 체화가 급증한 국철에서는 근대화 계획이 세워져 수송력 증강이 계획되었다. 이 계획은 한편에서는 도카이도 신칸센(東海道 新幹線)의 건설로 연결되었지만, 다른 분야에서는 주로 재정적 이유로 필요 자금이 조달되지 않았고, 당초의 계획대로는 실현되지 않았다. 화물의 체화는 자동차 수송으로 편향되어 국철 경영이 악화되는 원인이 되었고, 진행되지 않는 수송력 증강이 대도시권에서는 통근 지옥이라 불리는 혼잡과 초과밀 운행을 불가피하게 했다. 그리고 이러한 운행에는 숙련된 국철 직원들의 기능이 필수불가결했기 때문에 현장에서 이들의 발언력이 강해져 강력한 노동조합을 온존시키는 기반이 되고, 후에 국철을 민영화로 몰아가게 되었다.

사회적인 자본의 부족뿐만 아니라 생산 애로 문제가 야기한 것은 전력과 철강 등 경제활동에 필요한 기초 자재의 공급력 부족이었다. 이로 인해 이들의 생산 확대가 적극적인 설비투자를 통해 추구된다. 이것이 경제성장을 가속화시켰다.

3. '기술혁신'과 신산업 육성

기간산업의 근대화·합리화

철강업에서는 1950년에 야하타(八幡)제철, 일본강관이 근대화 3 개년계획을, 가와사키(川崎)제철이 철강일관제철소의 건설을 발표하여 주목을 받았다. 가와사키제철의 지바(千葉) 계획은 당시 '법왕(法王)'이라는 별명을 가진 이치마다(一万田) 일본은행 총재가 공장 예정지에 '공장 건설은 반대'라고 했다는 에피소드로 알려진 것처럼, 강한 반대 속에서 추진되었다. 철강 각 사의 계획은 52년 2월에 산업합리화 심의회의 심의를 거쳐 제1차 합리화 계획으로 정리되었다. 이 계획에 의해 철강업의 설비 투자 규모는 일거에 10배로 증가하고, 강재(鋼材)의 압연(壓延) 부문을 중심으로 합리화가 진행되었다.

그러나 철강 생산과 가격은 항상 불안정한 요인을 안고 있었다. 이에 '철강사업 합리화 법안'이 검토되어, 독점금지법을 개정해야 한다는 요망이 철강 업계로부터 강하게 나왔다. 이들의 주장을 실현하지는 못했지만, 50년대 후반에는 '고철 카르텔(기업연합)' 이나 철강 제품의 공개 판매제도 등이 도입되어 사실상 카르텔(기업연합) 규제가 완화되었다.

56년에는 경제자립 5개년계획의 목표에 따라 제2차 합리화 계획이 책정되어, 선철 증산을 위한 용광로 증설과 고철 절약이 가능한 전로(轉爐)의 신설, 판재의 연속 압연용 신예 설비인 스트립밀의 증설 등의 확장이 계획되었다. 이 계획은 같은 해 말부터 발생한 애로(隘路) 문제로 인해 더욱 확장되어, 당초 계획이었던 1,780억 엔의 설비 투자액은, 실제로는 62년까지 5,416억 엔이 되었다. 이 결과 55년부터 18.7%라는 연 성장률을 기록한 일본의 철강 생산은 60년에 미국, 소련에 이어 세계 제3위가 되었고, 또한 수출도 신장되어 같은 해에 일본 수출 품목의 제1위가 되었다. 일본이 세계 제3위의 철강생산국이 된 무렵에는 비용 면에서도 미국, 서독과의 차이가 거의 없어졌다.

이러한 산업 합리화를 위한 자금 공급에 중요한 역할을 담당한 것이 일본개발은행이었다. 이 은행은 에너지 공급의 중심이 되는 전력업, 재건이 요구되었던 해운업, 기간산업인 철강업에 중점적으로 자금을 공급했다. 철강 이외의 산업에서도 3년에서 5년의 근대화 계획이 작성되어, 각 사가 서로 경쟁하도록 하면서 기술도입을 기초로 하는 산업 합리화를 추진하게 되었다.

단, 합리화의 효과는 각 산업의 조건에 따라 달랐다. 전술한 석탄 산업의 쇠퇴가 전형적인 예인데, 이처럼 고도성장기에 성장의 한계에 직면한 산업도 있었다.

예를 들면 유안(硫安, 황산암모늄. 비료로 쓰임—역자)공업은 식료 증산의 요청도 있어 전후 빠르게 부흥했지만, 농업정책 측으로부터 줄

곧 가격을 낮추도록 요구받았으나, 이미 성숙 경지에 이르러 기술혁신을 한다 해도 급격한 비용 저하를 전망할 수 없다는 문제가 있었다. 그 결과 수급 안정과 합리화·수출 촉진을 꾀하는 비료 2법(임시비료수급안정법, 유안공업합리화 및 유안수출조정임시조치법, 1954년 6월 공포)이 제정되어, 경쟁을 제한하면서 정부에 의해 가격 조정이 이루어지게 되었다.

또한 섬유공업에서는 대표적인 수출산업이었던 면제품을 중심으로 국내 설비의 과잉 등이 문제가 되었다. 정부는 원료 면화의 외자 할당 제도를 이용하면서, 생산 조정을 목적으로 한 권고 조업 단축을 단행하였고, 그 위에 설비의 공동 폐기 등의 조치를 강구했다. 이러한 대책이 적극적으로 취해진 것은, 일본으로부터의 값싼 면포의 집중호우형 수출이 국제적인 비난을 초래하고 있었기 때문이다.

석유화학공업의 탄생

기술혁신의 파도를 타고 새로운 소재나 제품 분야가 신흥 산업으로서 기대를 모으게 되었다. 소재 부문에서 이를 대표한 것이 석유화학공업이었다. 화학공업 원료로서의 석유가 유기합성 화학기술의 발전과 더불어 각광을 받았다. 이 때문에 격렬한 기술도입 경쟁을 수반하면서 신규 참가 기업이 속출했다. 이에 대해 정부는 적극적인 육성정책(1955년 7월, 석유화학공업육성대책)을 발표하여, 분해법에 의한 에틸렌 생산을 국제경쟁력을 갖춘 규모로 추진할 것을 기준으로 각 사의 계획을 인정하게 되었다. 이러한 정부의 개입은 기술도입에 필요한 외화 할당 권한에 기반을 두고 있었다.

결과적으로 인정된 계획은, 정부가 예측한 장래의 수요 규모에 비교하여 기업화 의욕이 크게 반영되어, 9개사의 계획을 합계로 원래의 2배가 넘었다. 이들 계획을 추진하기 위해 통산성은 57년 이후에 세제상의 우대 조치, 원유 가격의 특별 적용, 정부 자금의 중점적 융자 등을 실시했다. 강한 투자 의욕은, 58년 말에 이미 제2기 기업화 계획을 논할 정도로 쇠퇴의 기미를 보이지 않았다. 또한 60년에 상류의 에틸렌 생산뿐만 아니라 하류의 가공 제품 분야도 포함하여 '석유화학공업으로의 쇄도'가 발생했다. 자동차 타이어의 원료가 되는 합성고무 육성계획도 석유화학 방식에 기초해 추진되어, 국책회사 일본합성고무 주식회사가 설립되었다.

이렇게 해서 석유화학공업은 급성장하여 고도성장기의 신흥 산업을 대표하게 되었다. 석유화학제품을 국산화한 데 따른 외자 절약 효과는 지대했고, 가공 제품으로 다양한 플라스틱 제품이 공급되어 국민 생활을 윤택하게 하였다.

기계공업의 진흥

산업구조의 변화에 석유화학공업의 육성 이상으로 큰 영향을 미친 것이 각종 기계제조 공업의 발전이었다. 그 중심에는 자동차와 가전제품이 있었다. 기계공업 중에서도 조선업은 55년에 이미 세계시장에 군림하는 수출산업이 되었고, 발전기 등의 중전기기(重電機器)도 전전부터 비교적 높은 기술적 기반을 가지고 있었다.

이에 대해 전후 부흥기에 트럭 생산이 추진되었다고는 하나, 자동차산업은 50년경에 '승용차공업 불요론(不要論)'이 정부의 유력자로부터 제창되는 상황에 놓여 있었다. 승용차는 수입으로 충분하다는 것이었다. 그러나 정부는 승용차산업이 경제 발전을 위한 전략산업이라는 인식에 기초하여, 외화 사정을 이유로 승용차의 수입을 제한하는 등의 대책을 이용해 국내 메이커를 보호했다. 또한 55년까지 오스틴, 힐만, 르노, 지프 등 4개사로부터의 기술도입을 인허하였고, 유럽으로부터 소형차의 양산 기술을 배우려고 했다. 그러한 보호책이 마련되어도 당시 정부의 인식은 55년에 발표된 통산성의 '국민차 구상'에 나타나 있듯이, 국내의 승용차 생산을 한 회사에 집약한다는 것이었다. 일본의 자동차 메이커가 국제시장에서 미국의 빅3에 대항할 수 있다는 것은 꿈에서도 상상할 수 없던 일이었다.

시장의 미성숙과 기업 규모의 과소성이 큰 문제였던 자동차공업에 비해, 기계공업 전체에서는 조립가공 부문에서도 부품제조 부문에서도 공통적으로 지적되었던 낮은 기술 수준과, 그 결과 빚어진 조립부품의 저품질, 상대적으로 높은 비용에 문제가 있었다. 불충분한 자본 축적으로 인해 설비 갱신이 늦어지고, 노후화는 현저했으며, 이것이 제약 요인으로 여겨지고 있었다. 이에 52년도에는 공작기계 수입 보조금이, 53년도에는 공작기계 등 보조금 제도가 마련되었다.

이러한 조치가 실시되는 가운데, 신예 기계의 도입으로 품질·성능·생산성 면에서 눈에 띄는 개선 효과가 있음이 확인되어 기계공업이 안고 있는 문제점을 해결할 시책으로서, 56년에는 기계공업진흥임시조치법이 5년 시한의 입법으로 제정되었다. 이는 기계공업의 합리화를 촉진할 목적으로 적용 대상 업종에 대해 생산기술의 향상을 위한 합리화 계획·합리화 실시 계획을 결정, 이에 기초하여 각종 조성 조치를 실시하는 것이었다. 이에 의해 공작기계, 절삭공구, 다이스(dies), 톱니바퀴, 자동차 부품, 재봉틀 부품 등의 기계 부품 생산의 질적 향상이 추진되었고, 이들 부문에서는 설비 근대화와 생산성 향상의 양면에서 효과를 거두었다. 이는 자동차 생산 등의 조립기계 공업화의 발전에 있어 중요한 기반을 다지게 했고, 승용차 시대의 도래를 준비하게 했다.

전자공업의 진흥

가전제품에서는 기계 조립에 관련된 부품 생산뿐만 아니라 라디오나 텔레비전 등의 전자공업기술의 향상이 필요했다. 이들은 기계 부품과 비교하면 아직 생겨난 지 얼마 되지 않은 신흥 산업에 지나지 않았다. 시장의 확대가 기대되는 만큼 다수의 기업이 참여하고 있었고, 52년 말을 기준으로 텔레비전 생산 메이커는 60사를 넘는 소기업 난입 상태로 양산도 어려웠다. 제품 가격은 근로자 세대의 평균 월수입의 6배였다. 내구소비재의 소비 확대는 기대할 수도 없었다.

정부는 텔레비전 생산에 필요한 전자공업기술이 원자력산업과 더불어 산업구조의 혁신을 인도할 것이라는 인식하에, 57년에 전자공업진흥 임시조치법을 제정하고 트랜지스터 등 반도체 제조의 기술 개발 등을 추진했다. 텔레비전을 장래 수출품으로 만드는 것이 목표로 설정되었고, 그 위에 장래를 직시하여 전자계산기의 시험 연구가 우선 과제가 되었다.

무엇보다 중점 대상이었던 전자계산기에서 최첨단을 달리는 미국과의 거리는 쉽게 줄어들지 않았다. 일본은 트랜지스터의 이용이라는 기술혁신의 추종에 멈추지 않고, 주변기기나 관련 소프트웨어의 개발력, 방대한 개발 비용의 리스크 부담, 대여 방식으로 수요처를 확보하고 있는 IBM에 대항할 수 있는 고객 서비스 수단 개발 등 다양한 문제점을 해결해 가지 않으면 안 되었다. 이 때문에 60년대 초에 '전자계산기에 관해서는 소인이 거인 IBM을 추격하는 체제가 점차 정비' 되고 있었다(앞의 책, 『통상산업정책사』 제6권).

이중구조(二重構造)와 중소기업

기계공업의 발전과 더불어 하청이 되는 중소기업의 근대화가 필요해졌다. 기계공업진흥법 등의 육성책은 중견기업을 키우는 데에 중요한 역할을 담당했고, 기계 제조나 전기제품 제조 등에서 급성장을 이룬 기업을 낳았다.

그러나 한편에는 여전히 저임금에 의존하여 기술 기반이 취약한 기업도 많았다. 많은 취업자를 흡수하고 있는 이들 분야에서의 낮은 생산성은 경제성장의 발목을 잡는 제약 요인으로서, 이에 '이중구조 문제'가 제기되었다.

'이중구조(二重構造)'라는 용어는 '57년 3월에 있었던 일본생산성본부 2주년 기념 강연에서 아리사와 히로미(有沢広巳)가 처음으로 사용하였고, 57년도의 『경제백서』가 일본 경제의 이중구조를 문제시하여 그 해결의 중요성을 지적한 것으로 널리 알려지게 되었다' 고 한다 (우에다 히로시〔植田浩史〕, 『현대 일본의 중소기업』). 여기에는 고용 면에서 임금 격차를 구조적으로 발생시키는 조건을 일본 경제가 안고 있다는 점이 문제가 되어 있었다. 저임금에 의존하는 한 경영 근대화를 향한 의욕이 부족해지고, 생산성 향상이 적은 탓에 고용의 흡수력은 높더라도 수익력이 불충분하다는 것이 중소기업의 이미지였다. 이러한 부문의 존재는 미시적으로 본다면 경제 전체의 생산성 상승을 저해한다고 여겨졌다.

하청이기 때문에 모회사로부터 터무니없이 싼 가격에 납품을 요구받는 등의 불공정한 거래를 강요당하는 중소 부품 메이커의 존재와, 조악한 상품의 수출로 일본 제품의 평가에 흠집을 내는 섬유나 잡화 제조업자의 문제 등은, 당시 실감할 수 있었던 경제구조에 기초한 문제였다.

이러한 문제에 대한 대책은 경쟁력이 떨어지는 중소기업의 카르텔(기업연합) 결성 등 공동행위를 인정하는 중소기업안정법, 중소기업단체법 등의 법령을 독점금지법의 적용 예외로 하여 인정하는 것이었다. 금융 면에서는 53년에 중소기업 금융공고가 설치되어, 주로 단기의 운용 자금을 공급하는 상호은행, 신용금고, 신용조합 등과, 주로 장기 설비자금을 공급하는 중소기업 금융공고 등의 구조를 이루며 중소기업 금융기관의 체계화가 진행되었다. 또한 하청대금 지불지연 등의 방지법이 제정되어, 불공정한 거래 방법을 배제하고 하청 거래 관계의 적정화가 추진되었다.

무엇보다 이중구조 문제는 60년대에 들어 임금 격차 측면에서 해결 국면을 맞았다. 노동력 부족이 현저해짐에 따라 중소기업에서도 임금이 상승했기 때문이다. 그러나 이것이 곧바로 문제를 해결한 것은 아니었다. 임금 상승으로 비용이 인상됨에 따라, 생산성을 상승시

킬 수 있는 경영의 근대화·합리화를 위한 노력이 강요되었다. 그러나 이것이 실현 가능한 중소기업은 한정되어 있었다. 고용 면에서도 파트타임이나 원정 취업 등의 불안정한 취업층이 사라진 것은 아니었기 때문에 문제 해결에는 장기간의 정책적 대응이 필요했다.

집단취직의 시대

이중구조가 문제가 된 배경에는 농촌의 생활이 상대적으로 빈곤하고, 그 때문에 도시로 유입되는 노동자의 임금 수준이 낮다는 점도 작용하고 있었다. 농촌이 이중구조를 지탱하는 병참기지라는 전전 이래의 일본 경제구조에 관한 인식은 뿌리 깊었다. 일본은 인구과잉이고 한정된 농지를 전제로 한다면 농가의 차남, 삼남의 취업 기회를 어떻게 확보할 수 있을까가 문제가 되어, 브라질 등 중남미로의 이주나 자위대 입대가 선택지로 논의되고 있었다(가세 카즈토시〔加瀨和俊〕, 『집단취직의 시대』).

고도성장이 본격화된 50년대 후반, 농업 취업자 수는 눈에 띄게 감소하기 시작했다. 도시에서의 취업 기회가 증가한 것이 그 주된 요인으로, 이로 인해 차남·삼남이 도시로 유출되었을 뿐만 아니라 도시 근교로부터 순차적으로 겸업농가가 증가해 나갔다. 취업자층의 감소는 특히 젊은층에서 두드러졌다. 55년부터 65년에 걸쳐 '신규로 중·고교를 졸업한 농가 자제들의 대부분이 지난 10년 사이에 농업에 취업하지 않게 되었다' (同前).

이러한 움직임은 수도권 등의 대도시부에 젊은층이 대량으로 유입된 것을 의미했다. 이 대규모 인구의 사회 이동의 파이프가 된 것이 '집단취직'이었다. 일부 혜택받은 젊은이들이 고등교육을 받기 위해 이동한 것 외에, 대부분은 직업을 구하러 도시로 '집단취직 열차'를 타고 단신으로 이동해 왔다.

▶그림 2–2. 『만화 선데이』(1962년 3월 17일 호)에 게재된 인력 부족을 풍자한 미야무라 마사하루(宮村正治)의 만화(게재 『읽을 수 있는 연표·별권 쇼와의 풍자만화와 세태 풍속 연표』).

베이비붐 세대가 본격적으로 노동시장에 참가하기 직전의 시기에 해당하는 60년에는, 이듬해 봄의 구인 비율이 급상승하여 새로 중학교를 졸업한 사람이 '금싸라기처럼 귀한'이라 불릴 정도의 상황이 되었다. 하지만 농촌부 졸업자들은 자발적인 취업 선택의 폭이 좁고 학교의 취직 지도 등에 의해 여기저기로 나뉘어져서 많은 수가 대도시권의 중소 상공업으로 취직해 갔다.

그러나 그들이 향유할 수 있었던 노동조건과 생활 조건이 모두 좋지는 않았다. 성장을 달성하고 있는 기계공업 등에 대한 취업 기회는 도시부의 졸업자들이 거의 차지하고 있었다. '지방 출신자들은⋯⋯ 도회지 출신자가 취업하려고 하지 않는 상점원이나 경공업·잡업적 제조업 분야에 들어가지 않을 수 없었다. 그러나 그러한 잡업적 분야에서는 가정을 형성하여 안정적인 생활을 유지할 수 있는 조건이 부족하고, 특히 입주형 노동자들에 대해서는 고용주 측도 중졸 후의 독신 시기인 10년 전후만 고용하려고 하는 경우가 통상적이었다. 지방 출신자의 상당수가 자영업주로 독립하려는 의지를 더욱 강하게 가지지 않을 수 없었던 것은 이런 이유에서였다' (同前).

이중구조가 해소되는 방향으로 향하기 시작했다고 일컬어진 시대에도 이 격차는 계속되었고, '황금알'이 된 집단취직 젊은이들의 초임은 상당히 높아졌다고는 해도 그 취업 생활의 장래상이 반드시 밝은 것만은 아니었다. 이 때문에 그들의 근속 연수는 짧아졌고 높은 이동률에 의해 도시의 불안정한 취업층으로 편입되어 갔다.

이러한 상태는 도쿄 올림픽을 계기로 농어촌에도 텔레비전이 보급되어 도시와 농촌의 정보 차가 감소하고, 농촌부에서도 고등학교 진학률이 높아짐에 따라 변화되어 갔다. 노동시장에서의 구인배율의 변화에 나타나는 '인력 부족 시대로의 전환'보다 조금 늦게, 이중구조 문제는 이들 조건의 변화와 함께 새로운 국면을 맞이하게 되었다.

4. '과시형 소비'의 시대

에너지 혁명

석탄에서 석유로의 전환은 상업용 에너지를 바꾼 것뿐만 아니라 가정생활에도 변화를 가져왔다. 미즈사와 슈(水沢周)는 이것을 '석유가 가정으로 들어왔다'라고 표현하고 있다(앞의 책, 『고도성장과 일본인』 3). 1960년 겨울에 『생활의 수첩』이 석유스토브 제품 테스트를 한 것이 이를 상징적으로 보여주는 사건이었다. 석유스토브는 산업용 석유 수요가 중유에 편중되어 경유나 등유가 팔리지 않고 남는다는 석유제품 시장의 문제를 해결하는 방책이기도 했다. 석유제품은 연산품(連産品)[11]으로 원유 정제에 의해 일정한 비율로 중유·경유·등유 등이 각각 생산되기 때문이었다.

『생활의 수첩』은 가정 난방의 근대화에 있어 중요한 도구로서 석

---

11 동일한 원료를 동일한 공정으로 가공하였을 때, 주종(主從)관계가 없으면서 종류가 다른 2가지 이상의 생산품.

유스토브를 추천하고, 동시에 일본 메이커의 품질 개선과 외국 제품의 복제품 실태에 경고를 보내고 있었다. 이러한 계기로 단기간에 석유 스토브가 보급되어 60년에는 93만 킬로리터였던 민생용 등유 사용량이 69년에는 896만 킬로리터로 증가했다(앞의 책).

석유스토브가 보급된 이유는 값싼 연료를 사용할 수 있는 것뿐만 아니라 운반하기 쉽고 연료 컨트롤이 간단하며, 재가 나오지 않는 등의 '사용하기 편리함'이었다. 이는 산업용에 석유 연료가 증가한 것과 같은 이유였다. 60년경에는 중유가 발전용 연료로서 비중을 늘렸기 때문에 이렇게 해서 공급되는 전력도, 그리고 등유에 의한 난방도 모두 석유를 일차적인 에너지원으로 사용하게 되었다. 이는 볏짚이나 석탄 같은 종래의 연료로부터 탈피한 것이기도 했지만, 동시에 값싼 석유에 의존하는 다량 에너지 소비형 경제로의 전환이 이뤄지기도 한 것이었다.

이 전환은 조금 늦게 농업 생산에도 영향을 미쳤다. 양계에 의한 브로일러(구이 기계) 생산, 석유화학제품인 폴리에틸렌 필름 등을 이용한 하우스 농업, 그리고 비료의 대량 사용 등도, 값싼 석유가 기반이 되는 농업 생산 방식으로 변화한 것의 일환이었다.

변화하는 생활의 장과 스타일

고도성장을 지탱한 산업 발전은 집단취직으로 상징되는 바와 같이 도시로의 인구 집중을 수반했다. 그리고 노동자들의 도시 생활은 시대의 변화를 항상 선행하여 나타내어 농촌부를 포함한 일본인의 생활 스타일에 큰 영향을 미쳤다.

많은 농가가 3세대 가족이었던 것과 대비해 보면, 농촌부에서 이동해 온 단신자 세대의 대부분은 단혼 소가족(핵가족)인 도시 주민이 되어 세대적으로 재생산되었다.

결혼식은 지방 시내까지 자택에서의 피로연이 아닌 결혼식장에서 행해졌다. 47년에 개업한 메이지기념관을 모델로 하여 증가한 결혼식장이나 호텔의 연회장을 이용한 결혼 피로연은 고도성장기에는 평균적인 형태가 되었다(앞의 책, 『고도성장과 일본인』 1).

도시에 사는 이들의 이상적인 주거는 '단지'의 2DK[12]였다. 51년에 건설성 기관 등의 손으로 계획이 확정된 4층 공영 콘크리트 아파트는 60년대에 일본주택공단 등에 의해 대량 공급되어, 도시 주거 표준형의 하나가 되었

▶사진 2-3. 1954년 당시 86%의 아이들은 대부분 조산부의 손을 빌려 가정에서 태어났다(코로나 북스 편집부 편, 『가난하지만 행복한 우리 일본인 쇼와 25년~35년의 실사기록』, 헤이본샤, 1999년).

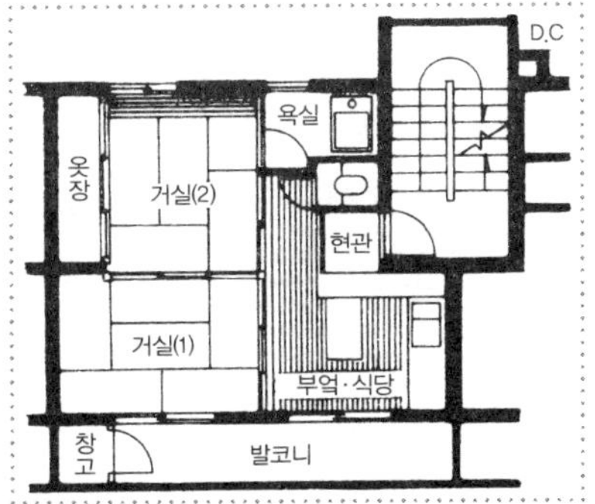

▶그림 2-4. 공단주택 최초의 표준설계(일본주택공단 총무부 공보과 편, 『일본주택공단연보』, 1975년).

다. 단독주택에 대한 동경이 강했기 때문에 최종적 보금자리는 아니었다 해도 스테인리스 싱크대나 수세식 변소 등을 갖춘 모던한 양식의 주거는 임대주택 중에 불량 주택이 많았던 상황 속에서 높은 경쟁률을

---

12 2개의 방, 거실 겸 식당(dining room), 부엌(kitchen)의 약자.

뚫고 손에 넣고 싶은 꿈의 하나였다(앞의 책, 『고도성장과 일본인』 2). 모던 한 양식과 핵가족이라는 구성을 반영한 이 도시 주택은 불단을 둘 자리가 없는 등 종래의 '집'의 관념을 수반하는 건조물로부터는 동떨어진 존재가 되었다.

핵가족하에서의 아이의 숫자는 평균 2명 정도였다. 아이들은 55년에는 5명 중 4명이 집에서 산파 등의 도움으로 태어났다. 그러나 그 수는 5년 후에는 2명에 1명이 되었고, 65년에는 6명에 1명, 70년에는 25명에 1명 정도가 되었다. 조산원(助産院) 등보다 안전한 시설이 출산의 장이 되었다(앞의 책, 『고도성장과 일본인』 1). 이러한 이유로 임산부의 사망률은 1만 명을 기준으로 60년에는 13명, 70년에는 5명으로 저하되었다. 이 수치는 30년에는 27명이었다. 또한 유아 사망률은 1,000명을 기준으로 30년의 124명에서 50년에는 60명으로까지 줄었고, 그 위에 70년에는 13명까지 저하되었다(앞의 책).

분유는 우유를 희석시켜 만들었는데, 비소우유사건(55년 8월, 모리나가(森永) 유업 도쿠시마(德島) 공장의 제조 공정에서 들어간 비소에 의해 발생한 분유 중독사건) 등의 문제가 일어났음에도 불구하고 56년경부터 분유의 품질 개량이 진행되어 수요가 급증했다. 핵가족으로 인해 근처에 조력자가 없어진 젊은 엄마들은 육아 잡지나 마쓰다 미치오(松田道雄)의 『나는 아기』, 『새로운 육아백과』 또는 『스폭 박사의 육아서』에 의지하여 육아에 임했다.

아이들은 텔레비전에서 어린이 프로그램이 방송되고, 만화 주간지가 창간되는 상황에서, 애니메이션의 캐릭터를 경품으로 주는 과자나 프라모델, 리카 인형을 손에 들고 엄마의 보살핌을 받으며 자랐다. 도시부에서는 고졸이 표준화되는 경향이 있어(고교 진학률은 55년 52%에

서 75년에 92%로), 학력은 장래의 취업 생활을 좌우하는 중요한 요소라
는 인식이 강해져 있었다. 교육비 지출의 증가는 이러한 경향을 뒷받
침하고 있었다. 후에 서술할 '카카아(엄마) 전화(電化)'로 가사에 여유
가 생겨난 엄마들은 아이들과 마주할 시간을 늘려 교육에 대한 관심을
높여 갔다.

'소비혁명'

경제성장의 성과는 산업·기업의 근대화·합리화만으로 나타난
것만이 아니었다. 국민 생활에도 큰 변화가 일어났다.

기업의 성장과 더불어 근로자의 소득이 증가하고 그만큼 선택적
소비가 증가하여 내구소비재의 구입이 늘어나고 교육비의 비율이 커
지는 등, 가계의 지출 구조가 변해 갔다. 생활 면의 이러한 변화는 '소
비혁명'이라 표현되었다.

생계비 속의 비중은 늘지 않았다고 해도 '식생활'의 내용은 크게
변화하기 시작했다. 쌀 소비량은 보합(保合) 상태가 되었지만 축산품
이나 과실류 등이 증가했고, 맥주나 위스키 같은 양주가 현저하게 늘
어난 반면 일본주가 정체되었다.

'의생활' 면에서는 부족했던 가정의 자본이 충족되자 '필수적 의
류에서 사치적 의류로의 전환'이 나타났다. 부인 잡지나 스타일북이
제공하는 새로운 디자인(종이본)을 참고로 가정에서 하는 봉제가 재봉
틀과 함께 보급되었고, 조금 늦게 뜨개질기 등도 제공되어 양재(洋裁)
교실이나 뜨개질 교실이 번성했다. 섬유 소재에서는 천연섬유에서 합

성섬유로의 전환이 진행되어, 염색에 의한 좋은 발색과 착용감으로 소비자의 마음을 사로잡게 되었다. 이렇게 하여 스스로 의류를 만드는 것이 가사의 중요한 요소가 되었다. 당시의 가사노동 시간을 조사한 결과에서는 재봉하는 시간이 하루 146분으로 큰 비중을 차지했다(앞의 책, 『고도성장과 일본인』 2).

패셔너블한 의류가 나오게 되어 남성과 여성의 의류에서 기성복이 주류를 이루게 된 것은 60년대 후반 이후의 일로, 청바지나 미니스커트도 아직 나오기 전의 이야기였지만 소소한 색채가 점차 의복에도 나타나기 시작했다.

'일생일대의 쇼핑' 텔레비전

집에서 만든 의류가 등장하게 된 배후에는 가사 시간의 변화가 있었다. 이는 시간에 쫓기듯이 매일 계속되던 밥 짓기·청소·빨래라는 주부의 '일'에 큰 변화가 일어났기 때문이다.

55년은 가정 전기제품 중에서도 텔레비전, 세탁기, 냉장고가 '세 가지 신기(神器)'라 불리며 급속히 보급되기 시작한 해였다. 이 무렵 도시부의 세대에서도 이들 제품의 보급률은 10%에 미치지 못했고, 57년에도 냉장고가 20%로 가장 많이 보급되어 있었다. 하지만 65년에는 텔레비전 59%, 세탁기 78%, 냉장고 68%, 70년대 초반에는 모두 90%를 넘어 냄비, 가마, 밥그릇과 같은 수준에 이르렀다(同前).

1인치에 1만 엔이라 불린 초기의 텔레비전은 14인치 표준 타입이라도 보통의 샐러리맨 세대에게는 그림의 떡이었다. 대표적인 텔레비전 메이커가 '텔레비전은 일생일대의 쇼핑'이라고 광고한 것에는 그러한 배경이 있었다. 거리의 텔레비전에 사람들이 모여드는 동안, 메이커는 선전차를 조직하여 각지를 돌며 계열사의 전기점에 텔레비전 수리 기술을 가르쳤다. 이는 '일생일대의 쇼핑'에 걸맞도록 애프터서비스 태세를 갖추는

▶사진 2-5. 50년대 중반 '세 가지 신기(神器)' 중의 하나라 불린 텔레비전은 샐러리맨 세대에 있어 그림의 떡이었다(앞의 책, 『일본의 역사21 국제 국가로의 출발』).

것이 초기의 가전제품을 판매하는 데에는 필수 불가결했기 때문이다.

그러나 황태자비의 성혼기념 퍼레이드(59년 4월)의 텔레비전 중계를 보기 위해 소매점의 재고마저 모두 팔렸다는 말이 나오기까지 고작 4년밖에 걸리지 않았다. 텔레비전은 가정생활의 중심에 불단을 대신하여 급속히 자리를 잡았다. 그리고 민간방송이 개국하여 텔레비전을 통해 대량의 광고를 내보내게 되자 대량생산에 적합한 가정용품이나 가공식품(세제 등의 일용 상품, 화장품, 조미료, 술, 과자 등)의 내셔널 브랜드가 생겨났고, 그 위에 가전제품이나 자동차 등의 구매 의욕을 높이는 등 텔레비전은 중요한 정보 전달 수단이 되었다.

'세탁고(洗濯苦)'와 '카카아(엄마) 전화(電化)'

가정에 유입된 전기제품의 영향은 가사 도구 분야에서 두드러졌다. 그때까지 빨래는 '세탁 고생'이라 불릴 정도로 빨래판과 대야를 손

수 사용하고, 아기가 있는 가정에서는 기저귀 등을 매일 3시간이고 4시간이고 빨아야 하는, 그런 긴 시간을 요하는 물일이었다(시게카네 요시코〔重兼芳子〕, 『아내의 흔들의자〔女房の搖り椅子〕』). 상품화된 50년 무렵, 시바우라〔芝浦〕 전기는 세탁기 선전 문구에 '주부의 독서 시간을 어떻게 만들 것인가'라고 썼다(본장 표지 참조). 55년경에는 가격이 내리기도 하여 '재봉틀과 함께 혼수로'라는 선전 문구가 사용되었다. 농촌에서는 '기계에 빨래를 맡기고 놀고 있다'고 말하는 시어머니를 설득하지 않으면 안 되었다. 그래도 며느리들은 세탁기를 동경해서 어떻게든 이것을 살 꿈을 품고 있었다. 세탁기가 2~3만 엔으로 상대적으로 가격이 쌌던 것도 그 이유였을 것이다. 가장 손에 닿을 수 있을 것 같은 꿈이었다. 60년의 조사에 의하면 많은 주부가 여가 시간이 늘어난 이유로 세탁기를 들고 있었다(앞의 책, 『'물건과 여자'의 전후사』).

가격대가 5만 엔 정도였던 냉장고도 소비 행위를 천천히 바꾸었다. 용량은 아직 작았지만 신선한 식품을 가정에서 저장할 수 있는 가능성이 열린 것은 쇼핑의 횟수나 구매 방법을 바꾸는 계기가 되었다.

49년부터 59년까지 '세 가지 신기(神器)'의 보급 기간을 포함하는 시기 동안의 하루 가사 시간은, '가정주부의 가사노동 시간 조사'에 의하면 10시간 16분에서 9시간 2분으로 단축되었다. 그 후의 동종의 조사에 의하면 70년대에는 7시간대로 감소했다(앞의 책, 『고도성장과 일본인』 2). 내구소비재의 보급을 '카카아(엄마) 전화(電化)'로 표현하는 것은 그러한 사정을 반영하고 있다.

'과시형 소비'

   이렇게 해서 가정에 들어오기 시작한 가전제품은, 가사에 드는 힘을 줄일 수 있게 하는 기능성을 추구하면서 플라스틱 등의 신소재에 의해 경량화되었고, 디자인이나 조작성에도 개선이 이루어지면서 가구로 정착하게 되었다. 그리고 이것이 커버하는 영역은 전기밥솥, 전기 청소기, 전기 고타쓰, 컬러TV, 에어컨, 전자레인지 등 가사노동을 경감시키고 생활의 쾌적성을 향상하는 데에 크게 공헌하게 되었다.

   60년대는 '3C'라 일컫는 컬러텔레비전(color TV), 에어컨(cooler), 승용차(car)가 새로이 내구소비재의 인기 상품이 되었다. 컬러텔레비전은 64년 도쿄 올림픽 개최에 전후하여 보급률이 급속히 높아졌다. 흑백텔레비전 보급률이 황태자 성혼과 겹친 것과 같이, 화려한 개회식과 각종 경기 모습, 맑게 갠 가을 하늘에 오륜 마크의 모양을 그려 본뜬 오색의 비행기 구름은 컬러 수상기 앞에서 많은 국민의 기억 속에 남았다.

   내구소비재 중에서도 자동차는 아직 손이 닿지 않는 꿈의 위치에 있었다. 그러나 60년대 중반에 '3C'의 하나로서 구매의 대상이 되기까지 그다지 긴 시간이 필요하진 않았다. 61년 판 『아사히 연감』은 60년을 회고하며 '자동차 시대'라는 표제어를 달고 '자가용 차를 갖고 싶다는 염원은 젊은이들뿐만 아니라 만인의 공통 욕망이 되었다'고 썼다. 스바루 360 등의 성능 좋

▶사진 2-6. 자동차 대중화를 가속시킨 후지(富士)중공(重工)의 「스바루 360」(앞의 책, 『실록 쇼와사 격동의 궤적 4 고도경제성장의 시대』).

은 소형차가 판매되기 시작하고, 자동차 쇼에 많은 사람들이 모여 도쿄에서만 매년 60만 명이 자동차 면허 시험을 보게 되었다. 경자동차라도 30~40만 엔대였기 때문에 아직은 많은 사람이 장래에 돈이 생기면 차를 사서 운전할 수 있도록 준비하고 있었다. 모터라이제이션(motorization)의 도래가 가까워졌던 것이다(『아사히 연감』 1961년 판).

그러나 내구소비재의 가정 침투는 모두가 환영하고 열망했다고 볼 수 있는 것만은 아니었다. 텔레비전을 살 마음이 없었음에도 불구하고 아이들이 저녁이 되면 텔레비전이 있는 집에 가서 돌아오지 않아 '어쩔 수 없이 산' 집도 있었다. 또한 냉장고를 샀지만 '넣어 둘 것이 없어서 얼음을 얼려 뽀드득뽀드득 깨먹었다!' 는 이야기도 있었다. 단지(團地) 에서의 가전제품 보급률이 높았던 것도 그러한 소비자의 구매행동의 특징을 나타내고 있었다. 생활이 풍족해진 것을 스스로에게 인식시키고 납득시키기 위해, 그리고 스스로의 사회적 지위가 평균적인 풍족함 속에 있다는 점을 '보여주는' 것도 구입의 동기가 되어 급격한 보급이 진행된 것이다. '집도 없는 마이카 족(族)' '빌린 집에 살면서 텔레비전이 두 대' 등과 같은 기묘한 밸런스도 드물지 않았다(앞의 책, 『고도성장과 일본인』 2).

유통혁명

에너지, 소비와 더불어 유통에서도 '혁명' 적인 변화가 일어났다고 하여 '유통혁명' 이라는 말이 유행하였다. 그것은 매일의 생활을 다양한 고품질의 제품으로 연출하기 위해서 필요한 변화였다.

유통혁명에는 몇 가지 측면이 있었다. 그 하나는 가전이나 자동차와 같은 내구소비재의 많은 부분에서 보이는 것과 같이, 유통망의 계열화·조직화에 의해 고객과의 접점을 메이커가 스스로 구축해 가는 움직임이었다. 대량 생산품인 탓에 전문 유통 루트를 구축하는 것이 가능했다는 점, 신규 상품이었기 때문에 기존의 도매업자 등을 통하지 않고 거래를 전개할 수 있었다는 점, 그리고 이러한 내구소비재가 품질 면에서는 아직 때때로 수리를 필요로 하여 이를 위한 기술을 가진 계열 판매점을 필요로 했다는 점 등에 의한 것이었다. 가전제품의 디스카운트 숍이 급성장한 것은 이러한 제약이 적어진 후의 일이었다.

한편, 식품이나 일용잡화, 의류 등의 소비재에 대해서는 더욱 좋은 물건을 더 싸게 구하고자 하는 소비자의 요구에 부응하기 위하여 유통 면에서의 혁신이 필요하다는 사정을 기반으로 하고 있었다. 가격 문제는 60년대에 들어 소비자물가가 상승세를 보이기 시작하자 한층 절실한 문제가 되어 소비자의 구매 행동에 영향을 미쳤다.

이렇게 해서 셀프 판매 방식이나 독자적인 매입 루트를 개척한 할인점으로 새로운 소매업 형태인 슈퍼마켓이 출현했다. 그러나 슈퍼마켓은 간단히 성공하지는 않았다. '유통혁명'이라는 말이 멋대로 쓰이고, 다양한 업체의 신규 참가가 활발했던 50년대 후반의 초창기에는 '슬쩍 생겨서 휙 사라지기' 때문에 슈퍼라고 불릴 정도였다.[13] 주부점포운동 등의 시도도 대부분 험난한 좌절에 직면했다(이코노미스트 편집부 편, 『고도성장기로의 증언』).

---

13 원문은 'スーッとできて' パーッと消える'로 뜻은 본문과 같으나, 앞의 어절인 'スー'와 'パー'를 합치면 일본어로 슈퍼마켓인 'スーパー'가 되기 때문에 생긴 표현.

걸어서 15분 이내의 위치에 상점가가 있는 것이 도시 주택의 평균적인 모습이었기 때문에 그 편리성에 대항할 만큼의 소매업 형태가 되기 위해서는 그 나름의 궁리와 시간이 필요했다. 셀프 판매 방식의 편리성과 저비용을 실현하기 위한 상품 진열용 선반이나 냉동·냉장품의 케이스 등이 충분하지 않았고, 상품의 프리패키지(prepackage) 개발도 필요하여 이에 따른 투자 규모 때문에 인건비의 삭감 효과에는 한계가 있었다(앞의 책).

대량 판매를 목적으로 하는 슈퍼 등 새로운 소매업은, 식품·일용품 등의 분야에서 내셔널 브랜드가 육성되고 대량생산에 의한 안정적인 품질의 제품이 소비자의 마음을 사로잡게 되자, 손님을 모을 길을 얻게 되었다. 인스턴트식품의 선구자 역할을 했던 즉석면이 58년에 등장했을 때, 우동 한 사리 6엔에 대해 즉석면 하나에 35엔이라는 가격에 소매업은 판매를 주저했다. 그러나 실제로 가게에 진열하자 날개 돋친 듯 팔렸다(레트로 상품 연구소 편, 『국산 첫 이야기 Part 2』). 소비자는 새로움과 편리함에 민감하게 반응했던 것이다. 조미료나 맥주, 세탁용 세제, 샴푸, 가공식품과 과자류 등에서는 텔레비전을 이용한 광고가 브랜드의 인지도를 높여 소비자의 구매 의욕을 당겼다.

때때로 이런 상품군은 대규모 소매점에서는 집객을 위한 로스리더(loss leader, 손님을 끌기 위한 특가품)로 사용되어 가격 유지에 고심하고 있던 메이커와의 알력도 발생했다.

▶사진 2-7. 1957년 9월 23일, 오사카 시 아사히(旭)구 센바야시(千林) 역 앞에 오픈한 「주부의 매점 다이에」의 1호점(앞의 책, 『쇼와의 역사 제9권 강화에서 고도성장으로』).

그러나 그러한 상품을 구매한 고객이 신선식품 등도 함께 구매하여 고객 단가가 높아지자, 셀프 판매 방식의 편리성을 지탱하는 투자를 회수할 수 있게 되었다. 냉장고의 보급에 의해 식품 등을 가정에서 보존할 수 있게 된 것도 대량 판매를 유지하는 중요한 요인이 되었다. 종이 팩 우유가 슈퍼에서 팔리고 포장 두부가 등장하자, 우유 판매점의 아침 배달이 쇠퇴하고 저녁에 두부 장수의 나팔 소리가 들리는 일도 적어졌다.

이러한 변화는 다양한 상품의 공급자에게도 영향을 미쳤다. 제품에 따라서는 대량 판매 루트가 대규모 소매점에 의해 개척되어도 즉시 이에 대응하여 생산을 확대할 수 있었던 것은 아니었다. 제품 분야에 따라서 적합하지 않은 것도 적지 않았기 때문이다. 신선 야채나 식육에서는 선도가 중시되는 구매 루트가 개발되어, 이들 생산자에 대한 소매업으로부터의 조직화 움직임이 강해졌다. 양적 확보에는 다수 생산자로부터의 구매가 필요했다. 다른 한편으로는 대량 판매가 가능해져 제조 기술을 혁신하고 성장하는 기업을 탄생시킨 점도 있었다.

다이에를 창설한 나카우치 이사오(中内 功)는, 제품의 품질 면에서는 전국적 인지도를 지닌 제품에 기술적으로도 뒤지지 않는 중견 지방 기업이 있었고, 그들이 중요한 구매 루트가 되었다고 말하고 있다(앞의 책, 『고도성장기로의 증언』). 이는 그러한 기업에 있어서는 다시없는 성장의 기회가 열린 것을 의미했다.

이렇게 유통혁명은 새로운 유통 업자의

▶사진 2-8. 1958년에 닛신식품(日清食品)이 발표한 세계 최초의 즉석 라면(레트로 상품 연구회 편, 『국산 첫 이야기 Part 2(1950~70년대 편)』, 나나·코포레이트·커뮤니케이션, 2004년).

활약에 힘입어, 고도화되는 소비자의 요구를 파악하여 즉각 대응 상품을 마련하는 소매업 형태를 만들어 내었고, 이를 통해 생산방식에도 영향을 미쳤다. 메이커로부터의 일방적인 제품 공급이 아닌, 소비자의 욕구에 관한 정보가 소매업을 통해 메이커로 전달되기 시작했다는 점에 유통혁명의 '혁명'으로서의 의미가 있었다.

경제의 계절

소득배중계획이 시작된 1960년대는, 정치적 대립이 표면화되어 있던 일본의 경제사회 분위기를 크게 변화시킨 '경제성장에 대한 기대'가 높아진 시대였다. 이케다 내각은 정책적으로 정치의 계절을 경제의 계절로 훌륭히 전환시켰다.

이케다 수상은 취임 시에 신임 내각의 기본 방침으로 '경제정책밖에 없다, 소득배중으로 간다'고 시대 전환의 필요를 직감하고 정책 방향을 돌렸다(이토 마사야[伊藤昌哉], 『이케다 하야토 그 삶과 죽음』). 이는 강화회의 직후의 요시다 내각 이래 가장 높은 지지율로 이어져, 다른 내각에서 볼 수 없는 수준의 지지율을 오래 지속시킨 정치적 성공을 가져왔다.

그러나 아이러니하게도 높은 성장을 바랐던 이케다 내각은 성장 정책을 추구하는 데도 불구하고 불안정한 경제 상황을 대응하는 데에 쫓긴 측면이 강했다. 경제정책이 관료들에게 일임되었다고 할 수 있던 하토야마 내각부터 기시 내각의 시기에는, 비록 '바닥 불황'을 포함하고 있었다고는 해도 고성장이 지속되었다. 이후의 사토 내각이 이케다 내각의 시책을 비판하여 성장정책의 악영향을 시정하면서 안정적인 성장을 꾀하는 방향으로 전환했음에도 불구하고 현실에서는 이케다 내각기보다도 빨리, 그리고 장기간에 걸쳐 지속적으로 경제 규모는 확대되었다. 각 내각이 내건 경제정책의 목표는 모두 배신을 당했다고 해도 좋을 것이다.

이케다 내각이 직면한 최대의 문제는 물가 문제였다. 도매 물가가 계속 안정되어 있었는데도 소비자물가가 완만한 상승세로 돌아섰기 때문이다.

이케다 내각은 60년 12월의 각료 회의에서 총리대신의 월급을 15만 엔에서 25만 엔으로, 각 대신은 11만 엔에서 18만 엔으로 인상하고, '소득배증'의 '솔선수범'을 실현하여 국민의 실소를 샀다(『아사히 연감』 1961년 판). 정치 감각의 부재는 둘째치고, 갑자기 그렇게 월급봉투가 늘어나지 않는 서민들에게 있어 물가상승은 큰 문제가 되었다. 대신의 월급이 큰 폭으로 늘어난 이듬해 61년 한 해만도, 불과 3년 전에 인상된 국철의 운임이 재인상되었고, 식빵이 400그램 30엔에서 35엔, 우유 한 병이 14엔에서 16엔, 두부 400그램이 18엔에서 24엔, 이발료가 170엔에서 200엔으로 오르는 등 가격 인상이 있었다. 『주부의 친구』 등 부인잡지에서는 고물가에 어떻게 대처할까 하는 내용의 특집이 종종 지면을 메웠다(앞의 책, 『고도성장과 일본인』 2).

한편 60년대 전반에는 주식시장이 일시적으로 기세를 잃고 주가는 침체 상태가 되었으며, 외화 준비의 불안정함도 한몫 거들어 경제성장의 지속에 대해 의문시하는 목소리도 나오기 시작했다. '전형기(轉形期) 논쟁'이라 불린 정책 논쟁은 그러한 상황의 한 단편이었다. 도쿄 올림픽이 개최되어, 이로 인해 개최 직전까지 도쿄를 중심으로

▶사진 2-9. 도쿄 올림픽 개최 500일 전, 도로 폭을 넓히는 아오야마 4번지(青山4丁目) 부근의 도로공사(「1억 인의 쇼와사 7 고도성장의 궤적 쇼와 35년-39년」, 마이니치신문사(每日新聞社), 1976년).

수도고속도로망의 정비, 경기 관련 시설의 건설, 도카이도(東海道) 신칸센 건설 등 공공사업 투자가 높은 수준으로 이어져 '올림픽 경기'라 불렸지만, 이것도 오래 계속되지는 않았다. 이것은 65년에 찾아올 파국의 서곡이었다.

그뿐만 아니라 경제성장의 뒤틀림도 문제시되었다. 이미 미나마타에 의한 유기 수은중독 문제가 주목받는 상태였고, 도시부에서는 대기오염 등의 문제가 발생하고 있었다. 공해 문제는, 성장을 중시하는 경제 운영이 내구소비재의 보급으로 풍족한 생활을 실현하는 데 중요한 역할을 맡았던 반면, 생활의 기반을 좀먹는 병의 근원도 키우고 있었다는 사실을 나타내고 있었다.

제3장 개방경제체제로의 이행 — 경제대국 일본

(상)1969년 무렵부터 젊은이들의 패션으로 정착한 청바지.

(하)1968년 4월에 아쓰기 나일론(厚木ナイロン)이 발매한 국산 팬티스타킹 패키지.

(현대 일본의 50년 편집위원회 편, 『신문으로 조사해 보자 현대 일본의 50년 3 고도성장과 공해』, 대일본도서 주식회사, 1995년)

1. 베트남전쟁하의 아시아

1964년 10월의 2주간, 일본은 도쿄 올림픽으로 들끓고 있었다. 강행공사에 들어간 각 시설이나 관련 공사의 총 투자액은 1조 엔에 달하였고, 이것은 동년도 정부 예산의 3분의 1에 필적했다(『아사히 연감』 1965년 판).

이 스포츠 제전의 개회로부터 일주일째인 16일, 소련의 니키타 흐루시초프 수상 해임, 영국 총선거에서 13년 만의 노동당 승리에 의한 정권 교체, 중국의 핵실험이라는 세 가지 뉴스가 날아왔다. 올림픽 폐회식 다음 날인 25일에는 이케다 수상이 지병을 이유로 퇴진을 표명하고, 사토 에이사쿠(佐藤榮作) 내각이 11월 초순에 성립되었다. 그 후 미국에서는 대통령 선거에서 민주당 후보인 린든 존슨이 압승하여 연이어 정권을 담당할 것이 명확해졌다. 올림픽의 화려함 이면에서 세계는 격동하고 있었다.

이보다 먼저 62년의 쿠바 위기에서 미소가 전쟁 직전까지 갔던 때를 이후로 하여 세계에는 평화 공존 무드가 고조되었다. 63년 8월에 미·영·소 3국은 부분적 핵실험 정지 조약에 조인했다. 이 조약은 세계의 100여 개국이 조인할 정도로 압도적인 지지를 모았다. 흐루시초프 해임은 그 흐름을 멈추게 하는 것이 아닐까 하는 걱정을 낳았다.

프랑스와 중국 등 몇몇 나라는 부분적 핵실험 정지 조약에 대해 '미소적 세계 질서'를 유지하는 것을 목적으로 하는 것에 지나지 않는다며 거부했다. 이 움직임은 동서 대립의 양측에서 각각 흔들림이 발생하고 있다는 점을 보여주고 있었다. 동측에서는 중소 대립이 표면화되고 있었다. 한편에서 프랑스의 샤를르 드 골 대통령이 영국의 유럽공동시장 가맹을 거부하고, 또한 중국과 급속히 접근하여 미소 중심의 세계 질서에 대항하는 자세를 명확히 하고 있었다.

미국에서는 공민권 문제의 해결 등에 힘을 쏟아 국민적 인기가 높았던 존 F. 케네디 대통령이 63년 11월에 암살당했다. 후계인 존슨 대통령은 케네디 노선이 변하지 않았음을 표명했지만, 그 후 1년 이내에 영국, 소련에서도 정권 교체가 일어났다. 새로운 세계 질서가 모색되기 시작되었다고는 하나 그 리더십의 소재가 의문시되었다.

베트남전쟁의 격화

아시아에서는 65년 2월에 미국이 북폭(北爆)을 개시하여 베트남전쟁이 확대됨과 동시에 진흙탕 싸움을 피하기 어렵게 되었다. 다른 한편에서는 케시미르 지방을 둘러싼 인도와 파키스탄의 분쟁이 무력 충돌로 발전하였고, 인도네시아에서는 쿠데타가 발생, 이로 인해 스카르노 대통령의 정치적 기반인 나사콤(민족주의, 종교, 공산주의)체제가 붕괴되었다. 아시아는 분쟁의 불씨와 전화가 끊이지 않았다. 불안한 재료는 늘어날 뿐이었다.

끊어졌다 이어졌다를 반복하며 평화를 위한 시도가 계속되는 한편, 북폭 개시 후에 미국은 '남폭(南爆)'도 강화하여 3월에 베트남 중부 도시 다낭에 해병대를 상륙시킨 것을 시작으로 남베트남 파견군을 잇달아 증강했다. 그 위에 다낭과 캄랑 등 남베트남의 요충에 항구적인 군사기지를 구축하고 군사 개입을 본격화했다. 이에 대해 북베트남(베트남 민주공화국) 측도 중소로부터 원조를 받아 북베트남 정규군을 남베트남 민족해방전선 측에 투입했다.

비참한 전투의 확대로 인해 국제적 긴장이 고조될 것을 걱정하여 평화 해결을 요구하는 국제 여론도 높아졌다. 그러나 국제연합 사무총장, 로마 교황, 비동맹 제국(諸國)과 영 연방제국 등으로부터의 제안은 모두 성공하지 못했다. 이렇게 해서 베트남전쟁은 미중 대결의 첨예화, 미소 평화공존체제의 냉각이라는 부작용을 낳았고, 중소 대립도 복잡하게 만들었다.

군의 대량 투입과 대량 폭격은 단계적으로 확대되어 미군 병력은 66년에는 68만 명을 넘었고, 베트남 정책에 대해 '모든 물량을 천천히, 무자비하게 투입해 가는 전략이 목적 달성을 위해 최선이다'라고 표명하여(『아사히 연감』 1967년 판), 무력에 의한 해결을 계속 추구하고 있었다.

그러나 미국 국내에서는 존슨 대통령의 지지율이 현저히 저하되었고, 학생이나 시민에 의해 베트남 반전운동이 왕성해졌다. 기존 체제에 대한 반발을 강화한 젊은이들을 중심으로 히피(hippie)나 플라워 피플(flower people)이 이들 운동에 합류했다. 이러한 상황에서 68년 3월의 예비선거에서 베트남 평화를 주장하는 대통령 후보 유진 매커시가 예상 외의 득표를 모으자, 3월 말 존슨 대통령은 대통령 선거 재출마를 포기하게 되었다. 그 직후 4월 4일에 공민권운동의 지도자인 마틴 루터 킹 목사가, 6월 초에는 대통령 선거 준비에 돌입했던 로버트 케네디 상원의원이 암살당했다. 미국의 정치적 황폐화가 진행되고 있었다.

이 사이 일본 정부는 일관적으로 미국의 정책을 지지하고 있었다. 장기 정권을 유지한 사토 에이사쿠 수상은 미일안전조약을 전제로 미군 통치하에 있었던 오키나와뿐만 아니라 요코스카 등의 국내 기지도 제공했다. 오키나와 반환을 정권의 주요 과제로 삼고 있던 사토 정권은 이러한 협력이 오키나와 반환에 유리하게 작용할 것이라고 생각하고 있었다. 이에 대해 미국 국내와 마찬가지로 일본에서도 시민 레벨에서의 반전운동이 전개되었다. 60년대 후반에 걸쳐 대학 분쟁이나 신안보조약 개정 문제, 나리타 신공항 건설을 둘러싼 산리즈카(三里塚) 투쟁 등과의 폭넓은 연대를 기반으로, 베평련(베트남에 평화를! 시민연합) 등의 '반전' 단체가 지지를 넓혔다.

미국의 정책 전환

존슨 대통령은 불출마 성명에 맞추어 평화회담으로의 길을 열기 위해 일방적인 북폭의 부분적 정지를 표명했다. 이로 인해 전쟁 국면은 단계적인 축소로 향할 가능성이 열렸다. 불출마 성명은 이 정책 전환이 대통령 선거를 유리하게 하기 위한 포즈가 아님을 보여주고 있었다.

미국의 정책 전환은 북베트남의 요구를 충분히 만족시킨 것은 아니었다. 그러나 북베트남은 미국의 제안에 적극적으로 응했다. 파리에서 5월 13일부터 열린 평화회담에서는 양국의 주장이 평행선을 달렸고, 간단한 해결의 실마리를 찾아내지 못했다. 10월 말, 존슨 대통령은 북폭의 전면 정지를 표명하여 타개책을 꾀하고, 남베트남 민족해방전선의 평화회담 참가를 인정하는 등 북베트남의 주장을 원칙적으로 수용했다.

12월에 들어 평화를 향한 발걸음은 더욱 진전되었다. 해방 전선 측이 전쟁 종결을 위한 평화 내각 구상을 명확히 한 것에 대해 남베트남 정부가 반발하는 국면도 있었지만, 미국의 클락 클리포드 국방장관은 '정치적 해결을 기다리지 않고 미국과 북베트남만으로 병력 철퇴를 도모할 수 있다'고 하였고, 헨리 키신저 차기 대통령 특별 보좌관도 '확대 회담의 결과와 상관없이 남베트남 내정 문제의 토의는 사이공 정권과 해결 전선에 맡겨야 한다'는 견해를 명백히 밝혔다(『아사히 연감』 1969년 판). 스스로의 군사력으로 만들어 낸 괴뢰 정권을 미국이 포기하는 순간이었다.

69년 1월에 취임한 리처드 닉슨 대통령은 최대의 공약이었던 베트남전쟁의 종결에 착수하였고, 특히 미국민의 불만을 완화하기 위해 미군의 철퇴를 서둘렀다. 그러나 그 계획은 순조롭게 실현되지 않았고, 그 사이 68년 3월에 미군이 남베트남의 쿠앙가이성 송미 마을에서 자행한 주민 대량 학살사건이 밝혀졌다.

닉슨 대통령은 사태를 타개하기 위해 군사적 압력을 강화하고, 70년 4월에 북베트남에 대한 물자 지원 루트를 차단하기 위한 목적으로 캄보디아를 침공, 72년 5월에는 북폭을 재개했다. 그 한편에서 닉슨 대통령은 키신저 특별 보좌관에게 비밀리에 평화 교섭을 진행시켜, 72년에 중국을 방문하고, 이듬해 1월에 북베트남과 평화 협정안의 가조인에 이르렀다. 이를 받아 남베트남 및 남베트남 임시혁명정부를 포함한 4자의 평화협정이 이윽고 성립되었다.

이렇게 해서 미국은 베트남으로부터 전면적으로 철수하게 되었다. 미국의 지원을 잃은 남베트남 정부는 북베트남의 공격에 패배를 거듭하여 75년 4월 말 사이공 함락으로 붕괴했다. 76년 7월에는 베트남 사회주의 공화국에 의한 남북통일이 실현되었고, 100만이 넘는 전사자와 수천만의 부상자를 낸 베트남전쟁은 강대한 군사력을 통한 제패를 노린 미국의 완전한 패배로 끝났다. 그러나 캄보디아 내전의 심각화나 전쟁 중에 산포된 고엽제에 의한 유전자 이상, 환경오염 등의 문제가 오랫동안 남게 되었다.

중국의 문화대혁명

소련과의 대립이 명확해진 중국에서는 문화대혁명의 폭풍이 불고 있었다. 대외적으로는 평화 공존 노선을 강화하고자 했던 소련은 홍위병 운동이 고양된 중국의 모택동, 임표 지도부와 사실상 단교 상태가 되었다.

원리주의적인 모택동 사상을 신봉하는 학생들이 조직한 홍위병

운동이 진행되던 와중에, 당 중앙의 실력자였던 팽진(彭眞) 북경시장, 나서경(羅瑞卿) 인민해방군 총참모장, 유소기(劉少奇) 국가주석, 등소평(鄧小平) 당총서기 등이 비판을 받고 추방·숙청되었다. 이러한 움직임은 '문화대혁명'에는 중국의 정치지도 체제의 주도권 다툼이라는 측면이 있었던 것을 보여주고 있다. 그러나 문화대혁명의 영향은 중국 각지에 정치적 혼란을 야기하고 경제적으로도 혼란을 깊게 했다. 게다가 알바니아 등을 제외하고 국교 단절 상태에 빠져 있던 중국은 고립되었고, 캄보디아의 폴 포트 정권에 의한 자국민의 대량학살을 낳았던 사건의 사상적 소지를 제공하는 등 국제적으로도 큰 영향을 미쳤다.

70년대 중반까지 계속된 혼란 상태는 주은래, 모택동의 연달은 서거(76년) 후에 새로운 수상이 된 화국봉(華國鋒)이 문혁 추진파의 4인방을 체포하고, 77년 8월에 중국공산당이 문화대혁명 종료를 선언하고서야 수습되었다. 81년에 중국공산당은 문화대혁명에 대해 '지도자의 잘못으로 발동되고, 반혁명집단에게 이용되어, 당과 국가 그리고 각 민족 인민에게 중대한 재난을 초래한 내란이다'라는 평가를 공표했다.

격동의 68~69년

60년대 후반은 반체제운동이 각 국가에서 고양된 시대이기도 했다. 서방에서는 68년 5월, 프랑스에서 대학생과 노동자의 불만이 폭발하여 프랑스 전국을 정치적·사회적 불안에 빠뜨렸다. 이는 미국의 반전운동, 일본 국내의 대학 분쟁 등과도 호응하는 움직임이었고, 젊은 이들의 반란이라는 공통점도 가지고 있었다.

동구에서는 사회주의권 중의 우등생이라 불렸던 체코슬로바키아에서 자유화·민주화의 움직임이 강해지고 있었다(프라하의 봄). 이에 대해 68년 8월에 소련이 군사 개입을 했다. '이것은 전략적 요지에 위치하고 있는 소국, 큰 이상을 가진 소국의 비극이다'라 일컬어졌다(『아사히 연감』 1969년 판). 그러나 무력 개입에 의해 사회주의 체제의 일체성을 유지하려고 했던 소련의 '승리'는 일시적인 것에 지나지 않았다. 소련의 개입은 '대국(大國)주의적 폭거'로서 국제 여론의 비난을 받았고, 사회주의·공산주의 운동을 지지하는 사람들에 의한 대소련 비판이 강해졌다.

69년에는 미국에 대해 상대적으로 자립성을 가지고 독자 노선을 견지했던 프랑스의 샤를르 드 골 대통령이 사임했다. 같은 해 중소 국경에서 무력 충돌이 발생하여 최악의 사태를 맞이했다고 보도되었다. 9월의 서독 총선거에서는 기독교 민주동맹이 제1당을 확보하고도 정권의 자리에서 물러나 독립 이래 첫 사회민주당 정권이 성립되었다. 신(新)정권은 폴란드와의 외교 관계나 동독과의 대화 재개에 대해 의욕적인 시도를 전개하여, 70년 8월에 소련과 서독은 상호 간에 무력을 행사하지 않을 것과 현 국경선의 존중을 약속하는 조약이 조인되는 등 성과를 올렸다. 서독과 폴란드와의 조약도 조인되어 영속적인 유럽 평화의 길이 모색되었다.

한일 국교 정상화

동아시아에서는 제2차 세계대전의 전후 처리가 아직 완료되지 않은 상태였다. 강화로부터 10년 이상 경과되었지만 베트남전쟁의 영향으로 미국이 중국과 강한 긴장 관계를 지속하고 있었던 탓에 중일 관계에 대해서는 무역 관계의 창구를 유지하는 것 외에 당장 타개책을 생각할 수 없었다.

다른 한편, 한일 국교 정상화를 위한 교섭은 51년 12월에 개시된 이래 일진일퇴를 반복하면서도 단속적으로 계속되고 있었다. 이 사이 이승만 정권의 붕괴와 후속 장면(張勉) 정권에 대한 군부 쿠데타의 영향을 받아 교섭이 중단되기도 했다. 새로이 성립된 박정희 정권은 이 문제의 해결에 적극적인 자세를 보여 제6차 회담에서는 최대의 현안이었던 '청구권 문제'에 대해 큰 틀에서 합의하는 등의 진전을 보았다(이하 본항 내용은 『아사히 연감』 1965년 판). 오히라 마사요시(大平正芳) 외상과 김종필 한국 중앙정보부장과의 회담 합의 내용은 ① 일본이 유상·무상의 경제 협력을 할 것, ② 무상분은 3억 달러를 10년간에 걸쳐 분할 공여, ③ 유상분은 2억 엔을 10년간 분할 공여, ④ 이외 민간 상업 차관 등도 고려하여, ⑤ 이들 경제협력은 원칙적으로 자본재 및 역무(役務)로 행한다, 라는 것이었다.

예상 외로 난항을 거듭한 것은 어업 문제였다. 한국 측이 이승만 라인의 견지 등을 강하게 요구했기 때문이다. 한국 국내에서는 한일 교섭에 대한 학생 데모 등도 있어 정세가 불안정해졌고, 이 때문에 교섭은 다시 중단되고 말았다.

어업 문제에 대해서는 국제 관행을 무시한 한국 측의 주장에 대해 일본 측도 격렬히 반발했기 때문에 해결의 실마리는 쉽게 도출할 수 없었다. 이후 타개를 위해 한국 측 제안에 근거하여 64년 2월부터 양국 농상 회담이 열리게 되었다. 12회에 이르는 회담을 통해 한국이 독점적 어업권을 행사하는 '전관(專管)수역'을 정한 이승만 라인 등의 취급에 대해 큰 틀의 합의를 얻었다.

그 후 64년 말부터 성립된 지 얼마 되지 않은 사토 정권이 한일 국교 정상화를 우선적인 외교 과제로 삼아 전면 회담이 재개되었다. 재개를 위해 이케다 수상에 의해 9월에 한국 정부에 긴급원조 2,000만 달러를 공여하는 등 외교 노력이 계속되었고, 이에 호응하여 한국 측이 나포하고 있던 일본 어민과 어선을 석방했다. 재개의 기운은 무르익어 가고 있었다.

재개된 전면회담에 의해 65년 2월 20일에 한일 기본조약이 가조인되었고, 6월에는 정식 조인되었다. 일본에서는, 이미 베트남 파병을 결정하고 있었던 한국 정부와의 국교 정상화가 한·미·일의 군사적 관계를 강화한다는 점, 남북 분단을 항구화한다는 점 등에 대한 우려에서 반대운동이 전개되었다. 북조선을 지지하는 사람도 적지 않은 등, 재일 한국인들에게도 의견 차이가 있어 귀환 협정과 같이 미묘한 문제도 남아 있었다. 그러나 이들은 조약 성립을 저지할 정도의 힘을 갖지는 않았다. 한국 측에서도 반대운동이 전개되었지만 한일 양국 모두 강인한 의회 운영을 통해 반대파를 억눌렀다. '반대론을 봉쇄'하는 형태로, 일본의 한국 병합으로부터 55년, 패전으로부터 20년이 걸려 겨우 양국 간의 국교가 정상화되었다.

▶표 3-1. 한·일 국교 정상화 교섭

〈제1차〉	1952년 2월~4월
〈제2차〉	53년 4월~7월
〈제3차〉	53년 10월 6일~21일(소위 '구보타 발언'으로 중단)
〈제4차〉	58년 4월~60년 4월
〈제5차〉	60년 10월~61년 5월(한국 군부 쿠데타로 중단)
〈제6차〉	61년 10월 20일~64년 12월 2일
〈제7차〉	64년 12월 3일~

자료: 『한일연감』 1965년판으로부터 작성

한일 교섭과 역사 인식

한일 교섭에서는 다면적인 대화가 전개되었는데, 각각 양국 국회에서 논전(論戰)을 통해 조약의 해석에 오해가 발생하는 등, 장래에 다난함이 우려되는 상황이었다. 특히 조약에서는 한국 정부를, 휴전선 이북을 포함한 한반도 전역을 지배하고 있는 '유일한 합법성'을 가진 정부라고 인정함으로써 '북한'과의 관계를 열 수 있는 길을 봉쇄당했다. 국회에서의 질문에 대한 정부 답변은 '북한'과의 관계는 여전히 백지상태'이지만 중국에 대해서와 마찬가지로 '정경분리'를 원칙으로 대처한다는 것이었다(『아사히 연감』 1966년 판).

교섭 중에 양국 간의 인식 차를 두드러지게 한 것 중의 하나가 역사 인식에 관한 문제였다. 무라타 에이치(村田榮一)에 의하면 일본 측은 교섭 과정에서 한국의 교과서 기술을 문제 삼았다고 한다. 이를 받아 65년 7월에 박 정권의 문교부는 '한일 국교 정상화 후에는 교과서 내용의 검토도 불가피'하다고 하여, '격심한 반일 감정을 강조'하고 있는 기술을 재검토하고 일본에 대한 '예우'를 지켜야 할 것이라고 했음을 전하고 있다(앞의 책, 『고도성장과 일본인』 1).

구체적인 재검토 대상은 도요토미 히데요시(豊臣秀吉)의 조선 침략에 대한 기술로 '왜적' 등의 어구를 삭제하고, '3·1 운동' '8·15 해방' 등의 어구 사용을 재검토하는 것이었다. '1910년 일본에 나라를 빼앗기고 독립을 잃었다' 등의 표현도 문제시되었다. 한국 내의 조약반대운동의 기반이었던 반일 감정을 생각한다면 한국 문교부의 대응은 상당히 앞서 나간 것이었다. 외국의 역사 교과서 기술에 대해 정정을 요청한 것은 일본이 처음이었다.

교과서 재판과 아시아 인식

이러한 일본 정부의 대응은 국내의 일본사 교과서 기술에 대한 강력한 검정 의견이 대두되어, 수정 요구가 있었던 것과 그 궤를 같이하고 있었다.

'한국 병합'에 관해 소학교 6학년 교과서 『사회』에서의 기술은, 54년에는 상당한 양의 지면을 할애하여 경과를 설명하고 '조선인 중에는 이대로 간다면 조선은 일본의 식민지가 되고 말 것이라고 분개하는 사람' 조차 있었다고 이토 히로부미(伊藤博文) 암살에 관한 배경을 설명하였다. 또한 일본 정부가 반대파를 감시하고 찬성파 사람들을 끌어들여 병합을 진행한 사실이 기술되어 있었다.

그러나 60년에는 '1910년에는 한국(조선)을 병합했습니다. 이 새로운 영토는 일본의 상품을 착착 보내는 시장으로서, 또한 필요한 원료를 구하는 장소로서 일본의 산업 발전을 위해 큰 역할을 담당했습니다'라고 개정되었다. 그 위에 64년에는 '그 후 조선을 병합하고 일본의 힘을 대륙으로 떨쳐 나갔습니다', 68년에는 '그 위에 1910년(메이지 43년)에는 한국(조선)을 일본에 병합했습니다'라고 극히 짧은 기술로 개정되었다(同前).

이러한 개정은 62년에 도쿄 교육대학의 이에나가 사부로(家永三郎) 교수 등이 집필한 고등학교 일본사 교과서 『신 일본사』(三省堂)가 '전쟁을 너무 어둡게 표현하고 있는' 등의 이유로 인해 불합격' 된 것에서 볼 수 있듯이, 정부에 의한 검정이 직접적인 원인이 되었다. 이에나가는 한일 조약 체결이 있던 65년에 '교과서 검정은 헌법 위반이다'라는 생각에 기초하여 국가 배상을 요구하는 민사소송을 제기했다. 이것이 79년에 최고재판소의 판결로 종결될 때까지 32년이라는 장기에 걸친 교과서 재판(이에나가에 의한 제1차 소송에서 제3차 소송)의 시작이었다. 최고재판소의 판단은 검정 내용의 일부에 국가 재량권의 위반이 있었다는 점은 인정하나 교과서 검정 자체는 합헌이라고 보아, 이에나가 측의 실질적인 패소였다.

그 사이 82년 6월에는 교과서 검정에서 일본군이 화북에 '침략'이라고 기술되어 있던 곳을 문부성이 검정에서 '진출'이라는 표현으로 바꾸어 쓰게 했다는 보도(정확히는 오보. 그해의 검정에서는 '화북침략'에서 '화북진출'이라고 수정한 부분은 없었다. 다른 교과서에서 '동북아시아에 대한 침략'을 '동북아시아로의 진출' 등으로 바꾼 예는 있었다)가 발단이 되어 중국으로부터 항의를 받았다.

이때 정부는 '일본 정부 및 일본 국민은 과거에 있어, 우리나라의 행위가 한국·중국을 포함한 아시아 여러 국가의 국민에게 큰 고통과

손해를 끼쳤음을 깊이 자각하고, 이러한 일을 두 번 다시 되풀이해서
는 안 된다는 반성과 결의 위에 서서 평화 국가로서의 길을 걸어 왔다'
는 점을 강조하고, '우리나라 교과서의 기술에 대한 비판'에 충분히 귀
를 기울이고, '검정 기준을 개선하여 앞에서 말한 취지가 충분히 실현
되도록 고려하겠다'는 미야자와 키이치(宮澤喜一) 내각 관방장관 담
화를 발표했다. 그러나 역사 교과서 문제는 그 후 종종 동아시아 지역
의 우호 관계를 손상시키는 불씨가 되었다.

2. 개방체제로의 이행

무역·외환의 자유화

경제성장의 진전과 더불어, 세계 경제 사회와 대등한 관계를 수립할 것을 요구하는 움직임도 명확해져 갔다. 1960년에 GATT(관세 및 무역에 관한 일반협정)이나 IMF(국제통화기금)로부터의 요청을 받아 결정된 무역·외환의 자유화 계획은 그 구체적인 모습이었다. '온실에서 자란' 일본이 세계의 '차가운 바람'을 맞는 시련이라 표현한 자유화란, 종래에 정부가 실시하고 있던 외화 할당 등을 통한 수입 무역의 제한을 폐지하고 외화 거래를 자유롭게 함으로써, 국내 시장을 외국 제품에게 종전 이상으로 크게 개방하는 것이었다.

'황금의 60년대'라 불리는 시대의 입구에 서서, 자본주의 경제체제를 취하는 서방 여러 국가는 서로에 대한 무역 제한을 완화함으로써 한층 더 경제 확대를 실현하고자 움직이기 시작하고 있었다. 국제적인 자유화의 흐름에 일본도 뒤처지지 않으려는 의식이 경단련 등의 재계에 강하게 나타나, 이러한 정책 전환을 재촉하게 되었다.

이 때문에 59년 말에는 양적으로도 컸던 원료 면화의 수입에 관한 외환 제한이 큰 폭으로 완화되었다. 그 위에 60년 1월에 '무역 외환 자유화 촉진 각료회의'가 신설되었고, 그 심의에 기초하여 같은 해 6월 24일에 '무역 외환 자유화 계획의 대강(大綱)'이 각료회의에서 결정되었다. 전날 안전보장조약의 비준서 교환을 마치고 막 퇴진을 표명한 기시 내각에 의한 것이었다. 이후의 경제 운영에 중요한 의미를 가지는 자유화 계획을, 퇴진을 표명한 내각이 결정했다는 이상한 점에서 시대의 소란스러운 분위기와 함께, 경제정책에 얼마나 정치가들이 관심을 보이지 않았는지를 알 수 있는 사건이었다.

이 대강에 따라 7월 중에 ① 외화자금 특별할당제도의 폐지, ② 비거주자의 자유로운 엔 계좌 창설과 엔 교환의 허용, ③ 외화의 자동할당 제품 추가 등 중요한 자유화 조치가 실시 또는 결정되었다. 무역면에서 품목별 자유화 시기가 명시된 것은 아니지만 '조기 자유화' '가급적 신속한(대략 3년 이내) 자유화' '시간을 들여 자유화' '자유화 곤란'의 4개의 그룹으로 나누어 60년 4월의 자유화율 40%를, 3년 후에는 약 80%로 끌어올릴 것을 목표로 한 것이다(외환 면은 2년 이내에 경상거래를 원칙적으로 자유화).

이와 병행하여 외환 관리라는 무역의 양적 규제를 대신해서 중요성이 높아진 관세제도에 대해서는, 관세율심의회의 심의에 근거하여 '각 산업계로부터는 각 품목의 세율에 보호 관세적인 색채를 짙게 해 달라는 요망이 강했지만, 오히려 국제경쟁력이 강한 산업의 제품이나 수입의존도가 높은 상품에 대해서는 과감한 세율의 인하가 시도되었다. 그러나 자유화를 향한 과도기이기 때문에 품목에 따라서는 자유화의 충격을 완화하는 배려'도 더해진(『아사히 연감』 1961년 판) 장치가 강구되었다.

무역 외환 자유화 계획은 일본 산업의 국제경쟁력 상승에 근거한 수출 확대로 지탱되어 지극히 순조롭게 진행되었으며, 63년에는 자유화율이 89%가 되었고, 64년에는 93%로 예상 이상의 발전을 보였다. 64년의 잔존 수입 제한 품목 수는 공업품 69품목, 농산물 67품목, 합계 136품목에 지나지 않았고, 74년에는 불과 32품목(농산물 24품목)으로 감소했다.

▶표 3-2. 자본의 자유화

| | 기업의 신설 | | | 기존 기업의 주식 취득 | | |
| | 비자유화 업종 수 | 50% 자유화 업종 수 | 100% 자유화 업종 수 | 외국투자가 1인당 제한비율 | 외국투자가 전체 | |
					비제한 업종	제한업종
제1차 이전	전 업종			5% 이하	15% 이하	10% 이하
제1차(67년 7월)		33	17	7% 이하	20% 이하	15% 이하
제2차(69년 3월)		160	44	7% 이하	20% 이하	15% 이하
제3차(70년 9월)		447	77	7% 이하	25% 이하	15% 이하
자동차 자유화 (71년 4월)		453	77	7% 이하	25% 이하	15% 이하
제4차(71년 8월)	7	원칙	228	10% 미만	25% 이하	15% 이하
제5차(73년 5월)	5		원칙	조건부로 100% 자유화		

자본자유화

국제적 경제사회로의 개방은 60년대 후반에 더욱 크게 진전되었다. 무역 외환 자유화를 받아 64년에 국제수지의 악화를 이유로 외환 제한이 불가능한 국제통화기금(IMF) 8조국으로 이행하고, 경제협력개발기구(OECD)에 가맹한 것이 계기였다. 특히 후자에서는 해운과 외자 수입의 자유화가 가맹 조건이었다. 이러한 개방체제로의 이행은 해외 도항의 자유화를 불러와 여가에 외국 여행을 하는 것이 붐이 되는 계기가 되기도 했다.

일본의 OECD 가맹은 62년 가을에 이케다 수상이 유럽을 방문했을 때 원칙적인 합의가 이루어졌다. 가맹을 위한 예비 교섭이 63년 봄부터 이루어져 6월에는 OECD 조사단이 방일하여 교섭이 진행되었다. 이 결과 OECD 헌장에서 자유화를 요구하고 있는 경상거래 54, 자본거래 28, 합계 82개 항목 중 17개 항목의 자율화를 기존 가맹국의 예에 따라 보류하는 한편, 2항목에는 부분적 제한을 남기고, 남은 63개 항목의 자유화를 약속하게 되었다. 이렇게 하여 일본은 64년에 21번째의 OECD 가맹국이 되었다(『아사히 연감』 1964년 판).

67년 6월, 정부는 '자본거래의 자유화 기본 방침'을 결정했다. 이에 따라 외국 자본이 일본 국내에서 기업을 설립하는 것, 국내 기업의 주식을 취득하는 것에 대한 제한이 없어졌다. 또한 외국 기업으로부터의 기술도입을 통해 합병 기업을 설립할 때 외국 자본이 49%를 넘는 주식을 소유할 수 없다는 제한도 완화되었다.

자본 자유화 조치는 무역 자유화에 비하면 훨씬 영향이 크다고 여겨졌던 만큼 시간을 들여 단계적으로 진행되었다. 그 결과 우선 7월에 50% 자유화 33업종, 100% 자유화 17업종이 개방된 것을 시작으로, 제2차(69년 3월)부터 제5차(73년 5월)까지 표 3-2와 같이 순차적으로 자유화가 진행되었다. 제5차 자본 자유화 조치에 의해 일본은 자본 수입을 원칙적으로 자유화하고, 제한 업종은 농림수산업, 광업, 석유업, 피

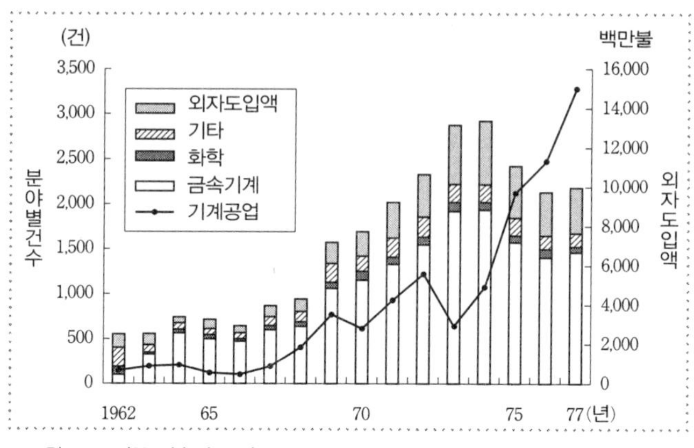

▶그림 3-1. 외국 기술의 도입.

혁·피혁제품 제조업, 소매업만이 남게 되었다.

이 일련의 자본 자유화를 통해 그림 3-1과 같이 외국으로부터의 기술도입이 활발해졌다. 당시까지 중요 기술은 해외로부터의 기술도입에 의존하는 일이 많았지만, 60년대 후반부터 70년대 초까지 컴퓨터나 자동차 등의 기계공업 분야에서 다수의 기술도입이 이루어져 산업 발전의 기초를 제공한 것이다.

이처럼 기술도입으로 인한 효과가 발생했음에도, 막상 73년 현재의 외자계 기업의 매상고 점유율은 2%, 종업원 점유율은 1.2%에 지나지 않았다. 외국 자본에 의한 기업 매수도 진전되지 않았다. 이것은 자본 자유화를 단계적으로 실시함으로 인해 경쟁 압력을 완화하면서 '기업 설비와 경영 합리화를 촉진하고, 한층 더 우리나라 기업의 국제경쟁력을 갖추게 했다'(아리사와 히로미〔有沢広巳〕감수, 『쇼와 경제사』)는 것을 의미하고 있었다.

3. 증권 공황과 대형 합병

투자신탁 붐의 악몽

소득배증계획으로 상징되는 강력한 경제정책하에서 1960년대 초의 일본 경제는 고도성장을 이루고 있었다. 기업 실적의 호조가 계속되었고, 이를 반영하여 주가가 상승했다. 주식시장의 활황에 자극받아 주식투자나 새롭게 소개된 투자신탁이 관심을 모았다. 61년의 공사채 투자신탁의 발매에는 '은행이여 안녕히, 증권회사여 반갑네'라는 캐치프레이즈가 사용되었다.

이렇게 해서 팔리기 시작한 공사채 투신은 발매 개시 1개월 만에 460억 엔이라는 폭발적인 판매를 올렸다. 투자신탁에 투하된 자금량(연말 잔고)은 55년경의 약 600억 엔에서 60년에는 10배인 6,000억 엔을 넘어섰고, 61년에는 약 1조 2,000억 엔이 되었다. 생활에 여유가 있는 사람들이 주식이나 채권 등에 투자하고, 그 자금을 통해 설비투자를 적극적으로 전개하는 기업의 자금수요가 있을 정도로 채워지게 되었다.

그러나 이러한 붐에도 불구하고 60년대 중반에 걸쳐 주식시장은 일진일퇴를 반복하였고, 60년에 1,000엔대로 오른 도쿄증권거래소의 평균 주가는 이듬해 61년 여름까지 1,800엔으로 급등한 후에는 하락세의 기미를 보였다. 64년 말경 평균 주가는 1,200엔을 밑돌았고, 3년 반 정도 만에 3분의 2 수준으로 하락했다. 주가의 상승을 기대하고 있던 투자가들은 상당한 손실을 입었다.

순조롭게 보였던 주식시장이 불안정해지자 이 때문에 증권회사의 경영은 악화되었다. 그러나 많은 증권회사들은 위법성이 높은 '위탁 운용' 수법으로 자금을 모아 적극적으로 경영 확대를 꾀했다.

주가 정체의 배후에는 과잉 설비투자에 대한 경계, 물가 상승에 대한 불안, 일손 부족 문제 등으로 인해 기업의 수익 기반이 약해졌다고 보는 견해가 있었다. 무역 자유화나 그 후에 온 자본 자유화가 일본 기업의 장래에 미칠 영향 등도 불안 요소였다. 올림픽을 위한 공공투자에 의해 지탱되어 왔다고는 하나, 64년에는 '거시적 호황, 미시적 불황'이라 불리는 문제가 생겨나고 있었다.

64년경부터 65년에 걸쳐 기업 도산이 증가한 것은 그 불안을 뒷받침하는 듯했다. 특히 64년 12월의 선웨이브와 일본특수강, 65년 3월의 산요(山陽)특수제강 등의 '대형 도산'이 발생하자, 경기에 대한 비관론이 현실이 되었다.

65년 증권 공황

65년 5월 21일, 서일본(西日本) 신문은 '야마이치(山一)증권, 경영난 수습 국면, 근시일 내 재건책 발표, 사당(社党), 국회에서 추궁할까' 라는 기사를 게재했다. 야마이치증권이 도산 위기에 직면한 것을 알리는 제1보였다. 야마이치증권은 개인투자가의 주식 투자 열기 속에서 실적을 늘리고 있던 유력 증권회사 중 하나였다. 그 경영 위기가 세상에 드러나 그해의 일본 경제는 이를 기점으로 한 증권 공황의 대응에 쫓기게 되었다.

64년 가을에 적자 결산을 발표했을 무렵부터, 유력 증권회사의 경영 상태가 나쁘다는 것은 업계 관계자나 대장성에서는 어느 정도 알려졌다. 그 때문에 10월에는 야마이치증권의 경영 재건을 진행하기 위해 메인 은행인 일본흥업은행(日本興業銀行), 후지은행(富士銀行), 미쓰비시은행(三菱銀行)이 재건안의 검토를 시작하고 있었다. 또한 정부는 일본공동증권을 설립, 침체된 주식시장으로부터 주식을 사들여 주가 회복을 꾀했다. 그 위에 증권업을 등록제에서 면허제로 개정하고, 증권업에 대한 감독을 강화할 목적으로 증권거래법의 개정을 준비하고 있었다.

65년 1월, 경영 악화의 실태가 명백히 밝혀지자 사태의 심각성에 놀란 은행 측은 대장성에 경영 재건을 위한 구제 조치를 요청했다. 대장성은 야마이치증권의 경영 파탄이 증권 공황에서 금융 공황으로 확대될 위기를 회피하는 것을 우선시하고, 혼란을 피하기 위해 극비리에 대책의 검토를 개시했다.

그러나 이 극비 협의에서 예상을 뛰어넘는 거액의 적자(282억 엔)

가 날 것이 판명 나면서, 메인 은행 3사의 이해 대립으로 인해 재건책이 정리되지 않았다. 헛되이 시간이 경과하는 사이, 정부의 요청에 의해 체결되어 있던 유력 보도기관의 정보 자숙 협정에 참가하지 않았던 서일본신문의 특종이 난 것이다.

그날 다나카 카쿠에이(田中角榮) 대장성 대신은 '투자가들에게 피해가 가지 않도록 하겠다' '상황에 따라서는 일본은행이 자금 면에서 특별한 배려를 할 것이다'라는 담화를 발표했지만, 특종 보도는 증권 시장을 공황 상태에 빠뜨렸다. 22일 이후 야마이치증권의 창구에는 긴 행렬이 생겼고, 거래 해지가 줄을 이었다. 방문객 수는 연일 만 명을 넘어섰고, 야마이치증권 히로시마 지점에서는 고객 정리를 위해 경찰이 출동하였으며, 고베 지점에서는 투석에 의해 지점 유리가 깨졌다. 불안 심리에 쫓긴 고객들은 다른 회사에도 쇄도했다.

일은 특융과 금융 완화

28일 밤, 도쿄 아카사카의 일본은행 히카와료(氷川寮)에서 다나카 카쿠에이 대장성 대신, 대장성 간부, 사사키 타다시(佐々木直) 일은(日銀) 부총재, 후지, 미쓰비시, 흥은(興銀)의 수뇌들이 긴급 회합했다. 이 회합에서 다나카 대신은 주저하는 일본은행에 윽박지르듯이 일본은행법 제25조의 '일본은행은 주무 대신의 허가를 받아 신용제도의 보호 육성을 위해 필요한 업무를 행할 것'이라는 조문을 근거로 야마이치증권에 특별 융통을 시행하고 경영 재건을 도모한다는 구제안을 요청, 결정했다. 다나카의 대담한 대응에 의해 예금 인출 소동은 이윽고 진정 국면으로 돌아섰다.

경색된 시장에 대해 일본은행은 65년 초부터 3회에 걸쳐 기준금리를 인하하고, 또 일본은행의 통화 공급을 억제하고 있었던 창구 규제를 6월에 폐지하였으며, 7월에 예금 준비율을 인하하는 등 순차적으로 금융 완화책을 취하며 대응했다.

그러나 정부는 5월에 '각 성청에 대해 의무적 경비를 제외한 예산의 1할 유보를 통지'하고, 6월 초에는 '현 경제 상황에 대해서는 '기본적으로 저점 상태'라 판단하며, 디플레이션(과잉 생산)과 인플레이션(소비자물가 급등)의 병존 상태에서 인위적인 경기 자극은 없을 것'이라는 방향을 명백히 밝혔다(『아사히 연감』 1966년 판). 불황에 대한 우려 확대에 대해 금융적 대책이 취해지고 있던 와중에 그 효과를 지워버리기라도 하듯, 긴축재정을 견지하여 적극적인 재정 대책을 내지 않겠다고 표명한 것이다. 장래의 세수 감소를 염려한 대장성의 주장에 이끌린 판단이었다.

이 조치에 대해 후에 가나모리 히사오(金森久雄)는 '경제학에 대한 무지가 어떤 해악을 낳는가에 대한 견본'이라고 혹평하고 있다(앞의 책, 『고도성장기에 대한 증언』 下). 경제학의 이론을 남용하는 것이 '해악을 낳는' 일도 있겠지만, 이때의 정부 대응책은 평판이 좋지 않았다.

6월에 내각 개조로 대장성 대신에 취임한 후쿠다 타케오(福田赳夫)는 경제계의 요청을 받아 6월 18일에 ① 공공사업의 조기 촉진, ② 재정 투융자 계획의 조기 실시, ③ 외항 선박의 건조 촉진 등을 결정했다. 그 위에 7월 27일에는 예산의 1할 유보를 해제하고, 재정 투융자의 확충 및 조기 실시, 정부 계열 중소 금융기관의 금리 인하 등의 대응에 돌입했다. 그러나 그 후에도 불황의 심각성을 등한시하고 후쿠다 대신은 '초가을에는 완만한 상승세의 경기회복이 있을 것'이라고 반복할 뿐 경기 대책은 뒷전으로 밀려나, 미온적인 상황 대응 방식이었던 사토 내각의 불황 대책은 그다지 평판이 좋지 않았다.

적자 국채의 발행

그러나 7월의 경기 대책에는 이전에는 없었던 중요한 내용이 포함되어 있었다. 그것은 '장기 재정경제정책의 일환으로 장기 감세 구상을 세워 이를 추진함과 동시에 사회자본의 내실을 도모, 이와 연계하여 재정 건전화·합리화에 진력하면서 국채 발행을 준비한다'(『아사히 연감』 1966년 판)라고 대책에 포함되어 있었던 '국채 발행'이었다. 즉 정부는 49년의 도지 라인(dodge line, 미국의 은행가 J.도지가 1949년에 내건 일련의 일본 경제 재건책—역주) 이래 쭉 지켜 왔던 균형재정주의를 포기하고, 재정법 제4조의 비(非)모채 원리에도 불구하고 적자 공채 발행에 의존한 경기 자극책을 개시한 것이다.

이를 계기로 주식시장도 곧 회복세로 돌아섰고, 66년 이후 일본 경제는 이와토 경기(岩戸景気)를 상회하는 장기 이자나기 경기(いざなぎ景気) 속에서 다시금 고도성장을 구가하게 되었다. 그리고 경기와 주가 회복의 순풍을 타고 재건을 목표로 하고 있던 야마이치증권은 4년 후에는 특별융자를 완전히 변제하고, 다시금 4대 증권사의 일각을 점유하게 되었다. 그로부터 30년 후인 97년, 동사는 다시 맞은 경영 파탄에 의해 소멸되었다. 65년 경영 파탄의 원인이 무리한 고객 확보 경쟁에 따라 손실 누적이 증가한 데 있었다는 교훈을 살리지 못했기 때문이다.

증권 공황을 계기로 대장성은 증권 행정에 강한 권한을 갖게 되어, 금융계 전체에 영향력을 강화했다. 이렇게 하여 '호송선단방식(護送船団方式, 주역이 앞장서 시장을 이끄는 발전 모델―역주)'이라 불리는 보호주의적인 금융 행정이 강화되었다. 산업계가 자본 자유화에 따라 개방경제체제로 이행하여 국제시장에서 대등한 경쟁 관계에의 대응에 쫓기는 가운데, 금융 행정은 다른 길을 걷게 되었다.

그와 더불어 증권 공황의 경험은 재정 면에 중대한 화근을 남겼다. 전시의 무제한적인 재정 팽창이 적자 국채 발행으로 생긴 것이었다는 반성에서 엄격한 제어장치로 탄생한 재정상의 규율(비모채―역주)은, 이때의 공채 발행으로 사라지게 되었다. 그 후 경기 후퇴 때마다 불황 대책으로 적자 국채 발행에 의한 경기 대책을 요구하는 목소리가 높아지고, 방대한 적자 국채의 누적을 부르는 원인이 되었다.

4. 대형 합병과 기업 시스템

산업·무역 구조의 고도화

1965년의 불황으로부터 회복한 일본 경제는 이전보다 고도의 경제성장을 기반으로 경제 대국의 지위를 확립해 나갔다. 국민총생산은 68년에 미국·소련에 이어 제3위의 규모에 달했다. 산업구조는 선진 공업국과 손색이 없는 수준으로 고도화를 이루었고, 중화학공업 부문의 비율이 높아졌다. 그림 3-2와 같이 제조업 부문의 부가가치 구성은 기계공업을 중심으로 중화학공업 비율이 증가하였고, 중화학공업화 비율은 50년의 46.6%에서 60년의 59.9%, 70년의 62%로 상승했다. 이에 비하여 섬유제품 등의 지위는 크게 후퇴했다.

다른 한편, 무역구조 면에서도 수출에서는 섬유를 중심으로 한 원료 제품을 대신하여 기계의 비율이 눈에 띄게 커졌다. 수출구조의 중공업화가 진행된 것이다. 수입 면에서는 원료품 수입도 중요성을 유지하고 있었지만, 그 이상으로 증가한 것이 광물성 연료, 즉 석유였

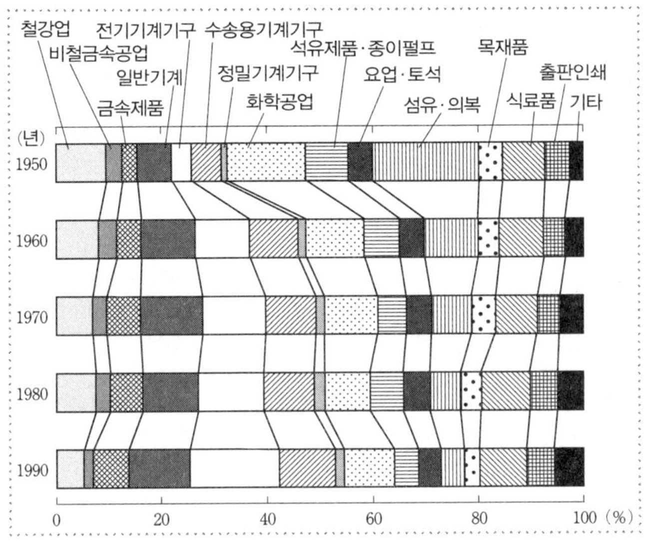

▶그림 3-2. 산업별 부가가치 구성의 추이.

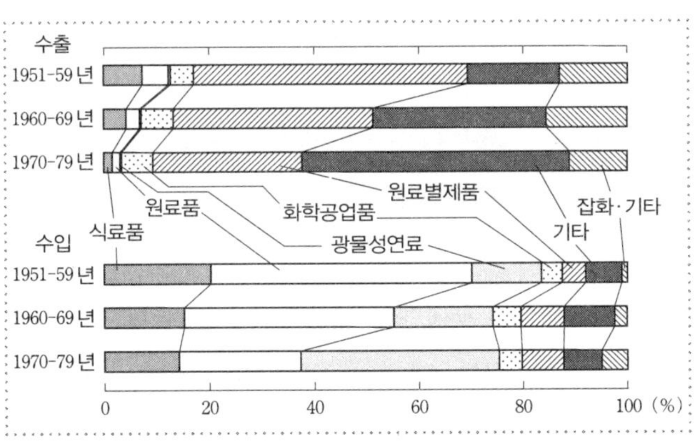

▶그림 3-3. 상품별 무역 구성.

다. 원료품의 수입에서는 면화 등 감소된 원료가 포함된 점에서 현저

한 증가라고 할 수 없었지만, 후자의 석유와 같은 원료나 철강석 등

의 중공업 원자재 수입의 중요성이 증대되고 있었다. 이렇게 하여 원

료·연료 등의 제1차 산품을 수입하고 공업 제품을 수출하는 선진국형

무역구조가 성립되었다.

　산업구조의 변화에는 두 개의 다른 변화가 겹쳐져 있었다. 하나는 철강업이나 계획 조선에 기초한 조선업 등의 구래의 기존 중공업 분야, 그리고 설비 기계 생산 분야 등이 주역인 투자주도형 분야, 이두 부문의 성장에 의한 경제성장이, 해외시장을 대상으로 포함하면서 지속되고 있었다는 점이었다. 다른 한편에서는 자동차나 가전제품 등의 내구소비재 생산을 주로 하는 조립형 기계공업의 발전이 국내 시장의 순조로운 확대에 의해 실현되고 있었다. 철강업 등의 소재 산업의 발전에는 이러한 내구소비재 산업의 확대도 공헌하고 있었다. 또한 신흥 석유화학이 제공하는 플라스틱 등의 신소재는 이들 내구재 산업의 발전과 더불어 용도를 확대, 소비 생활 개선에 불가결한 것이 되었다. 화학공업의 중심이었던 석유화학은 이러한 의미에서 국내 시장에 의존한 발전을 이루고 있었기 때문에, 수출에서 차지하는 화학제품의 비율은 그다지 높지 않았다. 산업구조의 중화학공업화와 대비하면, 수출구조는 '중공업화'라고 표현하는 것이 적당한 변화를 나타내고 있었다.

　내구소비재 생산의 확대에는 양산화에 의한 가격 인하에 따라 촉진된 급속한 보급률 향상이 가장 필요한 조건이었다. 특히 많은 가전제품에서는 개발 초기의 제품 가격은 높아도, 보급률 상승에 의한 양산 효과와 생산공정의 숙련도 상승에 의해 비용이 저하되어 가격이 눈에 띄게 내려가고, 이에 따라 보급률이 더욱 상승하는 순환 구조를 보였다. 자동차에서는 이에 대비할 정도의 가격 저하는 보이지 않았지만, 다양한 그레이드의 차종 증가와 함께 동일 가격대에서는 확실한 성능 향상이 있었다는 점에서 고객 만족도가 높아지고 있었다.

할부 판매 제도가 보급된 점, 보너스 등을 포함하여 근로자 세대의 소득 증가가 안정적으로 이루어진 점이 이러한 보급률 상승을 지탱한 소비자 측의 조건이었다. 여기에 덧붙여 도시부에서 핵가족화 등에 의해 세대수가 증가한 것도 시장 확대를 가속화한 면이 있었다고 지적되고 있다(요시카와 히로시〔吉川洋〕,『일본 경제와 거시경제학』).

'제2의 구로부네(黑船)'론

물론 고도성장하의 경제 발전에 누구나 자신을 가지고 있었던 것은 아니었다. 60년대 전반에 무역 자유화가 진전되어 자본 자유화가 목전에 다가온 시기에, 통산성을 중심으로 국제경쟁력 강화를 겨냥한 특정산업진흥법이 입안된 것은 그러한 면을 잘 보여주고 있었다. 자유화에 의해 일본 기업이 살아남을 수 있을까 하는 것이 진지하게 논의되고 있었다. 특히 자본의 자유화에 의해 강력한 경쟁력을 가진 구미의 대기업이 일본에 진출했을 경우에는, 일본 기업은 경쟁에 패배하여 외국 기업에 매수되는 것이 아닐까 하고 걱정되고 있었다. 이 때문에 자본 자유화는 '제2의 구로부네(黑船, 검은 배라는 뜻으로 에도 시대 말기에 서양에서 온 함선을 일컫던 말―역주)'라 불렸다.

통산성의 특정산업진흥법안은 '관민 협조' 방식에 의해 산업 체제를 조정하는 것을 의도하고 있었지만, 경단련은 정부의 인허가 권한 확대를 염려하여 민간의 '자주 조정'이 바람직하다고 주장하며 반대했다. 또한 대장성의 의향에 의해 은행업계는 통산성이 자금 배분에 관한 권한을 가진다는 '구역 침해'(앞의 책,『일본 정치사』4)에 반대했다. 이 때문에 이 법안은 '스폰서 없는 법안'이라 불리며 제정에 이르지 못했다(시로야마 사부로〔城山三郎〕, 『관료들의 여름』). 그러나 이러한 법안이 제안될 정도로 '후진국' 일본은 자본 자유화에 위협을 느끼고 있었다. 하지만 이것은 정부 측의 '호들갑'이었고, 민간 측은 국제경쟁력에 일정 부분 자신감을 가지고 있었다고 생각된다(아리사와 히로미〔有沢広巳〕 감수, 『쇼와 경제사』 中). 그러나 이 법안이 제안하고 있던 '민관 협조 간담회' 등이 일부 산업에서 60년대 후반에 발족되는 등, 민간 기업에서도 자유화의 위협에 대한 대책 강구가 중요한 과제가 되고 있었던 것도 사실이었다. 특정산업진흥법안이 성립되지 않았던 것은 그것이 목표로 하는 방향이 부인된 것이 아니라, 실현을 위한 정책 체계에 관한 이론 때문이었다.

이 때문에 이미 언급했듯이 자본 자유화 조치는 무역 자유화에 비교하여 시간을 들여 진행되었고, 민간 측의 독자적인 대응도 상황에 따라 이루어졌다.

주식 상호 보유 체제의 강화

민간 측 대응의 하나는 50년대 초부터 진행되고 있던 구 재벌계 은행 중심의 기업 집단(미쓰이〔三井〕, 미쓰비시〔三菱〕, 스미토모〔住友〕)의 주식 상호 보유의 강화였다. 그 위에 지금까지 집단으로서의 응집력이 반드시 명확하지만은 않았던 다이이치(第一)은행계(후에 합병에 의해 다이이치칸긴〔第一勧銀〕계가 됨), 후지(富士)은행계, 산와(三和)은행계 등 세 개의 기업군도 보합을 강화함으로써 기업 집단으로서의 성격을 강화했다. 이렇게 해서 6대 기업 집단이 형성되었다.

50년대 전반의 기업 집단 형성기에는 유력 재벌계 기업 중에 매수의 위기를 경험한 곳이 있어, 이를 회피하기 위해 전전 이래의 기업 간 관계를 이용하여 주식 상호 보유를 도모한 점, 집단 형성에 의해 독립 전후에 사용이 인정된 재벌의 '상호'를 지키는 점 등의 기능을 기업 집단이 담당하고 있었다. 사장회나 총무부장회 등 각 계층에서의 수평적 연락을 위한 정기적 회합도 열리게 되었다. 재벌 해체에 의해 철저히 분할된 미쓰이물산이나 미쓰비시상사가 재결성하는 데도 기업 집단은 중요한 매개 역할을 맡았다.

이러한 경험을 토대로 60년대 후반에는 외국 투자가로부터 경영권을 지키기 위해 주식 상호 보유가 더욱 진행되었다. 65년의 증권 공황에 의해 주가가 하락했기 때문에 투자가에게 있어서는 호기였고, 일본 기업 측에서 본다면 매수의 위험이 높았기 때문에 그 예방 조치로서 주가를 회복시키고 시장의 부동주(浮動株)를 가능한 한 적게 하는 방법이 바람직했다.

이러한 사정에서 60년대 후반에는 기업 집단의 주식 상호 보유 비율이 상승했다. 종래부터 상호 보유 비율이 높았던 미쓰비시나 스미토모에서도 3할 가까이에 달했고, 미쓰이에서는 64년의 9%에서 73년에 17%가 되었으며, 후요(芙蓉) 그룹(후지은행 계열)은 6.3%에서 14%, 산와(三和) 그룹에서는 10.2%에서 13.7%가 되었다.

대형 합병의 진전

민간 측의 또 다른 대응은 기업합병에 의해 외국 기업에 대응할 수 있는 기업 체제를 정비하는 것이었다. 통산성의 '민관협조론'이 기업 합동으로 대외적으로 손색없는 대기업 체제를 만들 것을 목표로 한 점도 이러한 움직임을 부추겼다.

이렇게 하여 '대형 합병의 시대'가 찾아왔다. 게다가 이것은 「과도경제력집중배제법」에 기초하여 기업 분할로 만들어진 전후 산업 체제를 재편하는 것을 의미했다. 독점금지법의 이념에 따른 경쟁적인 시장구조를, 기업합병을 통해 과점적인 시장으로 재편성하려는 움직임이었다.

▶표 3-3. 주된 기업합병

1964년 4월	신(新)미쓰비시중공업, 미쓰비시일본중공업·미쓰비시조선을 병합
1965년 4월	고베(神戸)철강소, 아마가사키(尼崎)제철을 합병
1966년 4월	도요방직, 구레하(呉羽)방직을 합병
1966년 8월	닛산(日産)자동차, 프린스자동차를 합병
1967년 8월	후지제철, 도카이(東海)제철을 합병
1968년 10월	닛쇼(日商), 이와이(岩井)산업을 합병
1968년 10월	도요코아쓰(東洋高圧)공업, 미쓰이화학공업을 합병
1969년 4월	가와사키중공업, 가와사키항공기·가와사키차량을 합병
1969년 6월	스미토모기계공업, 우라가(浦賀)중공을 합병
1969년 10월	니치보, 일본레이용을 합병
1970년 3월	야하타제철, 후지제철을 합병

구체적인 움직임을 보면 63년에 미쓰비시중공업(重工業) 계열의 3사가 합병 계약을 체결하고 이듬해 64년에 합병을 실현한 것을 시작

으로, 표 3-3(주된 기업합병)과 같이 60년대 후반에 대기업 간의 합병이 진행되었다. 이중 미쓰비시중공업의 경우, 3사 합병을 통한 경쟁력 강화가 필요하다는 판단하에 미쓰비시상사나 미쓰비시은행을 중심으로 한 기업 집단 내의 관계 기업이 부추겼다는 이야기가 있다.

　　이들 기업합병에는 동일 기업 집단 내의 케이스가 많다는 점(도요코아쓰〔東洋高圧〕와 미쓰이화학, 가와사키중공의 가와사키항공기·가와사키차량 등), 그리고 재벌 해체 시에 분할된 기업의 복원 케이스가 많다는 점 등의 특징이 있었다. 후자의 케이스로 이 시기의 대형 합병 문제의 초점이 된 것이, 67년 무렵부터 움직이기 시작한 오지(王子)제지의 합병 문제와 야하타(八幡)·후지의 합병이었다.

　　합병의 움직임을 먼저 공표한 것은 68년 3월에 계약 체결된 구 오지 계열 3사였지만, 이 계획은 이후 야하타·후지 합병 문제를 계기로 대형 합병 반대론이 강해지던 중에 실현 곤란하다고 판단되었기 때문인지 보류되었다.

　　공정거래위원회가 대형 합병에 신중하고, 이러한 입장을 지원하듯이 이전부터 독점금지법 옹호의 자세를 보이고 있던 소비자단체뿐 아니라 경제학자가 적극적으로 발언한 점이 특색이었다. 근대 경제학자도 마르크스 경제학자도 모두 독점의 폐해가 크다는 의견에 기반하여 합병에 반대했다.

　　일본제철을 분할하여 설립된 야하타제강, 후지제강 2사의 합병 문제는 양자 수뇌 사이에서 물밑 작업이 진행되고 있었지만, 68년 4월에 신문의 특종기사로 명백히 밝혀졌다. 그 후 표 3-4(야하타·후지 합병 문제의 경과)와 같이 69년 4월로 예정되어 있던 합병이 공정거래위원회의 심사 등에 시간이 걸려 일 년 늦은 70년 3월에 실현되었다(다케다 하

▶표 3-4. 야하타·후지 합병 문제의 경과

1967년	6월	각의, 자본 거래의 자유화 방침 결정
1968년	3월 21일	오지 계열 3사(오지제지, 주조(十条)제지, 혼슈(本州)제지), 합병 계약 체결
	4월 17일	마이니치신문, '야하타·후지 합병'을 특종
	5월 1일	나가노(永野)·이나야마(稲山) 양사 사장, 69년 4월 합병을 정식 발표
	6월 15일	경제학자 90명이 조직한 독점금지정책 간담회, 합병 반대 표명
	7~8월	산업구조 심의회 기본 문제 특별 위원회, 집중 심의. 최종적으로 '대형 합병은 필요'로 결론
	10월	공정거래위원회, 위원회 심사 개시
1969년	2월 24일	공정거래위원회, 사전 심사의 결론을 구두로 양자에게 전하고 4품목에 대해서 독점금지법에 저촉될 우려가 있다고 내시
	3월 12일	양사, 대응책을 제출
	3월 24일	공정거래위원회, 정식 심사 개시
	5월 7일	공정거래위원회, 합병 부인 권고. 양사, 권고를 거부
	6월 19일	정식 심판 개시(합병 계획이 심판으로 이어진 최초의 케이스)
	10월 30일	공정거래위원회, 심사 결과 교부. 합병 정식으로 결정
1970년	3월 31일	신일본제철, 성립

자료: 『통상산업정책사』 제8권으로부터 작성

루히토, 『일본 경제의 사건부』).

이 사이 공정거래위원회의 태도는 합병에 의해 성립되는 새로운 회사의 시장점유율이 너무 커져 경쟁 상태의 유지를 목표로 하는 독금법 기준에 비추어 봤을 때 문제가 있어서 양사의 계획은 인정할 수 없다는 것이었다. 그러나 양사는 끝까지 합병 실현을 추진했다. 이렇게 해서 합병 계획은 독점금지법 제정 이래 처음으로 공정거래위원회의 '심판'에 맡겨지게 되었다.

결국 이 문제는 새로운 회사의 점유가 너무 높아질 것이라고 지적된 4가지 품목에 대해 경쟁 회사에 설비를 양도하는 등 다양한 조치를 취함으로써 공정거래위원회의 기준을 통과, 합병 승인에 이르렀다. 이렇게 해서 세계 최대의 철강 기업인 US스틸에 필적하는 거대 기업, 신일본제철(新日本製鉄)이 탄생했다.

일본적 경영의 형성

기업 집단의 강화·대형 합병에 의해 강화된 기업 체제는 60년대 후반 이후 일본 기업의 국제경쟁력을 강화하고 세계시장으로의 진출을 가능하게 하는 기초적인 조건이 되었다.

상대적으로 작은 규모를 합병으로 극복하려고 한 일본 기업은 기업 집단을 넘어서는 합병에는 관심을 보이지 않았다. 오히려 기업 집단은 경쟁이라도 하듯 유사한 산업 분야를 하나로 모아 산하에 두게 되었다. 이러한 특징은 미야자키 요시카즈(宮崎義一)에 의해 '원 세트주의'라고 표현되어, 일본 경제의 경쟁적인 구조를 초래한 원천이 되었다고 지적되었다(미야자키 요시카즈, 『전후 일본의 경제기구』).

그러나 기업 집단이 달성한 역할로서 더욱 중요한 것은 상호 주식 보유를 통해 안정주주를 형성, 경영자가 높은 자율성을 가지게 되었다는 점이었다. '경영자 자본주의'라 불리는 특징은 제2차 세계대전 전의 미국에서 발견된 현대 기업의 특징으로, '황금의 60년대'의 미국에서 대세였던 기업의 모습이었다. 미국에서는 주식 소유의 분산에 의해 실현된 경영자 자본주의를, 일본에서는 상호 보유를 통해 실현했다는 차이는 있었지만, 전문 경영자가 존중되었다는 점에서는 공통적이었다.

이질적인 점은 먼저 노동조합이 기업별 조합이었고, 종업원은 종신고용과 연공임금이라는 제도하에 대기업에서는 비교적 안정된 지위를 얻고 있었다는 점이었다. 종업원은 QC(Quality Control, 품질관리)운동 등에 의해 생산성 향상에 협력하고, 기업 경영에 대한 참가 의식이 높았다. 이 때문에 생산 현장의 코스트 의식이 높았고, 기업별 조합이었기 때문에 기술혁신에 수반되는 배치전환의 필요 등에도 유연히 대응할 수 있는 등의 특징도 있었다. 이러한 이점에도 불구하고 이 당시 '후진국' 일본의 많은 전문가들은 기업별 조합에 대해 일본 노동자의 권리 의식이 낮다는 점을 나타내는 증거로서 생각하고 있었다. 직종별 조합이 지배적인 구미의 조합 조직 형태와 비교되어, 그 이상적인 모습에 비해 일본의 후진성을 나타내는 측면이라 여기고 있었다.

두 번째로 하청 관계 등도 포함하여 긴밀한 기업 간 관계가 비교적 장기간 유지되는 경향이 있었다. 조립가공형 기계공업에 있어 조립 메이커와 주요 부품 메이커의 관계는 60년대가 되면 양측의 기술 교류에 의해 부품 메이커의 생산성 향상을 꾀하고, 원청−하청의 혼연일체를 통해 최종 제품의 비용을 삭감하려는 시도를 낳았다. 이러한 관계의 필요성에 대해서도, 기계공업의 기반이 좁은 탓에 필요한 부품을 충분히 시장 거래로는 구입하기 어렵다는 일본적 특수성에 의한 것으로 설명되고 있었다.

단 이 두 가지 모두 비교적 대규모 기업의 노동자와 거래 기업에 한정되어 있었다. 중소기업으로 눈을 돌리면 노동조합의 조직률 그 자체가 낮았고, 종업원의 장기 근속률도 낮았으며, 모기업에 주요 거래처로 간주되지 못한 기업에는 열악한 거래가 강요되고 있었다.

세 번째로 대기업에는 메인 뱅크라 불리는 주거래 금융기관이 있어서, 운용 자금 조달에 관해서는 메인 뱅크를 중핵으로 하는 협조융자가 중요한 역할을 담당했다. 다른 한편으로 60년대 후반에 들어서

면 설비자금 등의 장기 자금 조달에서는 자기금융화가 진행되어 있었지만, 금액 기준으로 은행에 대한 의존도가 여전히 높았다. 여기에서도 자본시장의 후진성이 이러한 특징의 원인으로 여겨졌다. 이것들은 모두 일본 기업의 특징이었지만, 이 시기에는 구미 선진국 기업의 모습과는 다르다는 점에서 일본의 경제 시스템이 후진성을 탈피하지 못했기 때문에 생겨나는 특징이라 여기고 있었다. 직종별 조합의 미발달, 기계공업의 좁은 폭, 자본시장의 낮은 역할 등은 그러한 의미에서 문제가 있다고 여겨졌다. 단 이러한 평가가 역전되어 일본 기업의 강점의 원천이라 여겨지기까지는 그다지 시간이 걸리지 않았다.

무역 흑자 대국으로

기업 체제의 변화 속에서 일본 기업의 국제경쟁력이 점차 상승하고, 공업 제품 시장에서 외국 제품과 견주어도 손색이 없는 가격과 품질을 실현할 수 있게 되었다. 이는 60년대 후반에 무역수지의 대폭 개선으로 나타났다. 67년을 전기로 무역수지는 상시적인 흑자 기조가 되어, 그 결과 앞의 그림 2-1과 같이 외화는 호황이 지속되어도 순조롭게 증가했다. 이는 60년대 전반까지 나타난 '외화의 천장' 이 소멸된 것을 의미했다. 이후의 경기순환은 외자의 부족에 따른 긴축정책으로 발생하는 '스톱 앤드 고' 에 의해 변동되는 일은 없어졌다. 그것이 이자나기 경기가 이전까지의 호황기와 비교해 장기간 계속될 수 있었던 기본적인 이유였다.

물론 이러한 외화의 제약이 없어졌다고 해서 경제 변동에 대한 정책적인 개입의 여지가 없어졌다는 것은 아니었다. 외화를 대신하여 경제 운영에 중요한 지표가 된 것이 소비자물가의 상승률이었다. 이케다 내각 때부터 골치 아픈 문제였던 '물가 문제'는 급여 생활자의 실질소득의 억제로 이어진 만큼 정부의 경제정책에 대한 강한 비판을 불러일으키기 쉬운 것이었다. 그리고 이것은 경제성장의 과속이 초래한 경제구조상의 '악영향'으로 여겨지고 있었다.

이케다 내각의 성장 우선 정책이 다양한 측면에서 '악영향'을 일으키면서 고도성장을 유지하고 있다고 여겨졌다. 이케다 내각의 성장 정책을 비판하여 사토 내각이 더욱 안정적인 성장 궤도를 향한 수정을 꾀한 것은, 이러한 변화에 대응한 것이었다. 이렇게 해서 물가는 60년대 후반 이후에는 경제정책 운영상의 가장 주시해야 할 지표가 되었다.

5. '성장 지향'에 대한 이의 제시

사토 내각의 정치 자세

1964년 10월, 도쿄 올림픽 종료 다음 날 퇴진을 표명한 이케다를 대신하여 사토 에이사쿠(佐藤栄作)가 후기 자민당 총재로 선출되어 내각을 조직했다. 사토 수상은 65년 6월에 내각을 개각하고 이케다 내각 이후의 면면들을 일신하여 자신의 체제를 강화했다. 개각 직후의 각의에서 사토 수상은 신 내각의 과제로서 ① 책임 정치의 확립, ② 행정 기구 개선의 추진, ③ 경제 정체의 타파, ④ 청소년의 건전한 육성 등을 들었다. 또한 기자회견에서 후키바라(吹原) 산업 사건(자민당 총재 선출에 관련된 헌금 의혹 및 사기 사건)이나 도쿄 도의회의 오직(汚職, 후술) 등을 염두에 두고 '정치가 자신이 먼저 옷깃을 바로 세우고 책임 소재를 명확히 하는 것이 제1이다. '유언실행(有言実行)'으로 실행력 있는 정치를 하겠다'는 것을 강조했다. 이렇게 해서 임한 7월의 참의원 선거에서 자민당은 거의 현상 유지를 했다.

그 직후 내각 개조에서 각외로 물러나 있던 고노 이치로(河野—郎)가 급사하고, 그 위에 8월에는 이케다도 서거했다. 사토와 격렬히 후계를 다투던 고노의 죽음에 의해 자민당 내에는 사토와 대항할 수 있는 실력자는 없어졌다. 고노와 함께 당인파를 대표하던 오노 반보쿠(大野伴睦)는 그 전년에 서거했다. 이렇게 해서 사토 내각의 당내 기반은 지극히 강고해졌다.

발족으로부터 1년여 사이에 사토 내각은 이케다 전 내각 이래의 현안이었던 ILO(국제노동기관) 87호 조약 비준, 농지보상법, 한·일 국교 정상화 등을 해결했다. 또한 8월에 수상으로서는 전후 처음으로 오키나와를 방문하여 공항에서 '나는 오키나와의 조국 회복이 실현되지 않는 한, 일본에 있어 '전후' 가 끝나지 않았음을 잘 알고 있다'고 하여, 시정권(施政權) 반환에 노력하는 자세를 보였다.

이렇게 적극적인 자세로 현안 해결에 돌입한 사토 수상은 이케다 전 수상의 '관용과 인내'를 대신하여 '관용과 조화'를 스스로의 기본 자세로 내세웠다. 이 변화에 대해 『아사히 연감』은 '말로서는 큰 차이가 없지만 실행 면, 특히 국회 대책 면에서는 큰 차이가 생겨났다'(1966년 판)고 하여, 현안 해결의 국회 심의만이 아니라 모든 큰 안건이 강행 타결로 이어지게 된 정치적 자세를 문제 삼고 있었다. 또한 국회에서는 방위청 통합 막료회의가 63년도에 실시한 통합방위도상연구('3시 연구')에 대해, 자위대가 의회제 민주주의를 부정하고 군사 쿠데타를 기도한 것은 아닌지 사회당으로부터 추궁을 받았는데, 이것도 의회정치를 정부가 경시하고 있다는 증거로 여겨졌다. 친형인 기시 노부스케와 사토 수상은 그 정치 자세에도 공통된 점이 있었다.

정치 부패

강경한 의회 운영과 더불어 정치 체제에 대한 비판이 강해진 것은 돈에 얽힌 정치적 부패가 연이어 밝혀졌기 때문이었다. 우선 도쿄 도의회에서는 의장선거에 얽힌 매수사건이 발단이 되어 도쿄 도민의 의원 리콜운동(5월), 도의회 해산에 의한 선거(7월)로 이어졌다. 이 결과 사회당이 45석으로 제1당이 되었고, 자민당 38석, 공명당 23석, 공산당 9석, 민사당 4석, 무소속 1석이 되었다. 자민당의 참패였다. 자민당은, 참의원 선거에서 공산당의 노사카 산조(野坂参三)가 도쿄 지역구 최고 득표로 당선한 것과 함께 이러한 결과를 큰 충격으로 받아들였다(『아사히 연감』 1966년 판).

도쿄 도의회가 예외였던 것은 아니었다. 자민당 정권이 장기화됨에 따라 정치가는 이권이 있는 쪽으로 모이기 시작하고 있었다. 예를 들면 8월에 정부가 물가 대책을 위해 설치한 지가(地価) 대책 각료 협의회에서 신 도쿄국제공항 건설이 내정되자 '발 빠르게 소식을 접한 자들이 토지 매점에 나서는' 형국이었다(同前).

그 위에 이듬해 66년 8월에는 다나카 쇼지(田中彰治) 의원이 국회 결산 위원이라는 입장을 이용한 공갈, 사기 등의 혐의로 체포되었을 뿐 아니라, 자민당 대신이나 국회의원의 부패, 직권남용이 끊임없이 밝혀졌다. 국유림 불하 문제와 이와 관련한 교와제당(共和製糖) 문제, 선거 기반인 사이타마 현(埼玉県) 후카야(深谷) 역을 국철의 급행 정차역으로 정한 아라후네 세이주로(荒船清十郎) 운수상의 직권남용, 간바야시야마 에이키치(上林山栄吉) 방위청 장관과 마쓰노 라이조(松野頼三) 농상(農相)의 공사 혼동 사건 등이었다. 중앙뿐만 아니라 지방

의회·자치체를 무대로 한 오직·부패 사건도 후쿠이(福井)·이바라기(茨城)의 현의회, 다카마쓰시(高松市) 의회를 비롯해 광범위하게 빈발했다. 이 때문에 내각 지지율은 25%까지 급락하였고, 자민당 내에서도 12월의 총재선거에서 사토 비판표가 3분의 1을 상회했다.

이러한 배경으로부터 66년 가을에는 '검은 안개'라 불렸던 계속되는 불상사에 관한 국회에서의 추궁이 이어졌다. 사토 수상은 각료들에게 향한 의혹에 대응하기 위해 8월에 개각한 내각을 12월에 다시금 전면적으로 개조하지 않을 수 없었다.

'검은 안개 해산'

의회에서의 야당의 추궁뿐만 아니라 정치 부패에 대한 비판은 국민적 기반을 갖는 정치 비판 운동으로 확대되었다. 일본부인유권자동맹(이치카와 후사에〔市川房枝〕 회장) 등 민간 9개 단체로 결성된 선거법개정운동협의회는 66년 1월에 '국민운동으로 정계를 감시하자'고 뜻을 모았다.

이 석상에서 60년 이래 정치자금의 추적 조사를 하던 부인유권자동맹은 65년의 정치 단체, 정치가의 정치자금 수지 보고서에 관하여 '① 정치 헌금은 현행법상 합법이지만 실태는 업계의 뇌물이라고 볼 수 있다, ② 정치가의 세금 신고는 애매한 것이 많고 특히 파벌로부터 받은 명절 수당은 소득으로서 신고되지 않았다는 의혹이 있다, ③ 정치자금규정법이 허점이 많은 법임과 동시에 법인세법에 의해 기업에게 정치 헌금의 특전이 부여되고 있다는 점이 정계와 업계의 유착 원인을 만들고 있다'고 지적하고, '자치성(自治省)에 신고된 65년 상반기 수지 보고서로부터 자민당 관계 단체가 정치자금을 마작 상품비, 골프 입회금과 회비, 볼링비에 사용하고 있다는 점을 밝혔다'(『아사히 연감』 1967년 판).

그 위에 같은 해 11월에는 이치카와 후사에 참의원 의원의 발의에 응하여 문화인 그룹도 참가하여 '정치자금규정 간담회'가 발족되었다. 간담회에는 하세베 타다스(長谷部忠), 쓰지 기요아키(辻清明), 나카노 요시오(中野好夫), 히라바야시 타이코(平林たい子) 등이 참가하여 법 개정을 위한 시안 작성 등에 착수했다.

정치 부패에 대한 비판의 고조에 대하여 보정 예산 심의를 위해 12월 중순에 국회 심의를 재개하려고 했던 정부 여당에 대해, 중·참양원에서 야당들이 심의 거부에 동의하여 여당 단독 심의가 행해지는 이례적인 사태에 이르렀다. ─국민에게 비판받고 있던 정치권의(─역자 첨가)─ '검은 안개[14]'를 이유로 한 해산은 불리하다고 판단하고 있던 정부는 강행 돌파를 꾀하였고, 19일에는 중의원에서 각 관계 위원회와 본회의를 열어 보정 예산안과 관련 법안을 가결하고, 다음 날 20일에는 참의원에서도 같은 절차로 여당 단독 심의에서 보정 예산안을 가결시킨 것 외에, 전기 국회에서 이어진 심의 법안까지 성립시켰다. 상식을 벗어난 다수의 횡포인 의회 운영이었다.

같은 날 사토 수상은 '국회 정상화를 위해 노력하고 싶다'고 표명했지만, 전년 국회에서 ILO 87호 조약 비준 등의 현안 해결이 연이은 강행 채결로 통과된 것을 능가하는 단독 심의·채결의 강행은 야당 측

---

14 본문에 언급된 일련의 정치적 부패·오직 사건으로 당시 의사당 및 행정부 건물이 밀집된 나가타 초(永田町)에는 검은 안개가 감싸고 있다고 야유하고 있었다.

과의 대화의 여지를 잃게 하고 있었다. 결국 새해가 임박한 27일, 사토 수상은 중의원을 소집함과 동시에 같은 날 해산하고, 총선거를 치르게 되었다.

의석 총수가 19석 증가한 총선거의 결과는 불리할 것으로 예상된 자민당 의석이 283석에서 277석으로 마감하였고, 사회당은 144석에서 140석이 되었다. 한편 첫 중의원 선거가 된 공명당은 25개 의석을 일거에 획득하고 존재감을 더했다. 예상외의 건투에 자민당 본부는 '이겼다, 이겼다'를 외치며 축배를 들었고, 사회당은 패배감에 기세가 꺾였지만, 자민당의 상대 득표율(투표 총수에 대한 득표 비율)은 이때 처음으로 50%에 못 미쳤다(앞의 책, 『일본 정치사 4』).

50년대 중반부터 지방 선거나 참의원 선거에서 후보자를 내고 있었던 소카 갓카이(創価学会)는 62년에 공명정치연맹을 설립하고, 64년에 이를 공명당으로 개조하여 이 중의원 선거에 임하고 있었다. 첫 총선거에서의 25의석 획득은 조직표를 기반으로 한 강력한 존재감을 나타내었고, 이후 다른 당의 위협이 되었다.

혁신도정(革新都政)의 탄생

67년 1월의 총선거는 공명당의 약진과 공산당의 선전이 눈에 띄면서 '다당화 시대의 개막'의 상징이라 여겨졌다. 특히 보수층의 기반이었던 농촌부에서도 혁신표가 증가한 것이 이러한 평가를 뒷받침하고 있었다. 자민당의 상대 득표율은 이후 점차 저하되었다.

같은 해 4월의 통일 지방 선거에서도 자민당 득표의 정체가 눈에 띄었고, 각 야당이 의석을 늘렸다. 지사·시장 선거에서는 보수 우세가 바뀌지 않았지만, 도쿄 도지사(都知事) 선거에서 사회·공산 양당의 추천을 받은 미노베 료키치(美濃部亮吉)가 당선되어 도쿄도에 처음으로 혁신 지사가 탄생했다. 이 선거는 자민·민사 양당이 추천한 마쓰시타 마사토시(松下正寿) 후보, 공명당이 수장 선거에서는 처음으로 옹립한 독자 후보 등과 3파전을 이룬 격전이었지만, '밝은 도정을 만드는 모임'이라는 시민운동을 조직화하고, 문화인과 지식인 등을 중심으로 폭넓은 선거운동을 전개하여, 부인표(婦人票)와 부동표(浮動票)를 획득한 미노베 진영이 승리하였다. 도의회의 부패 이래 증가한 보수 비판표가 선택한 혁신 도정의 탄생은 도시부에서의 보수 퇴조를 명확히 보여주는 것이었다.

68년 7월의 참의원 선거에서는 자민당 69석(2석 감소)에 비해 사회당 28석(5석 감소), 공명당 13석(2석 증가), 민사당 7석(3석 증가), 공산당 4석(1석 증가)으로, 사회당 의석의 감소와 기타 야당의 증가가 눈에 띄었다. 자민당은 현상 유지에 가까운 의석을 확보했다고는 하나 이것은 이시하라 신타로(石原慎太郎), 곤 도코(今東光), 다이마쓰 히로부미(大松博文) 등의 텔런트 후보가 전국구에서 모두 높은 득표율로 당선한 것에 의한 면이 강했다. 무소속에서도 아오시마 유키오(青島幸男), 요코야마 노크(横山ノック)가 각각 대량 득표하였고, 참의원 전국구는 정책보다도 지명도를 우선하는 대중사회 현상을 반영한 선거 결과가 나오게 되었다.

도시부를 중심으로 보수가 기반을 잃은 이유는 심각해진 공해 등의 문제에 대해 정부의 대응이 지연되었던 것이 눈에 띄었기 때문이다. 좀 이후의 일이지만 가고시마 현(鹿児島県) 시부시(志布志) 항, 아

오모리 현(青森県) 무쓰오가와라(むつ小川原)의 반공해 주민운동, 이시카와 현(石川県)이나 니가타 현(新潟県)에서의 원자력 발전소 건설을 둘러싼 주민투표, 미군 사가미(相模) 보급창을 둘러싼 베트남행 전차(戰車) 반송 반대운동 등, 혁신자치체가 증가하게 된 기반에는 지방 정치의 형태를 바꿔 가고자 하는 주민들의 정치 참여가 있었다.

도민의 지지를 얻은 미노베 도정은 12년간 계속되었고 그 사이에 노인 의료비 무료화, 고령 주민의 도영교통기관 무료화, 공해 대책 등 복지·환경 정책에 있어 다양한 시책이 이루어졌다. 보행자 천국의 실시나 공영 도박의 폐지 등도 그가 재임하던 중에 실시된 시책이었다. 이들은 혁신자치체가 국정 레벨에서 도입하기 어려운 복지 등의 문제에 적극적으로 임함으로써 주민의 지지를 얻고 있었음을 보여주고 있었다. 정치 부패만이 문제가 아니었다. 이러한 가운데 유권자 쪽으로 얼굴을 돌리지 않는 자민당의 정치 체질이 비판받기 시작한 것이었다.

70년대 전반에 걸쳐 혁신계 수장은 오사카 부(大阪府), 사이타마 현(埼玉県), 오카야마 현(岡山県), 가나가와 현(神奈川県), 시가 현(滋賀県) 등에서도 선출되어 혁신자치체의 수가 시정촌을 포함하여 서서히 증가했다. 72년 현재 혁신 지사는 전국에 7명, 전국 643개 시 중 126개 시에서 혁신 시장이 선출되었다. 그러나 국정 레벨에서는 사회당이 69년 말의 총선거에서 선거 전략의 실패 등도 있어서 대패, 퇴조를 계속하여 보혁의 대립 구도는 크게 변화하고 있었다.

'사회개발'을 정책의 주요 축으로 삼고 있었음에도 불구하고 사토 내각이 경제 우선의 대응을 계속해서 취해 왔다는 점에 대한 비판이 강해지고 있었다. 각 지역의 요구에 입각한 자치체 레벨에서의 치밀한 대응을 요구하는 목소리가 지방 선거의 결과로 이어지고 있었다.

환경 파괴와 공해 분쟁

심각해진 환경 파괴는 50년대 후반에는 이미 구마모토 현(熊本県) 미나마타(水俣) 지방의 '기병(奇病)' 발생이나, 대기오염, 수질오염, 지반 침하 등의 문제를 통해 대중에 인식되고 있었다. 그러나 이것들이 기업 활동에 수반하여 발생하고 있는 인위적 가해(加害)에 의해 비롯된 것이라는 인식

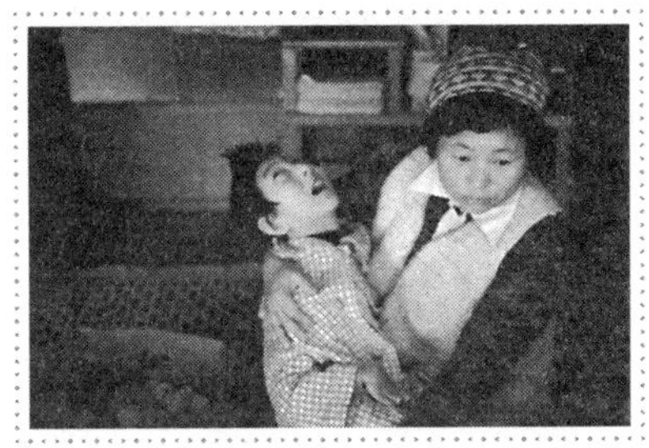

▶사진 3-4. 안겨 있는 사람은 미나마타병 태아성 환자인 우에무라 토모코(上村智子) 씨(1971년 촬영, 당시 16세)이고, 안고 있는 사람은 어머니인 료코 씨(촬영: 하마구치 다카시〔浜口タカシ〕).

은 적었다. 미나마타병이 공장 폐수에 기인하는 유기 수은 중독이라는 것은 구마모토대학 의학부 등의 연구에 의해 상당히 빠른 시기에 확인되어 있었다. 그리고 59년 11월에는 식품위생조사회가 후생 대신에게 '미나마타병의 원인은 미나마타 만에 사는 어패류의 체내에서 검출된 유기 수은 화합물이다'라고 답신했음에도 불구하고, 이러한 과학적 검증에 대해 정부는 냉담했다. 정부가 유기 수은설을 인정하고 미나마타병을 공해병이라고 인정한 것은 69년의 일로, 이 늑장 대응이 아가노가와(阿賀野川)의 제2미나마타병의 발생 등, 피해의 확산과 확대를 초래했다.

최초의 공해 대책 입법은 58년 11월 제정된「공공용수 수질보전에 관한 법률」과「공장 폐수 등의 규제에 관한 법률」이었지만, 이후 62년의「매연규제법」등의 대책이 취해질 때마다 해당 법률은 항상 산업발전을 우선해야 한다는 의견을 가진 재계와 통산성의 강한 요청을 받아들여 '생활환경의 보전과 산업의 건전한 발전의 조화를 꾀한

다'(매연규제법) 등과 같은 '경제와의 조화 조항'을 삽입해야 했다. 산업계에서는 '기업은 지금까지도 공해 대책에는 상당한 돈을 써왔다. 본래 공해 대책은 생산성 향상과는 결부되지 않기 때문에 기업이 소극적인 자세를 취하게 되는 것은 당연하다'라고 공공연히 이야기되어 왔다(앞의 책, 『일본 정치사 4』).

　　이 사이 정부의 늦은 대응에 대해 자치체 레벨에서 조례를 제정하여 환경보전, 공해 대책을 실시하는 움직임이 강해졌다. 욧카이치(四日市)나 가와사키(川崎)에서 천식 환자가 증가하고, 도카이 만(洞海湾)이나 다고노우라(田子の浦) 수역의 공장 폐수에 의해 오염된 진흙 등으로 인한 피해 증가가 심각한 생활환경 파괴로 이어졌기 때문이다. 진즈가와(神通川) 유역에서 발생한 이타이이타이병을 포함하여 미나마타병, 제2미나마타병, 욧카이치 천식은 4대 공해 사건이라 일컫는데, 피해는 이곳만이 아니라 각지에서 일어났다.

　　이러한 중에 공해 반대의 목소리를 높인 시민운동이, 63년부터 64년에 걸쳐 시즈오카 현(静岡県) 미시마(三島)·누마즈(沼津) 지역의 콤비나트 건설 반대를 관철하고, 건설을 포기하도록 몰아간 것은 이후의 공해반대운동에 큰 힘이 되었다. 시민 조직은 피해를 받고 있는 주민들의 공통 이익을 대표한다는 의미에서 이러한 문제 해결에 중요한 역할을 담당하는 운동 형태가 되었다. 기존 정당에 의한 조직적 활동은, 가령 총평에 대한 의존도

▶사진 3-5. 욧카이치 공해. 대기오염이 원인인 기관지 천식에 걸린 환자는 1969년 6개 회사를 상대로 소송, 1972년 승소했다(앞의 책, 『일본의 역사 21 국제국가로의 출발』).

가 높은 사회당이 해당 기업의 종업원이 밀집한 도시에서는 노동조합
과의 관계로 인해 유효한 활동을 전개하기 어려웠던 점, 노동운동이나
선거에 관한 혁신 정당 간의 주도권 다툼이 운동에 분열을 가지고 온
점 등의 문제를 가지고 있었기 때문이기도 했다.

공해 국회

　일본에서 시민운동이 성과를 올리기 시작했을 무렵, 미국에서는
레이첼 카슨이 『침묵의 봄』(1962년 간행, 일본어 번역의 첫 제목은 『생과 사의
묘약』, 1964년)을 써서 인류의 활동이 환경에 미치는 악영향의 심각함을
호소하고 있었다. 케네디 정권은 즉시 조사를 명하고 63년에는 환경
파괴의 위험이 지적된 농약 DDT를 전면적으로 금지했다.

　한편 일본 정부는 67년에 「공해대책기본법」을 제정하여 관계법
의 체계화를 도모했다. 그러나 이때에도 '경제와의 조화 조항'을 남겼
다. 사토 내각이 경제 우선이었고, 재계의 편이었다는 비판을 받은 것
은 이 때문이었다.

　그 후 기존의 조직에 의존하지 않는 운동은 도쿄대학에서 우이
준(宇井純)이 연 공개 자주 강좌 '공해원론' 등의 활동을 포함하여 각
지의 반대운동을 활성화했다. 이는 도시부에서 자동차 배기가스에 의
한 대기오염, 광화학 스모그의 발생, 쓰레기 처리 문제 등 새로운 피해
가 생기면서 공해 문제가 더욱 커지고 피해가 확산되었기 때문이기도
했다.

　높은 차원의 대책을 요구하는 목소리에 이윽고 무거운 허리를 일

으키게 된 사토 내각은 70년 11월부터 열린 임시 국회(공해 국회)에서 중앙공해대책본부가 정리한 공해관계법 14건을 제출했다. 이는 「공해대책기본법」 개정을 시작하여 70년대를 향한 환경 행정의 기본적인 골격을 만드는 것이었다. 이 기본법은 경제와의 조화 조항을 삭제했다는 의미에서 공해 행정 사상 획기적인 것이었다. 또한 71년에는 환경청이 설치되어 이윽고 본격적인 환경 행정 체제가 정비되었다.

정부가 공해 문제를 전문적으로 취급하는 창구 업무를 맡는 행정 기구를 처음 설치한 것은 61년 4월의 일이었다. 후생성은 건강 피해라는 관점에서 환경위생국 환경위생과에 공해계(公害係)를 신설했다. 그러나 이때 담당관은 겸무 과장 보좌가 한 명 있을 뿐이었고, 환경위생과는 이미용업계의 감독 지도 등을 소관하는 부서였다. 거기에 방을 빌리는 형태로 단 한 명으로 시작된 공해·환경 행정은 그로부터 겨우 10년 만에 하나의 청을 필요로 할 정도가 되었다. 그만큼 피해가 급속히 확대되어 행정적인 대응이 필요했다는 점, 그럼에도 불구하고 행정적 대응이 늦어졌다는 점의 심각성이 이러한 경과에서 나타나고 있었다.

대학 분쟁

환경문제에 관한 시민운동이 고양되고 있던 68~69년에는 각지의 대학에서 분쟁이 다발하고 있었다. 이때까지도 학생 활동가가 실력을 행사하여 수업 거부를 이끌고, '대중단교(大衆団交, 단체교섭, 단체투쟁)'가 이루어져 경찰이 투입되는 등의 사건은 일어나고 있었다. 이는 당초에는 70년 안보투쟁의 시작으로 여기고 있었다. 졸업생을 대량생산하는 대학 체제의 결함이나 진학 경쟁으로부터의 해방감, 학비 부담의 증대와 학생 생활의 빈곤 등에서 원인을 찾은 논의도 있었다. 그러나 68년의 상황은 그러한 '해설'을 허락하지 않을 정도로 진전되었다. 이 해에 전국의 국·공·사립대학 820여 개교 중 116개교에서 분쟁이 발생하여 65개교가 이듬해에야 해결을 보았다(『아사히 연감』 1969년 판).

특히 의학부의 학생 처분 문제가 발단이 된 도쿄대학에서는, 처분 취소의 요구에서 의학부의 봉건성을 비판하는 투쟁으로, 나아가 전학부·대학원을 끌어들인 전교의 수업거부로 발전했다. 또한 일본 대학에서는 대학 이사회 당국의 탈세 문제가 직접적인 계기가 되어 학원 민주화 투쟁으로 발전하였다. 쓰쿠바(筑波) 학원도시에의 이전 문제로 학내가 대립하고 있던 도쿄교육대학에서는 해결의 기미가 보이지 않는 장기간의 투쟁이 이어지고 있었다.

장기간에 걸친 파업과 바리케이트에 의한 대학 봉쇄로 대학의 기능은 마비되었고, 대중단교나 경찰 기동대 도입 등의 사건이 연일 보도되고 있었다. 대학에 대해 실력으로 'No'를 외친 학생들은 복수의 분파로 분열되어 있었고, '대학 해체'를 부르짖는 전공투(全共鬪)운동이 3파 전학연(全学連, 사학동〔社学同〕·사청동해방파〔社青同解放派〕·중핵파〔中核派〕)을 모체로 하여 일부의 비분파 학생들을 끌어들이면서 확대되었고, 다른 한편에서 '대학의 민주화'를 요구하는 공산당 계열의 민주청년동맹을 기반으로 하는 또 하나의 전학련과 대립하고 있었다. 이 해 가을 이후에는 양자의 대립이 헬멧에 곤봉·투석에 의한 폭력적인 충돌로 점점 심해졌다.

각 대학에서 분쟁의 계기가 되었던 문제는 학비 인상이나 관리상의 문제 등 다양했지만(표 3-5 참조), 이들 분쟁에 뛰어든 학생들이 전국적인 연대를 강화하여 각각 대학에서의 문제 해결을 어렵게 했다. 마침 프랑스 파리에서는 5월에 학생 데모가 일어났다. 이와 호응하듯 봄에서 가을에 걸쳐 분쟁 상태에 들어간 대학의 수는 늘어났고, 해결의 기미가 보이지 않는 상황이 되었다.

▶표 3-5. 1968년에 분쟁이 일어난 주요 대학(순서 없음)

대학명	분쟁의 내용과 문제
주오(中央)대학	학비 인상 반대
호세이(法政)대학	경관 침입 사건
간사이가쿠인(関西学院)대학	학비 인상 반대
도요(東洋)대학	교사 이전
도쿄(東京)의과치과대학	연수의 제도 반대
고마자와(駒沢)대학	처분 철회, 학원 민주화
와세다(早稲田)대학	총장선거 방법의 개선 요구
시바우라(芝浦)공업대학	학비 인상 반대
교토(京都)대학	등록의 제도 반대, 학내 강제 조사
아키타(秋田)대학	교육학부 과정의 명칭 변경
도시샤(同志社)대학	학장선거 민주화
후쿠시마(福島)대학	학장 퇴진 요구
규슈(九州)대학	미군기 추락과 인도
게이오(慶応)대학	미군 자금 차입의 책임 추궁
조치(上智)대학	경관 도입
니가타(新潟)대학	통합 이전 문제
간토가쿠인(関東学院)대학	학원 민주화
도쿄(東京)외국어대학	새 기숙사 건설 문제
오사카(大阪)대학	처분 철회 요구
고베(神戸)대학	기숙사 부담 구분 철폐
가나가와(神奈川)대학	학원 민주화
하나조노(花園)대학	본관 개축, 학생회관 건설 문제
시가(滋賀)대학	교관 부족 문제
가나자와(金沢)대학	기숙사 문제
히로시마(広島)대학	장학금 중단, 등록의 제도
오이타(大分)대학	학생 기숙사, 학생회관의 관리 운영
가고시마(鹿児島)대학	산학 협동 반대
도호쿠가쿠인(東北学院)대학	학비 인상 문제
도야마(富山)대학	교관 부족과 인사 반대
릿쇼(立正)대학	처분 철회, 학비 인상 반대

자료: 『아사히 연감』 1969년 판에서 작성

10월, 사토 수상은 각의에서 '대학 분쟁은 문교 행정의 범위 내에서 처리해야 할 것이 아니라 정치 전반의 입장에서 해결해야 한다'고 발언하였고, 같은 날 열린 대학 문제 각료 간담회에서는 '질서 무시는 용서할 수 없다. 어떤 조치를 취하라'는 강경론도 나왔다고 전해지고 있다. 그러나 이때에는 나다오 히로키치(灘尾弘吉) 문부상이 그때까지의 기본 자세였던 '대학 당국의 자주적인 해결 노력에 기대한다'는 대응을 바꾸지 않았다(『아사히 연감』 1969년 판).

그러나 학생들의 항의는 학내에 머무르지 않고 국제 반전의 날인 10월 21일에는 3파 전학련을 중심으로 신주쿠(新宿)에서 대규모 소란 사건을 일으켰다. 대학 분쟁에 의해 끓어오른 대학운동의 기세는 학원 분쟁의 영역을 넘어 가두로 전선을 확대하고 있었다.

국립대학의 입시 중지

이러한 사태에 대해 정부는 12월 초부터 신임 사카다 미치타(坂田道太) 문부대신으로 하여금 다음 연도 입학시험의 실시에 관련한 우려를 제기하여 대학 당국에 사태의 수습을 서두르도록 압력을 넣기 시작했다. 12월 23일의 도쿄대학, 도쿄교육대학, 도쿄외국어대학과의 협의에서 문부성은 ① 정상적인 수업 재개의 전망이 보이지 않는 한 입시는 실시해서는 안 된다, ② 입시를 실시할지 중지할지의 결정은 연내에 내리고, 69년으로 넘기지 않는다는 견해를 나타냈다.

시한 설정을 받은 대학 중 도쿄교육대학은 4학부의 입시 중지를, 도쿄외국어대학은 입시 실시를 결정했다. 가장 주목받고 있었던 도쿄

▶사진 3-6. 야스다강당의 공방(1969년 1월 18일)
(앞의 책, 『일본의 역사 21 국제 국가로의 출발).

대학은 1월 15일까지 분쟁을 수습하여 입시 중지를 회피하는 길을 모색했다. 69년 1월 18일에 도쿄대학은 야스다(安田)강당 봉쇄를 배제하기 위해 8,500명의 기동대를 도입했다. 강당은 폐허로 변해 있었다. 그러나 입학시험은 대학 측의 강한 요구에도 불구하고 문부대신과의 의견 불일치를 이유로 중지되었다. 문부성이 대학 측의 관리 능력 부족에 품고 있던 불만이 뿜어져 나오는 듯했다.

그 후 69년에는 교토대학에서 학생 간의 충돌 사건이 발생하기도 하고, 간사이가쿠인(関西学院) 대학을 시작으로 각 대학들이 기동대의 호위 아래 입학시험을 실시하였지만, 점차 대학 분쟁은 안정기에 접어들었다. 8월에는 「대학임시조치법」이 시행되어 문부성에 의한 관리가 강화되었다. 분쟁의 수습 과정에서 각 대학에서는 대학 운영의 민주화나 학생의 처우 개선 등의 방책이 취해진 것은 사실이다. 그러나 분쟁 수습과 개혁안 실시에 의해 해결된 것이 무엇이었는지는 반드시 명확하지는 않았다.

기동대의 대학 출동은 68년에는 31회, 체포자 5,547명, 69년 상반기 162회, 하반기에 776회, 체포 학생 1만 628명에 달했다. 기동대 투입은 당연한 것이 되었다. 학생들의 폭력적 행동에 대해 동정을 보이는 사람들도 적지 않았지만, 이에 대한 반발도 강하여 전반적으로는 운동 지도자들의 의도와는 반대로 학생들의 에너지는 급속히 쇠퇴하였고, 사회당 등 혁신 정당에 대한 지지 기반도 약화되면서 69년 총선 거에서의 사회당 참패의 기반을 만들었다고도 할 수 있었다.

기존의 질서에 대한 이의신청이라는 의미에서 전공투 등이 있고, 신(新)좌익의 활동에는 산리즈카(三里塚)투쟁 등이 있는 등 중요한 주장이 존재했다. 그러나 성급한 운동과 수단을 가리지 않는 행동에 대해 지지는 모이지 않았다. 특히 70년대 들어 일부가 기업 폭파 사건을 일으키고, 또는 내부 폭력이 빈발하게 되자 완전히 운동의 기반을 상실하고 자멸했다.

성장정책의 재검토

성장정책의 부작용에 국민의 관심이 모이게 되었다는 점에 사토 내각이 무관심했던 것은 아니다. 오히려 이케다 내각의 소득배증계획을 비판하며 등장한 사토 내각은 그 과제에 먼저 대응하고자 하는 인식이 있었다. 그리고 그 실현을 위해 '중기경제계획'(64~68년도)을 66년 1월에 파기하고, 5월에 경제심의회에 '신(新)장기경제계획'(67~71년도)의 작성을 자문했다. 9월에 경제심의회가 정리한 신(新)장기경제계획의 '기본적 구상'은 다음과 같은 것이었다(『아사히 연감』 1967년 판).

첫째로 고도성장이 초래한 폐해에 대한 반성에서 출발하여 '성장과정의 문제점을 해결하는 것이 쇼와 40년대에 부여된 책무'로 삼은 것, 두 번째로 고도성장의 폐해로서 ① 소비자물가고(高), ② 기업 경영의 약체화, ③ 도시 과밀화 대책의 지연 등을 지적한 것이다. 아울러 계획은 '경제 효율화에 의한 선진국형 경제로의 개편'을 목표로 했다.

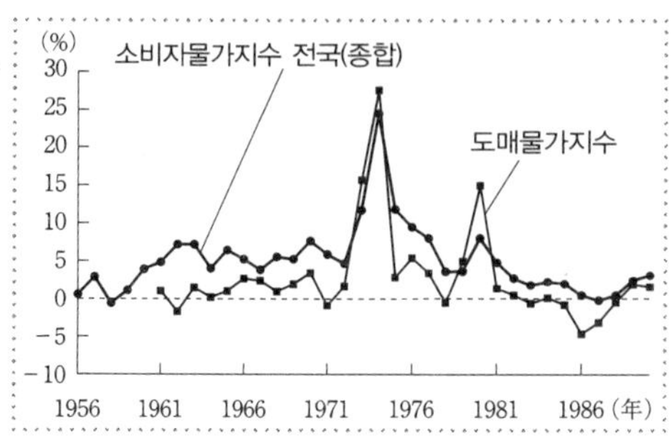

▶그림 3-7. 물가의 변동(전년대비 상승률).

이는 효율 향상에 의해 기업 체질을 강화하고 풍족한 생활 실현에 불가결한 소비재의 공급을 윤택하게 하여, 물가고를 해결하고자 하는 목적을 가지고 있었다. 그리고 '경제의 효율화'를 위해 ① 기업의 체질 개선, ② 저생산 부문의 근대화, ③ 금융 체제의 재검토, ④ 노동력의 유동화, ⑤ 행·재정의 능률화, 이렇게 5가지를 중요한 정책 과제로서 선택했다.

이는 신장기경제계획의 3개 기둥으로 여기고 있던 ① 물가 안정, ② 사회개발, ③ 경제의 효율화 중 ③을 최우선으로 하는 것이었다. 이 계획은 67년 3월의 각의에서 정식 결정되었지만 ①이나 ②에 대한 구체적인 대책이 결핍되어 있었다.

이케다 내각 시기부터 물가 상승률이 높다는 것은 문제가 되고 있었다. 석유 위기에 따른 광란물가 시기를 제외하면 60년대 후반 사토 내각기의 소비자물가 상승률은 높았고, 계속해서 5% 정도의 상승률을 기록하고 있었다. 이는 생활 기초 조건의 안정을 위협하고, 실질적인 소득 증가를 축소하고 있었다.

사회개발은 넓은 의미에서 복지사회를 지향하는 것이었지만 사토 내각이 재임 중에 제시한 정책은 빈약했다. 61년에 전국민보험·연금제도가 달성된 후에 잠재적 의료 수요가 주목을 받으면서 의료비 증가에 관심이 집중되고 있었다. 62년에는 사회보장제도 심의회 답신에 의해 사회보장의 종합 조정 필요성이 권고되었음에도 불구하고 이 문제는 계속 방치되고 있었다. 이 때문에 71년에 의사회는 진료에 대한 보수의 재검토를 요구하며 '보험 총사퇴'라는 강경책을 취했다.

사회보장제도의 개선을 통해 복지사회를 수립한다는 것이 지연되는 상황은 사토 내각에서 분명해지고 있었다. 안정성장으로 전환하여 더 풍족한 사회를 지향한다던 내각의 기본적인 목표는 선거공약 이상의 것은 아니었다. 원래라면 경제성장이 계속되어 세수가 늘었고 재원에 여유가 있었기 때문에 충실한 사회보장 실현에 호기였어야 했다. 그러나 사토 내각은 적극적인 자세를 보이지 않았고, 이 때문에 성과가 빈약했다.

이케다 내각의 현안 해결에 처음 1년 동안 정력적으로 착수하여 강경한 의회 운영으로 결착을 지은 사토 내각은, 2년째 이후 적극적인 정책 전개가 결핍되었다. 이는 '검은 안개' 문제 이후의 보수 기반의 퇴조를 배경으로 하면서 오키나와 반환을 유일한 정책 과제로 삼고, 당내의 융화를 우선하여 쟁점이 되는 문제를 회피, 파벌 간의 균형 인사를 통해 정권의 장기 안정을 꾀했기 때문이었다. 친형 기시가 안보 개정을 최대의 과제로 삼고 경제정책을 뒤로 미룬 것과 같은 모습이었다. 이러한 정책과의 관련 정도는 알 수 없으나, 아무튼 정권 말기인 71년까지 일본 경제는 장기 호황을 구가하고 있었다.

과소화(過疎化)된 농촌

고도성장에 의한 경제구조의 변화는 국민의 '식생활'을 지탱하는 농업 형태와 농가 경영을 크게 변화시켰다. 농업은 취업 구조로 보나 국내 생산으로 보나 산업 내의 중요도가 크게 하락하였다.

취업 구조에 대해 보면 50년부터 70년에 걸쳐 산업별 취업인구 총수는 3,563만 명에서 5,224만 명으로 증가했다. 이는 주로 제조업의 증가와 도소매업 등 제3차 산업의 취업인구 증가에 의한 것이었다. 이 사이에 제1차 산업에 종사하는 인원은 1,721만 명에서 1,008만 명으로 4할 이상이나 감소했다. 제1차 산업의 점유율은 50년에는 남자가 5명 중의 2명, 여자가 5명 중의 3명이었지만, 70년에는 남자 7명 중의 1명, 여자 4명 중의 1명이 되었다.

이러한 변화는 고도성장의 과정에서 농가 노동력의 유출이 계속되었기 때문이었다. 그러한 움직임은 65년 무렵까지는 이촌(離村)에 의한 전출이 많았지만, 이후 지방 도시 등에서도 취업 기회가 증가한 탓인지 과반수가 농가로부터 '통근' 하게 되어 농가의 겸업화가 진행되었다. 게다가 청년층을 중심으로 급속한 유출이 진행된 결과, 농업 취업 인구의 고령화, 여성화가 진행되어 '산짱농업(三ちゃん農業)'[15]이라 불리는 상태가 나타났다(데루오카 슈조〔暉峻 衆三〕,『일본의 농업 150년』).

변화는 농업 생산에도 다면적으로 일어났다. 쌀 소비량은 국민 1인당 62년을 피크로 감소세로 돌아섰고, 생산량도 63년이 피크가 되었다. 이를 대신하여 축산물, 과실, 야채나 이들의 가공식품에 대한 수요가 증가했다. 또한 인구 유출에 대응하기 위해 60년 전후의 10년 동안 소형 트랙터 등의 농업 기계 보급률이 높아졌고, 농업 생산의 기계화가 진전되었다. 그 결과 10아르(1아르=100평방미터)당 노동시간은 50년대 전반의 연간 200시간에서 65년경에는 150시간, 70년경에는 100

---

15 할아버지(じいちゃん), 할머니(ばあちゃん), 엄마(かあちゃん) 등 노인과 여인만 남은 농업이라는 뜻.

시간으로 감소하였고, 단위노동 시간당 생산성은 그만큼 상승했다. 토지 생산성은 비료 사용이 증가하기도 하여 완만히 상승했다. 이러한 것들이 도농(都農) 겸업화를 가능하게 한 조건인 동시에 결과이기도 했다.

이러한 농업 형태의 변화에 대응하여 정부는 59년에 농림어업 기본문제 조사회를 설치하여 검토하고, 61년에 「농업기본법」을 제정했다. 그 '이념으로서는, 농산물 가격은 가능한 한 시장의 수급 균형에 맡기면서 한편으로는 수요 증가에 대응한 '선택적 확대'(다른 한편에서는 선택적 축소를 포함)를 통해 농업 생산의 증진을 도모하고, 다른 한편에서는 농업의 '구조 개선'을 도모함으로써 다른 산업과의 소득 균형을 실현할 수 있도록 더욱 생산성이 높은 '자립 경영'을 육성하고, 이를 지렛대로 삼아 일본 농업이 산업적으로 자립할 것을 목표로 한 것'이었다 (同前).

시장의 수급 균형에 맡긴다고는 했지만, 주요 작물인 쌀에 대해서는 식량 관리 제도에 의해 국가 매입이 유지되었다. 농민 표에 의존하는 자민당 정권하에서 매수 가격은 60년대에 평균 9.5% 상승을 기록했다. 그 반면 소비자 쌀값은 물가 대책의 관점에서 억제되었기 때문에 식량관리 특별회계의 적자는 60년의 281억 엔에서 70년에는 3,608억 엔이 되었다.

이러한 가격지지정책을 통한 소득의 보증은 도시부에 비해 뒤떨어졌다고는 하나, 내구소비재의 보급에 의해 생활의 근대화를 가져온 조건의 하나가 되었다. 64년에는 15% 정도로 도시의 66%에 비해 크게 뒤떨어져 있던 농촌에서의 전기냉장고 보급률은, 70년에는 83%로 거의 손색이 없어졌다. 세탁기도 47%(농촌부 64년, 도시부 같은 해 76%)에서 90%가 되었다. 70년대에는 어떤 품목을 보아도 도시와 농촌의 보급률에 큰 차이가 없어졌다.

물론 이러한 변화는 농업의 생산성 상승과 소득 증가만이 이유는 아니었다. 시간당 임금액은 67년 피크 때에도 대기업의 3분의 2 정도의 수준에 지나지 않았다. 이후 쌀의 과잉 현상이 현저해지자 쌀값 상승이 상대적으로 억제되어 시간당 도시와 농촌의 소득 격차는 오히려 증대되었다. 따라서 농가 소득 상승은 농업 소득의 증가뿐만 아니라 겸업 수입의 증가에 의한 것이었다. 그리고 겸업화가 진행됨과 더불어 60년대 말에는 '빈농층'은 '기본적으로 소실' 되었다(同前). 많은 농촌에도 풍족함이 찾아왔다. 그러나 이는 농업이 가져온 풍족함이 아니었다.

일본의 무역이 흑자 기조가 되고 외화의 제약에서 자유로워진 67년은, 농업에 있어서도 전환기가 된 해였다. 쌀의 수급 관계가 역전되고 수급 조정을 위해 휴경(休耕)이나 윤작(輪作)이 요구되었기 때문이다.

문제는 이것만이 아니었다. 산촌(山村) 등 겸업 기회가 적은 지역에서는 청년층의 전출이 계속되었고, 고령화된 세대만이 겨우 남는 과소화 문제도 발생하고 있었다. 그러한 지역에서는 충분한 사회적 서비스도 받기 힘들었고, 생활환경은 악화될 뿐이었다. 장기화된 고도성장기의 경제는 이 같은 문제를 양산한 채 내버려두고 오로지 성장의 궤도를 계속해서 달리고 있었다.

제4장 광란물가와 금권정치 — 성장의 종언

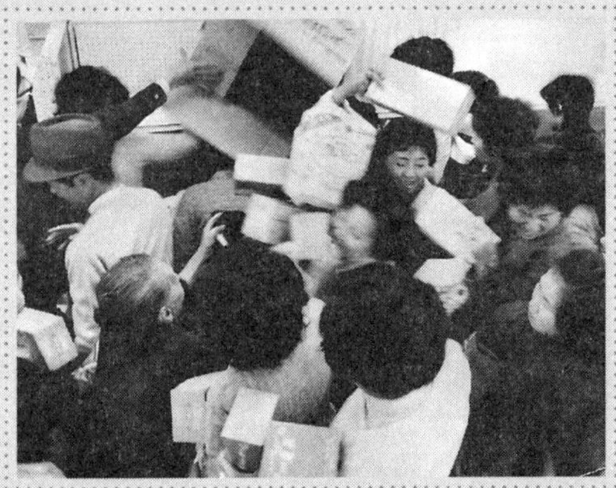

제1차 석유쇼크에 의한 사재기 소동(1973년 11월, 마이니치신문사).

1. 두 개의 닉슨쇼크

닉슨 방중

1970년대에 들어 세계는 격동을 맞이하게 된다. 국제 정치·경제 양면에서 미국의 압도적인 우위가 무너졌기 때문이다.

변화를 상징한 최초의 뉴스는 71년 7월, 헨리 키신저 대통령 특별 보좌관이 '닉슨 대통령이 중국을 방문한다'고 발표한 것이었다. 그것은 미국이 그때까지의 중국 봉쇄, 중국 고립화 정책을 개선한다는 것을 의미했다. 베트남 화평으로 막다른 골목에 몰려 있던 국면을 타개할 의도도 포함된 미국의 정책 전개는, 중국(중화인민공화국)을 국제 정치의 무대 앞으로 복귀시키고, 세계를 미·소·중 삼극 구조로 바꾸어 갔다.

이러한 미국의 정책 전환은 국제사회에서 대만의 중화민국 국민 정부가 아닌, 본토 중국을 승인하는 나라가 늘고 있다는 것(71년 9월 기준으로 국제연합 가맹국 중에서 중화인민공화국의 승인국 65개국에 비해, 대만의 승인국 54개국)을 반영하고 있었다. 이러한 상황 속에서 10월 25일의 국제연합 총회는 중화인민공화국의 국제연합에서의 합법적 권리를 회복하고, 대만의 국민정부 대표를 국제연합으로부터 추방한다는 알바니아 결의안을 찬성 76, 반대 35라는 압도적 다수로 가결했다. 중국 대표권 문제에 대해, 중화인민공화국 정부의 '중국은 하나이고, 국제연합에 중화인민공화국과 국부(대만)라는 두 개의 중국 대표가 동석하는 일은 절대로 인정하지 않는다' 라는 주장을 국제연합은 전면적으로 받아들인 것이다(『아사히 연감』 1972년 판). 국제연합 총회에 출석한 교관화(喬冠華) 중국 수석대표는 국제연합에 있어서 중소국(中小國)의 이익을 대표한다는 입장을 명확히 하고, 미소라는 초대국의 패권에 대한 비판적인 입장을 견지할 것을 밝혔다.

72년 2월에 닉슨 대통령의 방중이 실현되고, 미중 수뇌회담의 성과가 상하이 커뮤니케로 발표되어, 국제 정치 구조의 전환이 명확해졌다. 이를 통해 베트남 화평 교섭이 진전을 보았다(제3장 1 참조). 또한 닉슨 대통령은 5월에 소련을 방문하여 균형을 통한 안전보장을 목표로 미소 간의 전략무기 제한 조약 등에 조인했다. 미소는 초대국으로서의 존재감을 나타냈지만, 다극화하는 국제정치체제의 흐름은 더욱 진행되었다.

11월에는 헬싱키에서 미국, 캐나다도 포함하여 34개국 대표가 참가한 구주안전보장협력회의 준비회의가 열렸다. 소련과 서독의 빌리 브랜트 정권이 쌓아온 관계 안정화 노력의 성과였다. NATO(북대서양조약기구)와 바르샤바조약기구와의 사이에는 상호 병력 삭감 교섭을 향한 길도 열렸다. 또한 유럽에서는 영국의 가맹에 의해 확대된 EC(유럽공동체)가 탄생, 경제통합을 목표로 하는 유럽 여러 국가의 지위도 향상되어 갔다.

이렇게 하여 국제사회는 분쟁을 초래하는 대립의 구조를 해소하고, 데탕트의 방향으로 움직이기 시작했다. 그러나 한편에서는 이 무렵부터 북아일랜드 분쟁이나 중동에서의 팔레스타인 게릴라 활동 등의 국제적인 테러 활동이 눈에 띄어, 뮌헨 올림픽에서는 이스라엘 선수촌이 습격당하는 등의 비극이 일어났다. 새로운 불씨가 자라나고 있었던 것이다.

달러 방위 정책

방중(訪中) 발표로부터 1개월 후인 71년 8월 15일, 닉슨 대통령은 신경제정책을 발표했다. 이것을 계기로 60년대 말경부터 불안을 안고 있었던 국제 통화 체제는 크게 재편되었다.

베트남전쟁의 수렁 속에서 피폐한 미국의 대외 수지 적자가 증가하고, 달러에 대한 신뢰도 사라져 가고 있었다. 미국 경제는 그러한 기반 위에 있었다. 69년에 29억 달러의 적자였던 미국의 기초 수지는 71년에 들어 단기 자금의 유실이 격심해지면서, 71년 2/4분기에는 연 환산 126억 달러로 급증했다. 달러로부터 멀어진 자금은 5월에는 마르크 투기로 향하여, 서독은 변동 상장제로 이행했다.

달러 방위 정책은 이러한 사태에 대응한 것이었다. 닉슨 대통령의 신경제정책은 인플레이션 억제, 경기 자극, 달러 방위의 세 가지를 정책 목표로 하고 있었다. 이 중 특히 대외적으로 영향이 컸던 것이 달러 방위책이었다. 이것은 ① 달러의 금이나 기타 준비 자산과의 교환 정지, ② 수입 억제를 위한 과징금의 신설을 그 내용으로 했다. 달러·금 태환 정지는 IMF체제를, 수입 과징금은 GATT체제를 기초부터 무너뜨리는 것이었다. 금 태환의 정지는 IMF 가맹국이 통화 안정을 위해 달러를 통해 금으로 링크되고 있었던 고정환율제의 기반을 빼앗고, 가맹국 간 환율 변동 폭의 제한을 없앴다. 이렇게 하여 전후의 국제 경제 체제를 지탱한 두 개의 기둥이 모두 위기에 빠졌다.

혼란을 두려워한 서구 여러 나라들은 16일에 외환시장을 폐쇄하였고, 런던 금시장도 폐쇄되었다. EC 경제장관 회담은 19일에 대책을 협의했으나 정리되지 않았고, 23일 이후 변동환율제로 이행하였다. 그 후 주요국의 경제장관 회의 등이 빈번히 열려 타개의 길을 모색했으나, 12일에 열린 선진 10개국 경제장관 회의는 다국간 통화 조정에 합의하고, 주요국은 환율 변동 폭을 확대한 형태로 고정환율제로 복귀했다(스미소니언 협정). 미국은 수입 과징금을 철폐하고, 각국은 자국 통화를 달러에 대해 평균 12% 절상하였다. 그러나 이 합의에 의한 안정은 일시적인 것이었다. 그 후 수년간의 동요와 시행착오를 거쳐 국제 통화 체제는 변동환율제를 기초로 재편성되었다. 73년에 엔은 1달러=260엔이 되고, 이후 지속적으로는 엔고가 진행되었다.

사토 내각의 대중국 정책

닉슨 방중의 발표(71년 7월)는 오키나와 반환 협정 조인(71년 6월, 후술)을 실현하고 성공의 달콤함에 빠져 있던 사토 내각의 외교 방침을 근본적으로 부정하는 것이었다. 69년 11월 워싱턴에서의 미일 수뇌회담에서 사토 수상은 '한국의 안전은 일본 자신의 안전에 있어 긴요, ……대만 지역에 있어 평화와 안전의 유지도, 일본의 안전에 있어 지극히 중요한 요소이다'라고 말하여 중국의 격렬한 비난을 받고, 중일 관계는 얼어붙어 있었다. 사토 수상의 입장에서 본다면 최대의 정치 과제로 삼은 오키나와 반환을 위해 미국의 중국 봉쇄 정책의 틀 안에서 중국 정책을 선택해 왔음에도 불구하고, 배신을 당해 고립된 양상이었던 것이다.

사토 내각은 '닉슨 방중 환영'이라는 관방장관 담화를 발표하고, 그 후에도 '환영' 일색으로 밀어붙였지만 기댈 곳을 잃고 흔들린 것은 부정할 수 없었다.

일본을 배제하고 이루어진 미중 접근에 더하여, 동년 가을의 국제연합 총회에서는 미국과 함께 공동 제안국이 되어 대만의 국제연합 의석 옹호를 도모했으나 부결되었다. 두 개의 중국을 사실상 인정하는 사토 수상의 중국 정책은 파탄, 일본 정부의 위신을 실축시켰다. 게다가 사토 수상은 중일 국교회복 교섭에 대하여 중국 측이 제시한 3원칙(후술)에 대하여 대만과의 관계를 고려하여 적극적인 자세를 보이지 않았다. 그 때문에 중일 국교회복 교섭은 정권 교체 이외에는 타개할 길이 없었다.

변동환율제로의 이행

장기간의 고도경제성장에 따른 일본 경제의 번영은 70년, 오사카 텐리산(天理山) 구릉에서 성황리에 열린 아시아 최초의 만국박람회로 상징되었다. '인류의 진보와 조화'를 테마로 한 제전의 그늘에서, 고도 성장의 결과로 발생한 문제도 심각성을 더하고 있었다. 공해 문제가 각지에서 일어났고, 스몬(신경병의 일종. 발이 저려오고 심해지면 하반신 마비 및 실명—역주), 탈리도마이드(수면제의 일종. 기형아를 낳을 위험이 있어 지금은 제조 및 판매 중지—역주) 등의 약해(藥害)가 발생하고 있었다. 게다가 자동차 등에 의한 대기오염 심화, 폐기물 처리 문제의 심각화, 합성세제의 보급에 따른 강과 호수의 오염 등, 도시 주거 환경의 악화도 심화되었다. 내정의 문제가 산적해 가는 중에 대외적으로도 새로운 문제가 발생하였다.

60년대 후반에 무역수지의 흑자가 계속되는 가운데 1달러=360엔의 비율을 깨는 엔 절상 압력이 미국으로부터 강해지고 있었다. 국내에서도 경제동우회 등에서 엔 절상의 시비를 논의하기 시작했다. 대장성 내에서도 69년에는 하야시 타이조(林大造) 조사부 차장이 성내 극비작업(알파작업)을 통해 '엔 절상이 적절'하다고 제안했으나, 성의 간부가 이를 인정하지 않았다는 경위도 있었다. 따라서 엔 절상의 가능성이 시야에 들어와 있었음은 틀림없었다.

그러나 71년 7월에 잔존 수입 제한 품목의 삭감, 자유화 확대 등 8항목의 엔 대책을 공표하여 엔 절상을 회피하려고 한 정부는 8월의 달러 방위 정책 발표 후, 사태의 급속한 전개를 따라가

▶사진 4-1. 오카모토 타로(岡本太郎)가 제작한 세계만국박람회의 심벌 「태양의 탑」(앞의 책, 「도설 일본의 역사 18 전후 일본의 재출발」).

지 못했다. 대응에서 선수를 빼앗긴 가운데 달러 방위 조치에 따른 쇼크의 영향은 확대되었다. 8월 후반, 유럽 여러 나라가 외환시장을 폐쇄하고 있는 동안에도 일본은 도쿄 외환시장을 계속 열고 있었다. 그 위에 변동환율제하에서 시장이 재개된 후에도 일본은 고정환율을 유지하기 위해 일본은행이 시장 개입을 계속했다. 이 대응에는 대장성 내에도 다른 의견이 있었지만, 국제금융 전문가에게 일축되면서 나온 조치였다(구보타 아키라〔久保田晃〕/기리무라 에이이치로〔桐村英一郎〕, 『쇼와 경제 60년』).

그러나 이 판단은 틀렸다. 일본은 대량의 달러를 팔아넘겼다. 그 결과, 28일에 일본도 변동상장제로 이행할 때까지 16일부터 27일 사이에 도쿄 외환시장에서 외환은행이 팔아넘긴 달러 총액은 약 39억 달러의 거액이 되었다. 투기적 달러 매도에 직면한 것이다.

영향은 이뿐만이 아니었다. 엔고에 의한 불황을 걱정하여 주식시장은 폭락하고, 익숙하지 않은 변동환율제하에서 무역 거래는 원활하지 못했다. 이미 서술한 바와 같이 연말의 스미소니언 협정에서 엔의 달러에 대한 기준 환율은 16.88% 절상되어, 1달러는 308엔이 되었다. 일본의 주장을 넘어선 대폭적인 절상이었다. 이 사이 조선, 해운, 산업 기계 등에서는 엔 절상에 의해 생겨나는 외환 차손이나 수출 전망의 심각성이 문제가 되면서, 엔고 불황이 도래한다고 여겼다. 수급 차이에 의한 과잉 설비 발생이 예측되면서 경기의 견인차였던 기업의 설비 투자 의욕은 침체되었다.

2. 오키나와 반환

오키나와 반환 문제

두 개의 닉슨쇼크에 수반한 일본의 대응이 곤란했던 것은, 이 시기에 미일 현안이었던 오키나와 반환 교섭과 섬유 교섭, 특히 후자가 정체되어 있었기 때문이다.

오키나와 반환은 사토 수상이 무슨 일이 있어도 실현하고 싶어한 정책 과제였다. 이 때문에 취임 당초인 65년 1월의 사토·존슨 회의에서 '극동의 안전보장을 위해서 류큐의 미국 군사시설의 중요성을 인정한다'라는 전제에 기초하여, 사토 수상은 '오키나와의 시정권이 가능한 한 빠른 기회에 일본에 반환'되도록 요망했다. 그러나 이에 대해 존슨 대통령은 '시정권 반환에 대한 일본 정부 및 국민의 요망에 이해를 표하고, 극동 지역에 있어서의 자유 세계의 안전보장상의 이익이 이 희망을 허락하기를 바라며 기대하고 있다'고 대답하는 데 그쳤다. 오키나와 반환을 즉시 실현하는 것은 곤란했다.

극동 지역에 있어서의 안전보장 문제가 해결되기 위해서는 중국 문제, 베트남전쟁, 그리고 일본 안전보장조약의 연장 문제 등에 대한 조건 정비가 필요했다.

국내에서는 반환의 조건으로서 오키나와에 배치되어 있는 핵병기의 문제에 관심이 집중되어 있었다. 66년 9월 아사히신문의 여론조사에서는, 오키나와는 당연히 반환되어야 한다는 답변이 85%였지만, 그중 '핵을 포함한 반환'에는 반대가 압도적으로 많았고, 기지 사용에 있어서도 '본토 수준'의 반환을 요구하는 목소리가 과반수를 넘고 있었다(『아사히 연감』 1968년 판).

국내의 관심은 원자력 잠수함 등의 일본 입항 문제와 관련이 있었다. 핵을 장비하고 있다고 여겨지는 함선의 입항은, 일본의 비핵정책에 위반되는 것이었기 때문이다. 사세보(佐世保)나 요코스카(橫須賀) 등에서 기항 반대 시민운동이 전개되고 있었다.

이러한 국민의 목소리에도 불구하고 사토 수상은 복귀의 조기 실현을 위해 미국군에 의한 기지 사용과 핵 배치에 관한 태도를 명확히 하지 않았다. 그러나 교섭이 진전되지 않은 상태에서, 시모다 타케조(下田武三) 주미대사가 '핵을 포함한 반환'을 시사하는 발언을 하여 문제가 되었다. 68년 2월의 중의원 예산위원회에서 사토 수상은 오키나와 기지에 대하여 ① 전쟁 억지력으로서 일본의 안전에 도움이 되고 있다, ② 비핵 3원칙을 오키나와에 적용하는 것은 간단한 일이 아니고, 전제가 되면 반환이 곤란해질지도 모른다고 발언하여, '핵을 포함한 반환'에 대한 뜻을 남겼다. 이에 대해 같은 해 가을의 총재선거에 입후보했던 마에오 시게사부로(前尾繁三郎), 미키 타케오(三木武夫)는 함께 '핵 제외, 본토 수준의 반환'을 주장하는 등, 야당뿐만 아니라 여당 내에서도 '핵을 포함한 반환' 에 대한 반대가 강해졌다.

상황이 변화된 것은 68년 미국 대통령 선거에서 오키나와 반환에 적극적인 자세를 보였던 리차드 닉슨이 당선되고부터였다. 69년 3월, 정부는 대미 교섭에 있어 '핵 제외' 로 임할 방침을 명확히 했다. 이에 따라 11월에 워싱턴에서 미일 수뇌회담이 열렸다. 오키나와 반환 교섭에 반대하는 '과격파 학생' 의 저지 투쟁을 봉쇄하기 위해, 수상 관저에서부터 자위대의 헬기로 하네다로 이동하는 이례적 출발 풍경이었다. 이 회담에서 미일 양국은 72년까지 오키나와를 반환하기로 합의했다.

회담 후에 발표된 공식 성명에서는 미국 국내의 강경파나 한국 등의 요구도 배려하여, '오키나와의 시정권 반환은, 일본을 포함한 극동의 방위를 위해서 미국이 담당하고 있는 국제 의무의 효과적인 수행에 방해가 되지 않는다는 견해' 를 일본 측이 적극적으로 표명한 위에, 현안인 핵 문제에 대해서는 다음과 같은 합의가 성립되었다. '총리대신은 핵병기에 대한 일본 국민의 특수한 감정 및 이를 배경으로 하는 일본 정부의 핵정책에 대해 상세히 설명했다. 이에 대해 닉슨 대통령은 깊은 이해를 표명하고, 미일 안보조약의 사전협의제도에 관한 미국 정부의 입장을 저해하는 일 없이, 오키나와의 반환을 앞서 언급된 일본 정부의 정책에 배치(背馳) 되지 않도록 실시한다는 뜻을 총리대신에게 약속했다' (『아사히 연감』 1970년 판).

문제는 이 공동성명에 적힌 강조

▶사진 4-2. 1969년 11월에 나하 시에서 개최된 반환협정조인 항의를 위한 현민 총결기대회(앞의 책, 『도설 일본의 역사 18 전후 일본의 재출발』).

부분의 문언이었다. 이에 관해서 알렉스 존슨 국무차관은 '요컨대 미국은 오키나와에 핵병기를 저장할 권리를 오키나와 반환 시, 72년에 행사하지 않는다는 것이다. 단…… 필요하다고 인정되면 일본과 협의를 하겠다는 미국의 권리는 신중히 유보하고 있고…… 일본의 답이 어떠한 경우에 있어서도 항상 'No'라고 전제로 하고 있는 것은 아니다'라고 설명하고 있다(아라사키 모리테루〔新崎盛暉〕, 『오키나와 현대사』). 게다가 이것은 미국 측의 일방적 해석이 아니었다. 사토 수상의 밀사였던 와카이즈미 케이(若泉 敬)는 '미국은 항상 일본이 예스라고 말한다는 보증을 얻고 싶어 하고 있었기 때문에, 키신저 미대통령 특별보좌관과 협의하여 핵 반입에 관한 비밀 합의 의사록을 작성하여, 사토 수상과 닉슨 대통령이 이에 서명했다'고 증언하고 있다(同前). 핵 문제에는 의심을 품을 만한 충분한 여지가 있었다.

70년 안보 문제

72년까지 오키나와 반환을 약속받은 사토 수상은, 이러한 외교적 성과를 배경으로 70년 안보 문제를 극복하게 되었다.

사토 수상은 미일 안보조약이 10년이라는 고정 기한이 끝나는 70년을 앞두고, 다시 미일 안보조약의 장기 지속을 강조하였다. 그리고 오키나와 반환도 이러한 '미일 안보 지속을 전제로 실현해야 할 것이다'라고 하였고, 반환 교섭 직후의 임시 국회에서 '회담의 또 하나의 중요한 성과는 1970년 이후에도 미일 안전보장조약을 지속할 것을 상호 확인한 것이다'라고 사토 내각의 기본 자세를 분명히 하였다(『아사히 연감』 1970년 판).

　　70년 안보 문제에 관해서는 68년경부터 논의가 시작되고 있었다. 구체적으로는 그해 6월에 자민당이 안보문제위원회 위원장 견해로서 '자동 연장'을 명백히 밝힌 상태였다. 이에 앞서 1월에는 공명당이 '완전 중립 국제연합에 의한 안전보장'의 기본 노선을, 이어서 일본공산당은 '일본 민족은 자국의 주권과 독립을 지킬 고유의 자위권을 가진다'고 하여 '무장 중립'을 담은 안전보장정책을 발표했다. 사회당은 '안보 파기 비무장 중립', 민사당은 '주둔 없는 안보조약의 개정' 등 각 당의 의견은 다양했다.

　　의견이 분분한 가운데 69년 말의 총선거에서 자민당은 300석(선거 후, 무소속으로부터의 입당 12명을 포함)을 획득하고, 이듬해 초의 당 대회에서 사토 수상은 총재 4선을 달성했다. 국정 레벨에서는 총선거의 결과에 의해 '자동 연장'은 기정사실화되었다. 크게 의석을 잃은 사회당은 안보 문제에 관해서는 '70년대 투쟁이라는 장기적 노력의 자세로 전환했다'(『아사히 연감』 1971년 판). 하지만 6월 14일에 '신좌익을 중심으로 하는 반(反)안보집회에서는 33도도부현(都道府県) 1,160개소, 53만 명이 동원되었고, 6·23의 총평 중심 반안보집회에서도 국철 노조 등 23단산의 시한부 파업 외에, 46도도부현에서 1,345개소, 77만 4천 명이 참가, 60년 안보투쟁의 50만 5천 명을 상회하는 소리 없는 성황을 보였다'(同前).

　　정부·자민당 수뇌가 '예상 이상으로 평온하게 70년의 위기를 극복했다'고 스스로 평가했을 정도로 진행된 경과는, 오키나와 반환 합의를 걸고 총선거에 승리한 것과 더불어, 국회 폐회 중에 겹치도록 일정을 조정하여 야당에게 추궁의 기회를 주지 않고 자동 연장으로 이어

간다는 정부·자민당의 전략이 공을 세운 것이었다.

오키나와 반환의 실현

71년 6월 17일, 오키나와 반환 협정이 조인되었다. 그 직전에 미국 정부는 '닉슨 대통령은 일정이 맞지 않아 출석을 보류한다'는 통고를 하였다(사사고 가쓰야〔笹子勝哉〕, 『정치자금』). 외교 의례에 반하는 갑작스러운 결석이었다.

같은 해 말에는 오키나와 반환 협정과 관련한 국내법이 성립되어, 오키나와의 본토 복귀는 초읽기 단계에 놓였다. 해가 바뀌어 72년 1월, 산 클레멘테에서 미일 수뇌회담이 열려 5월 15일이 반환일로 결정되었다. 동시에 ① 오키나와에 배치된 핵병기를 철거했다는 미국 정부의 확인을 반환 시에 행할 것, ② 오키나와 기지의 축소 정리는 안보조약의 목적에 맞추어 가며 실행할 것을 고려할 것도 합의했다(『아사히 연감』 1973년 판).

이를 통해 관심의 중심이었던 '핵 제외'의 보증 방식이 명백해졌다. 오키나와 현지에서는 기지 사찰 등을 요구하는 목소리도 있었지만 이것은 거부되었기 때문에, 5월 15일 도쿄와 나하(那覇)의 2개 회장에서 동시에 열린 반환 축하 기념식전을, 오키나와는 불안감을 남긴 채 맞이했다.

반환 실현을 맞이하여 경제 기반의 낙후를 해소하기 위해 새로이 오키나와 진흥개발 특별조치법이 제정되었다. 오키나와 현은 동 법에 기초하여 설치된 오키나와 진흥개발 심의회에 대하여 '기지도 공해도 없는 윤택한 오키나와 현 건설'을 기조로 한 지사(知事)안을 제출, 검토를 요구했다. 이는 '① 군사기지를 철거하여 기지 의존 경제로부터 자립 경제로의 이행을 실현한다, ② 자연환경의 보전을 우선하여, 신규 기업 도입에 관해서는 공해 발생이 예상되는 기업은 도입하지 않는다는 원칙 아래 현민(縣民)의 엄격한 선택을 거쳐 실시한다, ③ 10년 후의 현민 소득을 '6대 도시를 제외한 전국 평균의 80%'로 올린다는 것이었다'(同前). 그러나 심의회의 답신은 이러한 오키나와의 기대를 저버리고, 기지 수입과 공해형 기업의 입지 등으로 진흥의 기반을 추구하는 것이었다.

오키나와 기지 문제

'핵 제외'가 애매함을 남기고 있었던 한편, '본토 수준'이라는 조건에 건 기대도 이루어지지 않았다. '본토 수준'이 된 것은 자위대의 본토 수준의 배치에 지나지 않았다(앞의 책, 『오키나와 현대사』). 복귀 이전부터 오키나와는 방대한 미군기지 시설에 의해 현의 영토가 토막 나 있었다. 50년대 후반부터 극동 지역의 미군의 배치가 축소되어, 일본 본토로부터도 지상부대의 철수가 진행되고 있었다. 그러나 이것이 오키나와 기지의 감소를 의미하지는 않았다. '60년 안보개정 즈음까지 일본의 미군기지는 4분의 1로 감소했지만, 오키나와의 미군기지는 약 2배로 증가했다'(同前).

오키나와에서는 '본토 수준'이라는 말이 기지의 규모나 비율이 '본토 수준'이 되는 것이라고 이해하고 있었다. 실제로 오키나와 타임즈 사장 도요히라 료이치(豊平良一)에 의하면, 나하를 방문한 아이치 키이치(愛知揆一) 외상에게 "본토 수준'이란 기지 규모도 포함하는가' 라는 질문을 했을 때, 외상은 '그렇다'고 대답했다고 한다.

'복귀 시점 당시 오키나와에는 2만 7,850헥타르의 미군기지(전용시설)가 존재하고 있었다. 이는 오키나와 현 면적의 12%를 상회하고, 오키나와 섬 면적의 무려 22%를 넘고 있었다'(同前). 72년 반환이 합의된 69년경부터, 본토의 기지가 더욱 감소하기 시작했음에도 불구하고 오키나와 기지의 규모는 축소되지 않았다. 결국 본토의 겨우 1%에도 미치지 않는 오키나와 현에, 일본 본토의 3배에 달하는 기지가 집중되었다.

기지의 존속으로 미군 병사에 의한 범죄 다발은 복귀 후 문제로 남았다. 72년 한 해만도 미군 병사에 의한 일본인 살인사건이 3건 발생하였고, 군의 기강 강화를 요구한 야라 초뵤(屋良朝苗) 지사에 대해, 고든 그래험 재일 미군사령관은 '공평하게 말하자면 미군·군속이 자주 오키나와 현민에 의한 폭행이나 강도 등의 희생자가 되어 왔던 것을 인식해야 할 것이다'라고 회답했다(『아사히 연감』 1973년 판). 미국 측은 '군사 우선의 자세'로 현민 감정에 대한 배려를 보이지 않았다.

대량의 군용지에 대해 일본 정부는 사용료를 6.5배로 인상하는 것으로 보상했다. 군용지로 빌려주는 편이 기간작물인 사탕수수 재배보다 유리한 조건을 만들어 내어, 기지 존속을 수용하게 하기 위해서였다. '섬 전체의 투쟁'이라 불린 토지 반환 투쟁의 기반은 크게 동요되었다. 새로이 제정된 공용지 잠정사용법에 의해 미군 기지에서 계속 토지를 사용할 수 있도록 요구하자, 이를 거부한 반전(反戰) 지주는 고립된 투쟁을 강요받았다(앞의 책,『오키나와 현대사』).

자위대의 본격 배치에 즈음해서는 반자위대 투쟁이 활기를 이루어, 72년 11월에는 나하 시에서 현민 총결기집회가 열렸고, 주최 측에 의하면 1만 2천 명이 참가했다. 시정촌(市町村) 레벨에서는 기지 내 자위대원이 주민등록을 거부하는 등, 자치단체에서도 하나가 된 반자위대 투쟁이 일어났다(『아사히 연감』 1973년 판).

반환은 이렇게 해서 오키나와에 분열을 가져다 주었다. 복귀 이전까지 기대감을 가지고 있었던 현민들 중 '복귀하길 잘했다'라고 회답한 숫자가 4할 정도에 머물렀다. 다수파는 오키나와 반환의 실태에 불만이 컸다.

미일 섬유 교섭

오키나와 반환에는 미일 관계의 또 하나의 현안이 얽혀 있었다. '실(絲)을 팔아 끈(繩, 오키나와〔沖繩〕의 뒷 글자인 노끈 승〔繩〕를 따서 섬유 교섭을 양보하고 오키나와의 반환을 받았다는 의미)을 샀다'라 야유된, 미일 섬유 교섭의 해결이었다.

닉슨 대통령은 남부에서 지지를 얻기 위해 섬유제품의 수입 제한을 선거공약으로 삼고 있었다. 이 때문에 취임 직후부터 다음 선거를 겨냥하여 이 공약을 실현하는 데 쫓기고 있었다.

69년 2월의 기자회견에서 닉슨 대통령은 일본에 대해 화학섬유 및 합성섬유의 대미 수출 자주 규제를 요구하겠다는 생각을 명백히 하고, 5월부터 7월에 걸쳐 윌리엄 로저스 국무장관, 모리스 스턴즈 상무장관 등이 방일하여 자주 규제를 요구했다. 또한 7월 말의 미일 무역 경제합동위원회에서도 같은 요구가 반복되었다. 이에 대해 통산성은 전문가를 미국 현지에 파견하여 조사했지만, 일본 제품의 수출이 미국 업계에 피해를 주고 있다는 사실은 확인할 수 없었다.

그러나 집요하게 자주 규제를 요구하는 미국에 대하여, 11월에 오키나와 반환을 결정한 수뇌회담에서 사토 수상은 조기 해결을 약속했다. 이 점은 회담의 성명서에서는 언급되지 않고, 이듬해 70년 초에 밝혀져 '밀약'으로 파문을 던졌다. 정부는 밀약을 부정했지만 이것은 섬유업계의 반발을 불러 더 큰 문제를 불러일으켰다.

개별 품목별 규제를 요구하는 미국 측에 대해, 일본 측이 규제 방법에 대해서도 피해 실태에 대해서도 정면 반박하여, 양자의 생각은 완전히 대립했다. 이를 타개하기 위해 미야자와 키이치(宮澤喜一) 통산장관은 70년 5월에 GATT의 올리비에 롱 사무국장과 일본 섬유교섭에 관해 협의했다. 그 결과, 만약 문제가 해결되지 않을 경우 미 의회의 수입 제한 입법으로 이어져 GATT체제에도 중대한 영향을 미치게 될 것이라는 걱정에, 롱 국장은 일본에 대한 협력을 표명했다(『아사히 연감』 1971년 판).

이를 받아 미야자와 통산상은 교섭 타결을 향해 전력을 다하게 되어, 일본섬유산업연맹 간부와 협의한 후에 일본 측 제안을 정리하여 6월 워싱턴에서 각료급 회담에 임했다. 이 회담은 미야자와 통산상과 스턴즈 상무장관과의 이야기를 축으로 하여 진행되었지만, 양자의 주장은 완전한 평행선으로 아무런 성과 없이 중단되었다.

이러한 상황에 대해 미국 의회에서는 보호적 무역법안의 심의가 진행되어, EC 여러 국가 등이 사태의 추이에 위기감을 느껴가고 있었다. 또한 미국은 일본제 텔레비전에 덤핑 의혹을 이유로 관세평가 중지조치를 취하고, 원료 및 석탄 수출 규제를 암시하는 등의 보호주의적 조치를 내세웠다.

일본 재계에서도 미국에 보호주의가 대두할 것을 걱정하여 우에무라 코고로(植村甲午郎) 경단련 회장이 교섭의 재개를 요청하였고, 70년 10월의 닉슨·사토 회담에서 섬유 교섭 재개가 합의되었다. 사토 수상은 귀국 후 섬유업계 수뇌와 회담하여 협력을 요청하였고, 11월부터 12월까지 5회에 걸쳐 우시바 노부히코(牛場信彦) 주미대사와 피터 플래니건 대통령 보좌관과의 회담이 열려 다양한 제안이 검토되었지만 합의되지 않고 결국 해를 넘기게 되었다.

이 이상의 사태 악화를 피하기 위해 71년에 들어 일본 측은 자주규제를 통해 사태를 수습하기로 했다. 3월에 일본섬유산업연맹은 일방적 자주규제조치를 선언했지만, 닉슨 대통령은 스스로의 정치적 성과로 여기지 않을 것이라는 판단에서 이를 거부하고, 어디까지나 정부 간 협정에 의해 섬유 교섭을 타결할 것을 요구했다. 대통령의 오키나와 반환 협정 조인식에 돌연 불참한 것, 직접 방중과 달러 방위책의 발표는 이러한 미일 관계 아래 발생했다. 이는 닉슨 대통령이 섬유 교섭에서 일본의 양보를 강하게 요구하는 시그널과 같은 것이었다.

그 후 반년 정도의 교섭이 더 계속되어, 그해 1월부터 통산장관으로 취임한 다나카 카쿠에이(田中角栄)가 최종적으로는 미국 안을 전면적으로 수용할 것을 결단하여 정부 부내의 허가를 얻어, 10월에 방일한 데이비드 케네디 특사와 협정안의 기본적 조건에 대해 합의했다. 이렇게 해서 이듬해 72년 1월에 미일 섬유협정이 정식 조인되었다.

협정 실현을 위해 다나카 통산상은 과잉 설비의 매입, 수출 감소액의 보상, 체화(滯貨) 자금 융자 등의 업계 대책을 시행할 것을 표명하였고, 71년도 중에 일반 회계로부터 502억 엔, 재정투융자로부터 776억 엔, 합계 1,278억 엔이 지출되었다(『아사히 연감』 1972년 판).

이 협정은 사토 내각이 닉슨 대통령의 국내 기반 강화에 전면적으로 협력한 것이었다. 오키나와 반환과의 교환 조건 관계를 떠나 반환을 최우선 과제로 삼은 사토 내각에게 있어 닉슨 정권과의 협조적 관계는 반드시 유지하고 싶었던 것이다. 이 교섭을 거부한다면 '핵을 제외한 반환이 어려워진다는 걱정이 있었기 때문이다'(앞의 책,『일본 정치사 4』). 닉슨 정권의 대응도 다소 정상 궤도를 벗어나 있었다. 미국 측에서 이 교섭에 관여한 키신저는 '애초의 잘못은 1968년의 닉슨 선거 공약에 있었다고 말할 수 있을지도 모른다. 이는 미국의 외교정책에 있어 너무나 비싼 값을 치르게 하였다'고 하여, 이 교섭이 미국의 국익에 반드시 합치했던 것은 아니라고 회상하고 있다. 이러한 생각은 당시 주일대사였던 아민 마이야도 마찬가지였다(同前).

일본 측에서도 '섬유 덕분에 미일 관계는 2년 이상 이상하게 되어 버렸다. 그 일이 없었다면 두 개의 닉슨쇼크(닉슨 방중과 금 달러 태환 정지)도, 좀 더 우리가 이해할 수 있는 방법이 되었을지도 모른다'고 우시다 대사는 회상하고 있다. 이는 사토 내각의 정책 선택이 일본에게도 '비싼 값을 치르게 했다'라는 것을 말한다(앞의 책,『쇼와경제 60년』).

사토 수상의 퇴진

오키나와 반환과 섬유 교섭은, 71년 7월의 내각 개편에서 사토 수상이 후계 총재를 노리는 후쿠다 타케오(福田赳夫)를 외무대신으로,

다나카 카쿠에이를 통산대신으로 기용하여 당내 장악을 이루어 내면서 비로소 실현한 것이었다. 그러나 사토 내각은 개편으로부터 5개월 사이에 3명의 각료를 경질하게 되었다. 64년 11월의 발족 이래 9명이나 되는 각료의 사임은 내각 연명을 위한 '도마뱀 꼬리 자르기'라고 불렀다. 두 개의 닉슨쇼크에 대한 대응의 미비함도 정권이 말기적 증상을 보이고 있다고 평가되는 요인이 되었다. 사토 내각의 지지율은 71년 12월에는 24%가 되었고, 지지하지 않는 비율이 53%로 과반수를 점했다.

내각 개편이 있었던 동 7월에는, 고노 켄조(河野謙三)가 참의원 개혁을 호소하여, 사토 체제를 지탱하고 있던 시게무네 유조(重宗雄三) 의장에 대한 비판을 개시했다. 이를 받아 참의원 의장 선거에서는 자민당의 반주류파와 야당의 지지를 얻은 고노 의장이 탄생했다. 사토 정권을 지탱하는 여당 체제에 금이 갔다.

이듬해 72년 5월에 오키나와의 본토 복귀를 지켜본 사토 수상은, 6월 17일, 국회 내에서 열린 자민당의 중·참 양원 총회에서 퇴진을 표명했다. 같은 날, 수상 관저에서 기자회견에 임한 사토 수상은 시작하는 자리에서 '편파적인 신문이 너무 싫다. 신문기자가 있는 곳에서는 이야기하고 싶지 않다'고 발언하고 자리를 떠났다. 내각 기자회의 항의에도 강경한 자세를 보인 사토 수상은 결국, 신문기자가 전원 퇴석한 회견실에서 텔레비전 카메라를 통해 원하던 대로 '국민에

▶사진 4-3. 사토 에이사쿠 수상 퇴진 시의 이례적인 기자회견(1972년 6월 17일)(『1억 인의 쇼와사 8 일본 주식회사의 공죄 쇼와 40년-47년』, 마이니치신문사, 1976년).

게 직접 이야기'하게 되었다(『아사히 연감』 1973년 판). 7년에 걸친 정권 담당자로서는 너무나 절도가 부족한 발언과 행동이었다.

3. 열도개조와 광란물가

다나카(田中) 내각의 성립

72년 7월 5일, 자민당은 임시 당대회를 열고 총재선거를 실시, 후쿠다 타케오(福田赳夫), 다나카 카쿠에이(田中角栄), 오히라 마사요시(大平正芳), 미키 타케오(三木武夫) 등 네 명의 후보 중 결선투표에서 오히라·미키 양 파의 지지도 얻은 다나카를 후계 총재로 선출하였다.

사토의 의중에 있었던 후임 총재는 후쿠다였다. 그러나 다나카의 다수파 공작이 진전되어 점차 후쿠다를 압도했다. 나카소네 야스히로(中曽根康弘)파가 재빨리 다나카 지지를 표명하고, 중간파가 뒤를 이었다. 더욱이 총재 선거 3일 전에는 중일 국교회복을 내걸고 다나카·오히라·미키가 3파 연합을 결성했다. 후쿠다는 사토 총재의 결정에 기대를 걸고 있었지만 사토는 이미 발언권을 잃은 상태였다. 이렇게 해서 다나카가 당선되었다. 그 사이에 엄청난 돈이 다수파 공작을 위해 뿌려졌다.

　다나카 카쿠에이는 54세로 젊고, 기존의 관료 출신자가 아닌 입지전적 인물로서 '결단과 실행'을 슬로건으로 붐을 일으켰다. 8월의 조사에서 내각 지지율은 62%를 기록했다.

중일 국교회복

　다나카 내각에 기대되었던 '실행력'은 그해 9월의 중일 국교회복 실현으로 나타났다. 중국 정책을 전환할 수 없었던 사토 내각을 비판하고, 다나카는 중일 국교회복을 총재 선거 3파 연합의 가장 중요한 과제로 삼고 있었다. 따라서 그것은 예정된 일이었지만, 이 정도로 빨리 될 줄은 예상되지 못하였다.

　9월 25일에 다나카 수상과 오히라 외상은 중국을 방문, 29일에는 국교 정상화 공동성명에 조인했다. 25일 저녁부터 열린 주은래 수상 주최의 만찬회에서 다나카 수상은 '과거 수십 년에 걸쳐 일본이 중국 국민에게 큰 폐를 끼친 것에 대해, 나는 새삼 깊은 반성의 뜻을 표명한다'고 하여, 일본의 대중국 침략에 사실상 사죄를 함과 더불어 국교 정상화에 강한 의욕을 표명했다(『아사히 연감』 1973년 판).

　공동성명의 내용은 수뇌회담에 앞서 방중한 공명당의 다케이리 요시카쓰(竹入義勝) 위원장과 자민당의 후루이 요시미(古井喜実), 다가와 세이치(田川誠一) 등이 중국 정부 수뇌와 정리했던 것을 기초로 하였다. 쟁점이 된 것은 중국이 제시하고 있던 국교회복의 3원칙(① 중화인민공화국 정부가 중국을 대표하는 유일한 합법정부, ② 대만은 중화인민공화국의 불가분의 영토의 일부, ③ 일본—대만 조약은 불법무효이고, 폐기되지 않으면 안

된다)에 대한 대응이었다. 이 중, ①을 일본은 받아들이고, ②에 대해서는 '중화인민공화국 정부의 입장을 충분히 이해하고, 존중한다'고 표현했다. ③에 대해서는 성명에서는 다루지 않고, 오히라 외상 담화의 형태로 기자회견에서 '일화(日華) 평화조약은 존속의 의의를 잃었고, 종료된 것이라고 인정할 수 있다'는 정부 견해를 일방적으로 발표하는 것으로 결착되었다. 또한 전쟁의 손해배상문제에 대해서는 '전쟁배상의 청구를 포기한다'고 중국 측이 일방적으로 선언하는 형태를 취했다. 반드시 완전한 합의가 이루어진 것은 아니지만, 이렇게 해서 전쟁 상태의 종결과 국교 정상화의 실현을 목적으로 한 공동성명이 정리되었다. 중일 평화우호조약이 체결된 것은 그로부터 6년 후, 78년 8월이었다.

중일 국교 정상화까지는 다나카의 결단뿐만 아니라 관계 개선을 위한 많은 착실한 노력이 있었다. 사회당, 공명당, 민사당이 각각의 입장에서 방중하여 양국 간의 의사소통에 중요한 역할을 담당했다. 취임 직후의 다나카 수상이 국교회복에 의욕을 보인 것에 대해, 중국 측은 그 이틀 후에 주은래 수상이 일본의 정권 교체와 중국 정책의 전환을 환영한다는 연설을 했다. 이처럼 재빠른 대응은 오히라 외상이 '(국교회복을 위한 방중이) 언제가 될지는 말할 자신이 없다'고 했던 일본 측에 조기 실현의 길을 시사하는 것이었다(同前).

경제계에서는 장래의 거대 시장 탄생에 대한 기대감에서, 닉슨 방중 후에 중국에 접근하려는 움직임이 활발해져, 중일 국교 정상화를 향한 분위기가 고조되고 있었다. 일본상공회의소의 나가노 시게오(永野重雄) 대표가 일본-대만 조약의 취소에 찬성의 의사를 표명하고, 그때까지 머뭇거리고 있던 미쓰이 물산과 미쓰비시 상사가 중일 무역 4

조건(① 장개석 일당의 대륙 반공을 원조하고, 박정희 집단의 북한에 대한 침범을 원조하는 메이커, 상사, ② 대만과 남한에 거액의 투자를 하고 있는 메이커, 상사, ③ 미제국주의의 베트남, 라오스, 캄보디아 침략에 병기, 탄약을 제공하고 있는 기업, ④ 일본에 있는 미일 합병 기업 및 미국의 자회사와는 거래를 거부한다)의 수용을 표명했다.

52년의 강화조약 체결에서 주은래 수상은 중화인민공화국을 제외한 대일 강화조약에 대하여 '격렬한 분노와 반대를 표명하지 않을 수 없다'고 항의성명을 발표하였고, 미일 안보조약은 '극동의 전쟁을 확대하는 위기'를 초래할 것이라고 비난했다.

그 후 20년이 지나 이윽고 중일 간의 국교 정상화의 길이 열렸다. 그 사이 기시·사토 내각 시절에는 정부가 대만에 우호적인 외교방침을 취하고 있어 중국과의 관계를 종종 위기에 빠뜨리는 국면을 경험했다. 이런 이유도 있어서 59년의 사회당 방중에서는 아사누마(浅沼) 서기장이 '미 제국주의는 중일 공동의 적'이라고 발언하여 파문을 일으켰다. 중일 국교회복의 지연은, 미국의 중국 정책에 대한 충실한 추종자로서 일본의 외교 자주성이 결여됨으로 인해 초래된 면도 강했다. 그러한 중에 중단 상태를 겪으면서도 무역관계(LT무역, 각서무역)는 유지되었고, 이를 지탱했던 관계자들이 일본과 중국을 잇는 유일한 정치적 가교로서 담당해 왔던 역할은 지극히 큰 것이었다.

엔고 불황의 불안

중일 국교회복의 성과를 올리고 72년 12월 10일의 총선거에 임한 자민당은, 다나카 수상의 개인적 인기에도 불구하고 크게 의석을 잃었다. 총선거 결과 자민당은 271(26석 감소), 사회당 118(31석 증가), 공산당 38(24석 증가), 공명당 29(18석 감소), 민사당 19(10석 감소) 등이었다. 69년의 총선거에서 참패한 사회당의 의석 증가는 예상되고 있었지만, 공산당의 진출이 눈에 띄었고, 공명·민사 등은 후퇴했다. 자민당의 상대 득표율은 46%로 회복의 기미가 보이지 않았다.

다나카 내각에 대한 비판은 사토 내각 이래 현안이 되고 있던 공해와 물가문제에 대해 다나카 내각이 명확한 대책을 제시하지 못한 것이 원인이었다. 특히 지가(地價) 상승이 눈에 띄고 있었다.

상황이 이렇게 된 것은 71년 12월의 엔 절상에 의해 '엔고불황'이 예상되었기 때문이었다. 이후, 엔고가 진행될 때마다 반복되게 된 '엔고불황' 론이란, 수출 의존도가 높고 수출에 의해 경제성장이 견인되고 있는 일본에서는, 엔고가 되면 수출이 어려워지고 일본 경제는 불황에 빠진다는 것이었다.

이 때문에 72년도 예산편성에서는 일반 회계가 전년 대비 22% 증가, 재정투융자가 마찬가지로 31% 증가라는 대형 예산이 책정되어, 재정 면에서의 경기 부양 정책이 취해졌다. 그 위에 기준금리 인하와 더불어 일본은행의 외화 매수에 의해 시장에 풍부한 자금이 공급되었다. 이렇게 해서 산포된 자금이 과잉유동성이 되어 주식이나 토지 등의 투기에 모여들었다. 그 결과 주가는 72년 중에 2,769엔(도쿄 증권 거래소 다우평균)에서 5,207엔으로 급상승했다. 또한 어떤 조사에서는 상장 기업 745개 사 중, 696개 사가 보유하고 있는 토지의 대부분이 최근 수년 사이에 취득되었고, 게다가 개발도 하지 않고 가격이 오르기를 기다리고 있는 상태라고 보고되어 있었다(『아사히 연감』 1973년 판).

열도 개조론과 토지 투기

투기적인 경제 확대에는 다나카 수상이 취임 전에 공표했던 '일본 열도 개조론' 의 영향도 있었다. 다나카 내각 내정의 간판이 된 『일본 열도 개조론』은 일간 공업신문사에서 간행되어, 72년 한 해만 80만 부가 팔린 베스트셀러가 되었다. 그것은 ① 태평양 벨트 지대에 과도하게 집중된 공업의 지방 분산을 위해 공업 재배치를 행한다, ② 도시 개조와 '신(新) 25만 도시' 의 정비를 추진한다, ③ 이들을 잇는 전국적인 종합 네트워크를 정비하여, '전국 1일 통근권' 을 실현한다는 세 가지를 주요한 내용으로 하는 것이었다. 구체적으로는 공업의 재배치에서는 과밀 상태인 도쿄나 오사카로부터 공장을 '퇴출' 시키기 위한 신세를 도입하고, 그 위에 일본 열도의 북동, 서남 후진 지역에 대규모 공업 기지를 배치하는 것이 고려되었다. 또한 신 25만 도시에 대해서는 '경제활동과 더불어 정보, 금융, 유통 등 개발 거점으로서 도시 기능을 가지고, 의료,

▶사진 4-4. 부자 순위를 보도하는 신문기사(1973년 5월 2일, 〈아사히신문〉).

문화, 교육 등의 시설을 정비하여 주민이 문화적으로 풍요로운 생활이 가능한' 도시 건설이 구상되었다. 이렇게 해서 과소와 과밀의 문제를 일거에 해결하고자 한 것이다(同前).

이 구상을 내정의 구체적 계획으로 삼기 위하여 다나카 수상은 수상의 사적 자문기관으로 일본열도개조문제 간담회를 설치하여 심의를 개시했다. 자천타천으로 90명이나 되는 위원이 여기에 참가했다. 그러나 총선거의 결과를 고려하여 다나카 수상은 간담회의 논의를 사실상 중단했다.

일본의 낙후된 사회자본 정비와 과소·과밀 문제에 대한 대책이 필요하다는 점은 틀림없는 사실이었다. 68년의 조사에서 일본의 1인당 사회자본 스톡은 미국의 1/5, 영국·서독의 1/2 수준으로, 경제 대국치고는 빈약한 것이었다.

그러나 동시에 열도 개조가 공해의 확산으로 이어지는 것에 대한 우려에도 귀 기울일 필요가 있었다. 공해문제의 미해결과 물가문제에 대한 영향을 고려한다면 열도 개조론의 성장을 통한 격차 해소책은 국민적 합의를 얻기 어려운 상태였다. 이 무렵에 수은 오염 물고기 문제가 발생하여 소비자들의 환경에 대한 관심이 한층 높아졌고, 공해 관계 소송 사건에서는 피해자 측의 주장을 인정하여 기업이 패소하는 사례가 줄을 이었다. 또한 PCB 등의 유해 물질 생산을 기업이 자발적으로 중지하는 등, 정치에 바라는 바가 국민 생활의 질적 향상, 복지 향상으로 변화해 나가고 있었기 때문이다.

연율 10%의 경제성장 지속을 상정하여 각종 사회적 인프라 정비를 포함된 계획에는 고속도로 1만 킬로, 신칸센 7천 킬로를 85년까지 건설하는 등 대규모 공공사업 투자가 예정되어 있었다. 그러나 이로 인해 이듬해 지가가 전년 대비 3할 이상이나 상승하는 등, 폐해가 눈에 띄고 있었다. 지가 상승은 금융기관에서 대출한 자금으로 토지 구입에 거액을 투자한 기업의 투기적 행위에 의한 것이었다. 이로 인해 도시 주민의 내 집 마련을 향한 꿈이 멀어져 갔다.

4. 두 번의 석유 위기

제1차 산업제품의 가격 급등

1972년에는 엔고 불황이 우려되는 상황에서, 도매가격이 폭등했다. 상승률은 연간 통틀어 8.5%였다. 소비자물가는 야채 등 계절상품의 하락을 포함하여 4%대의 상승에 머무르고 있었기 때문에 그때까지의 소비자물가 상승과 도매물가의 안정이라는 상식을 뒤엎는 사태였다. 73년에는 이 도매물가의 영향을 받아 소비자물가도 급등하기 시작하여 그 대책이 중요한 정치 과제가 되었다. 이러한 상황에 석유 위기에 의한 석유가격 급등이 더해져 73년 가을부터 74년에 걸쳐 '광란물가'라 불리는 혼란이 발생했다.

그러나 이 '광란물가'는 석유 가격의 상승만이 원인이 아니었다.

'엔고불황' 론에 기초하여 발생한 '과잉유동성'이 물가상승의 첫째 요인이었다. 확대 재정에 의한 통화의 과다 공급은 73년에도 계속되고 있었다. 그뿐만이 아니라 더욱 복합적인 요인이 물가상승을 초래하여, 석유위기 이전부터 근심스러운 징후가 눈에 띄고 있었다.

국제적으로 보면 70년대에 들어 세계적으로 식량부족이 현저해 지고 있었다. 72년 가을 무렵부터 시카고의 곡물 시장이 급등, 73년에는 미국이 대두(大豆)의 수출을 규제할 정도가 되어 일본에도 심각한 영향을 미쳤다. 원인은 소련이 국내 농업 생산 부진으로 인해 대량의 곡물을 사들인 것이었다. 곡물가격은 72~74년에 3배 정도 상승했다. 또한 석유가격도 70년의 1.8달러에서 71년 2월에는 2.13달러, 72년 1월 2.479달러, 73년 4월 2.898달러로 조금씩 상승하고 있었다. 물가고는 국제적으로 공통된 현상이었다.

국제적인 자원 가격 상승의 결과 73년 3월에는 수입재 가격이 전년 대비 34%의 급등을 보였다. 이를 배경으로 투기적 상품 거래가 활발해졌다. 73년 3월에는 섬유제품이 전년 대비 11%라는 '두 자릿수' 상승을 보였다. 상사(商社)의 투기적 사재기가 원인이었다. 섬유 가격의 급등은 정부의 규제강화 등에 의해 잠잠해졌지만 이후 투기적인 움직임이 기계, 종이, 화학품 등으로 확장되었다. 여름 무렵이 되자 강재, 시멘트 등의 건설 자재를 비롯한 물품 부족이 현저해져, 물가 상승은 전반적인 현상이 되었다. 정부는 「매점·매석규제법」을 제정하여 이에 대처할 필요성에 쫓기게 되었다.

콤비나트 사고의 연발

의도적인 '가짜 수요'에 의한 투기만 아니라, 공급 면의 병목 현상도 투기를 조장하고 물가고를 초래한 면이 있었다. 73년 여름의 물 부족에 의해 일본철관 후쿠야마 제철소가 조업을 정지한 것과 더불어 석유화학 콤비나트에서 사고가 다발했다. 이 때문에 철재와 석유화학제품의 공급 부족이 발생했다. 이는 경제성장을 초래해 온 기술혁신의 성과가 한계점을 보여주고 있는 듯했다.

표 4-1과 같이 73년 한 해 만에 10군데 이상의 화학 플랜트에서, 경우에 따라서는 인명이 걸린 중대사고가 발생했다. 제4차 중동전쟁이 촉발된 10월에는 5건에 이르고, 그중에서도 8일에 일어난 이치하라시(市原市)의 질소석유화학(チッソ石油化学) 이쓰이(五井) 공장의 폭발사건으로 사망자 4명, 중경상자 9명을 기록한 참사가 일어났다. 이로 인해 공급이 중단됐을 뿐만 아니라, 사태를 중대시한 정부가 각 콤비나트에 철저한 점검을 요구하였기 때문에 업계의 조업률은 저하되었고, 물품 부족은 한층 가속화되어 사태가 심각해졌다(『아사히 연감』 1974년 판).

▶표 4-1. 1973년의 석유 콤비나트 폭발 재해(노동성 조사)

월일	사업장	출화원인·개소	사망자	부상자
3월 15일	미쓰비시 유화(가시마)	폴리프로필렌 장치	–	3
3월 30일	제너럴 석유(사카이)	중유 탈유 장치	–	–
4월 23일	가세이 미즈시마(오카야마 미즈시마)	폴리에틸렌	–	–
5월 8일	가시마 석유(가시마)	증류 장치(청소중)	–	2
7월 7일	이데미쓰 석유화학 도쿠야마	아세틸렌 수첨탑(水添塔)	1	–
8월 23일	고아 석유(오사카)	가열로 폭발	–	–
8월 25일	도요 조달공업(난요)공장	탄산가스 흡수탑	–	–
9월 16일	오사카 석유화학	나프타 분해로	–	–
10월 8일	질소석유화학(고이)	폴리프로필렌	4	9
10월 13일	에히메스미토모 화학(오미)	반응기 가스 유출	–	–
10월 18일	니혼 석유화학(우키시마)	플랜트 폭발	2	2
10월 25일	니혼유니카(가와사키)	고압 장치 출화	–	–
10월 26일	도아연료공업(가와사키)	수소 탈류 장치 출화	–	–
12월 4일	아사히덴카(가시마)	원료 탱크 폭발	3	3

아랍 산유국의 석유전략

73년 10월 6일에 발발한 제4차 중동전쟁은 석유 위기를 발생시켜 값싼 수입 자원에 의존하고 있던 일본의 고도성장에 종지부를 찍게 하였다.

허점을 찌른 아랍 측이 초반전을 유리하게 전개했지만, 13일경에는 충분한 반격 태세를 갖춘 이스라엘이 공격으로 전환했다. 소련은 아랍 측에, 미국은 이스라엘에 각각 무기를 보급하고 지원한 한편, 미소 양국은 유엔안전보장이사회 등 공식적 장소뿐만 아니라 모든 기회를 이용하여 정전, 평화의 길을 모색하기 위해 교섭을 거듭했다.

이러한 중에 16일에 전세 악화로 이집트의 안와 사다트 대통령이 정전을 제안했다. 정전 제안에 기초한 이후 교섭을 유리하게 진행하기 위해 다음 날 17일에 사우디아라비아 등 중동 산유국 6개국이 원유가격의 21% 인상을 발표하였고, 그 위에 OAPEC(아랍 석유 수출국 기구) 10개국도 5% 감산을 선언했다. 육해공 3군에 더해 '제4군' 으로서의 석유 전략은 미국이나 유럽 제국(諸國), 그리고 일본 등 이스라엘 측에 우호적인 국가들에게 원유공급 제한으로 압력을 행사하는 것을 목적으로 하고 있었다. 이는 18일에 리비아의 제안으로 실시된 석유의 대미 전면 금수 조치에 의해 더욱 명확해졌다.

이를 받아 엑슨 등 국제석유자본은 일본 등에 원유 가격의 3할 인상을, 또한 사우디아라비아 국영석유회사는 24일에 일본 등에 직접 판매가의 7할 인상을 통고해 왔다. 각국은 석유 소비 제한 등의 조치를 취했지만, 11월 6일에 EC는 아랍에 우호적인 공동선언을 내었고 석유 전략의 적용 제외를 받게 되었다.

석유 자원의 거의 100%를 수입하고, 게다가 그 83%를 중동에 의존하고 있던 일본은 친이스라엘 국가로 간주되어 엄중한 석유 전략에 직면했다. 정부의 대응은 기민하다고는 말할 수 없었다. 1개월여가 지난 11월 22일에 이스라엘의 점령지 철퇴 요구 등을 담은 친아랍 정책을 발표했지만, 이는 '사후 약방문' 이라 불렸다(『아사히 연감』 1974년 판). 12월 10일에는 미키(三木) 부총리를 특사로 아랍에 파견했다. 미키 특사는 수에즈 운하 확장계획에 대한 엔 차관 등 경제·기술 원조를 약속하여 일본을 아랍의 '우호국' 으로 인정하도록 교섭하였고, 25일에 겨우 석유전략의 적용을 면하게 되었다.

그러나 양적인 측면에서는 문제 해결의 실마리를 얻었다고 하나, 74년 1월부터 석유 가격이 2배로 인상되어 가격 면에서의 큰 영향을 피할 수는 없었다.

매점 소동

석유전략에 의한 가격 상승으로 73년 1월에는 2.6달러였던 원유 가격은 74년에는 배럴당 11달러를 넘어섰다. 물가 상승의 이유로는 석유 공급의 단절에 두려움을 느낀 상사나 메이커가 석유의 양적 확보를 우선시하여 가격 상승을 받아들이고 싹쓸이하듯 사들인 면도 있었다. 편승된 가격 상승도 빈발했다. 이 때문에 물가 급등에 제동을 걸 수 없게 되었다.

정부는 73년 10월 후반부터 대규모 수요자인 전력, 철강, 석유화학 업계에 대해 소비 절약을 요구했다. 또한 11월 16일에 석유긴급대책 요망을 각의 결정하고, 대규모 수요 업계에 대해 석유 소비의 10% 삭감을 요청했다. 작은 규모의 일반 소비에 대해서도 주유소의 휴일 영업 중지, 풍속영업이나 영화관 등의 영업시간 단축, 심야 텔레비전의 자숙 등을 요청했다. 그 위에 석유 소비 규제와 국민 생활의 안정 확보를 위해 석유 긴급 2법(「석유수급적정화법」, 「국민생활안정법」)을 제정하여 석유 소비 규제와 물가 억제, 편승 인상 등의 규제를 강화했다.

이러한 가운데 10월 이후 물자 부족과 가격 상승에 따른 화장실용 휴지, 합성세제, 설탕, 밀가루 등 생활 관련 물자의 사재기가 눈에 띄게 되었다. 보도에 의해 증폭된 면이 있지만, 슈퍼 등 대형 소매 점포에서 화장실용 휴지 등을 사려는 고객이 쇄도하여 부상자가 나올 정도로 심각한 패닉 상태가 되었다. 생활 자재의 대부분은 유통 과정의 재고 수준이 낮았기 때문에 사재기에 의해 일거에 재고가 바닥을 드러내어 공급에 차질이 생겼다. 그러나 이러한 사정을 알 수 없는 소비자 심리는 악화의 일로를 걸었다.

이러한 중에 '절약은 미덕'이라는 말이 당분간 세태를 대표하는 말이 되어 '베터홈 협회'가 발행한 소책자『물건을 소중히 여기는 생활의 독본』이 4개월간 65만 부나 팔리는 베스트셀러가 되었다. 물가는 74년에 한국 전쟁의 영향에 의해 물가가 급등한 50년대 초 이래 최고 상승률을 기록했다(『아사히 연감』 1974년 판).

총수요 억제 정책으로의 전환

11월 25일, 다나카 내각은 아이치 키이치(愛知揆一) 장상의 급사

로 내각을 개조하고, 다나카 내각의 확장적인 경제정책에 강한 비판을
하고 있던 후쿠다 타케오(福田赳夫)를 행정관리청 장관에서 대장성 대
신(장관)으로 이동시켜 석유·물가 대책을 최대 중점으로 하는 정책 전
환을 시작했다. 취임 직후 후쿠다 장상(藏相)은 '인플레이션 극복을 최
우선으로 하고, 열도 개조 구상은 그 뒤에 해야 할 것이다'라고 하여
(同前) 74년도 예산에서 총수요 억제 정책으로 과감히 나아갈 것을 명
확히 밝혔다. 다나카 수상은 '열도 개조론은 사적인 논문이다'(同前)라
며 간판을 내렸다. 그러나 이처럼 정책 전환을 하여도 취임 초기 62%
라는 기록적인 내각 지지율은 73년 5월에는 27%, 12월의 개각 이후에
는 22%로 더욱 저하되었고, 지지하지 않는 비율이 60%에 달했다.

74년 들어 총수요 억제 정책은 본격화되었다. 석유 2법 등에 의
해 물가의 동조 인상을 감시하면서 금융 면에서는 기준금리를 일거에
2% 인상, 9%로 함과 동시에 재정 면의 수요 억제를 철저히 했다. 그 결
과 74년의 실질 경제성장률은 마이너스를 기록했다.

고도성장의 종언

이후 일단 안정을 되찾은 원유 가격은 70년대 말에 걸쳐 다시금
상승했다. 제2차 석유위기였다.

78년 여름부터 성황을 이룬 이란의 반체제운동은 79년에 들어 왕
정을 쓰러뜨리고 공화제로의 이행을 실현했다. 이러한 이란 혁명의
영향은 중동 정세를 다시금 불안정하게 하여 79년 말의 소련군 아프
가니스탄 침공 등의 사태도 낳았다. 그뿐만 아니라 이란 석유의 생산

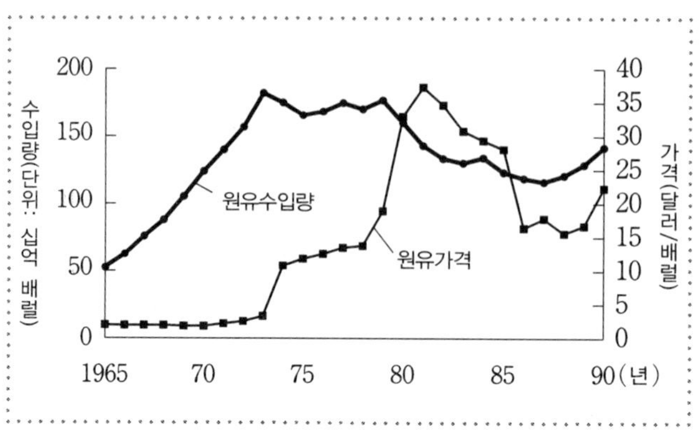

▶그림 4-5. 석유 수입량과 원유 가격.
자료: 『동양경제통계연감』에서 작성

삭감 등을 배경으로 세계의 석유 시장은 다시금 극심한 부족 상태에 빠졌고, OPEC(석유 수출국 기구)는 3월 이후 가격 인상을 반복하여 연초에 12달러대였던 원유 가격이 79년 중에 일시적으로 45달러를 기록할 정도로 높아졌다. 일본의 수입 가격도 78년 12월의 13.69달러에서 22달러까지 올라 일본 경제는 두 번째의 석유 위기를 맞이했다.

70년대에 들어 발생한 달러와 석유에 의한 이중의 위기는 일본뿐만이 아니라 세계 경제를 크게 뒤흔드는 것이었다. 국제간의 통화 조정은 최종적으로는 변동환율제로의 이행에 맡겨지게 되어, 각국은 자국 통화 비율의 상시적 변동에 처하게 되었다. 이는 투기적 자본 이동의 유발로 국제 경제의 안정을 저해할 위험을 내포한 것이었다. 그 한편으로 에너지 가격의 상승은 강한 비용 인상 요인이 되어 경제성장률의 저하만이 아니라 불황(stagnation)하의 인플레이션의 진행(inflation)이라는, 지금까지 그 예를 찾아볼 수 없는 경제 상태로 선진 공업국을 침몰시키게 되었다. '스태그플레이션(stagflation)' 이라 불리는 불황과 인플레이션의 병존은, 불황 대책으로 수요 부족을 재정 지출 확대로 보충하려고 하면, 그 효과가 충분하지 않은 상태에서 인플레이션을 가속화시킨다는 딜레마에 빠짐을 의미했다.

이러한 영향은 당시까지 성장률이 예외적으로 높았던 만큼 일본에서는 한층 더 극심했다. 이렇게 해서 '고성장 경제'의 시대는 종말을 고했다.

성장률의 급속한 저하는 세수의 증가를 둔화시켰고 국가 재정은 국채 의존도의 상승에 의해 경직되는 문제에 직면했다. 때문에 73년에 다나카 내각의 적극적인 대응에 의해 '복지원년'이라 불리며 노인 의료의 무료화 등 사회 복지 관계 예산의 대폭적인 증액이 실현되었음에도 불구하고 직후부터 '복지 재검토론'이 대두되게 되었다. 복지사회의 실현은 한순간의 꿈이 되었고 '복지라고 해도 성역이 아니다'라고 말하기라도 하는 듯이 반전이 시작되었다.

5. 기업의 사회적 책임과 금권정치

석유 담합

74년 3월, 정부는 석유 가격의 대폭 상승에 대응하기 위해 석유 제품의 가격 인상과 공공요금의 인상을 인정하는 한편, 가격 감시를 강화하여 안이한 가격 전가에 따른 물가 급등을 억제하려고 했다. 그러나 이러한 대책은 그다지 효과적이지 못했고, 가을에도 물가 상승은 멈추지 않았다.

73~74년의 춘투에서 2~3할이라는 기록적인 임금 인상이 실현되었음에도 불구하고 이는 인플레이션을 겨우 해소했을 뿐이었다. 불황에 의한 고용 불안이 발생하고 있었기 때문에 대기업 중심의 임금 인상이 많은 국민들에게 안심을 준 것은 아니었다. 기준금리 인상에 따라 예금 금리는 지극히 높아졌지만 인플레이션 상승률에는 크게 미치지 못하여 실질적으로는 마이너스였다. 하지만 소비자는 절약에 힘쓰며 장래의 불안에 대비하려고 했다.

가계의 이러한 노력이 계속되는 가운데 기업에 대한 비판이 높아지고 있었다. 전년도의 매점매석 등 투기적 행위에 더하여 74년이 되자 가격 편승 인상 등에 대한 비판이 강해지고 있었다. 실제로 석유 위기를 전후로 하여 위법 행위인 비밀 카르텔 등이 횡행하고, 공정거래위원회가 문제화한 사건이 다발하고 있었다.

그중에서도 가장 중대한 것은 석유 비밀 카르텔 문제였다. 73년의 석유위기 때에 석유업계는 '만악의 근원'으로 통산성의 관리로부터 지명되어 비판받고 광란물가의 원흉이라는 이미지가 만들어져 갔다. 물론 물가 상승의 요인은 석유 가격만의 문제는 아니었고, 업계의 가격 인상만이 문제는 아니었다.

그러나 74년 2월에 공정거래위원회가 석유업계 12사와 석유 연맹 및 그 간부를 독점금지법 위반으로 고발하자, 석유업계에 대한 비판은 한층 더 강해졌다. 전년 11월의 강제 조사를 통해 석유 위기 때 비밀 카르텔을 맺고 있었다는 확증이 나왔기 때문이다. 이 고발을 전후하여 국회에서는 공산당의 아라키 히로시(荒木宏) 의원에 의해 제네럴석유가 73년 12월에 '천재일우의 기회'라고 기록한 문서를 계열점에 유포하고 '석유 판매가의 편승 인상을 장려했다'는 사실이 소개되어, 다나카 수상도 '악덕 상법의 견본과도 같은 것'이라고 말할 수밖에 없었다(『아사히 연감』 1975년 판). 5월에 비밀 카르텔(기업연합) 사건은 기소되어 84년 2월 최고재판소 판결에서 유죄를 선고받았다.

기업의 사회적 책임

석유 비밀 카르텔 문제로 독점금지법의 강화를 촉구하는 소비자의 목소리가 드높아졌다. 이윤 추구를 명분으로 한 기업의 일탈된 행동은 상사의 행동기준 설정 등 기업 측의 자발적인 움직임을 통한 시정의 길을 모색하게 했지만, 비판의 목소리는 높아질 뿐이었다. 73년 5~6월에는 경단련(経団連)에 혁신 단체나 노동조합이 들이닥쳐 항의 활동을 전개했다. 이러한 움직임은 74년에 들어 한층 강해졌다.

경단련은 사회적 책임에 관한 간담회를 개최하여 회원 기업의 도덕성 향상을 위해 노력했다. 또한 재계 수뇌도 73년 봄 이후 자주 기업의 사회적 책임에 대해 언급하고, 5월의 경단련 총회에서는 우에무라 코고로(植村甲午郎) 회장이 '오늘날의 기업은 지역사회, 소비자 등 기업을 둘러싼 사회와 조화를 이루지 않고서는 기업의 목적을 달성할 수 없다'고 하여 '복지 사회를 지탱하는 경제와 우리의 책무'라는 제목의 결의가 채택되었다. 이러한 자정 노력이 계속되고 있다고 여겨진 시기에도 각 업계에서는 가격 카르텔이 비밀리에 활동하고 있었다. 재계가 기대한 신뢰 회복은 그 발밑에서부터 배신당하고 있었다.

여기에 74년 6월의 참의원 선거에

▶사진 4-6. 미쓰이(三井)물산 본사 앞에서 종합상사 비판 집회를 여는 건축업자(1973년 3월 22일)(앞의 책, 『1억 인의 쇼와사 9 금권이 낳은 오직(汚職) 열도 쇼와47년-51년』, 마이니치(毎日)신문사, 1976년).

서 자민당이 퇴조를 막기 위해 전개한 '기업을 포함한 선거'가 비판의 과녁이 되었다. 정부·여당과 유착한 대기업이라는 이미지가 강화되어 국민의 비판은 다나카 내각과 이를 지지하려는 대기업에게 한층 엄격해졌다.

금권 비판

'기업을 포함한 선거'가 문제가 된 참의원 선거는 동시에 '금권선거'이기도 했다. 이는 여당 내부에서도 문제시될 정도였고 유세 장소인 가고시마에서 후쿠다 장상은 '이번 선거는 5당 3락, 3억 엔으로는 낙선한다는 등의 이야기가 있지만 이러한 돈은 어디서부터 나오는 것일까, 정당 대청소가 필요하다'라고 연설할 정도로 공공연한 것이었다(『아사히 연감』 1975년 판).

헬리콥터로 전국 연설을 다니며 정력적인 선거 활동을 전개한 다나카 수상의 의도와는 달리 선거에서 자민당은 8석 감소한 62석 확보에 머물렀다. 참의원에서의 보수와 혁신의 의석차는 겨우 7석이 되었고 '보혁백중'이 한층 진행되었다.

선거 후 미키(三木) 부총리, 후쿠다 장상, 호리 시게루(保利茂) 행정관리청 장관이 '다나카 내각의 금권 체질'을 비판하며 사임했다. 미키는 사임에 즈음하여 '자민당의 체질개선에 전념할 것이다'라고 하였다(同前).

금권정치는 자민당의 정치 체질이라고도 할 만한 측면을 가지고 있었다. 그러나 그뿐만 아니라 사토 총재의 후계자 다툼이 파벌 간 대립을 격화시킨 것도 영향을 미치고 있었다. 참의원 선거에서 자민당 계열의 공인·비공인 후보자가 다른 파벌을 뒤에 업고 의석을 다투는 모습이 보였다. 중선거구제인 중의원 선거에서는 동일 선거구에서도 다른 파벌의 자민당 공인 후보자가 격렬히 싸우는 일이 드물지 않았 다. 당락이 파벌 세력도에 영향을 미쳤기 때문이다.

파벌 영수들은 정치 자금을 각각 독자적인 파이프로 모아, 이를 파벌의 멤버들에게 분배하는 것으로 세력 확대를 꾀했다. 특히 이 경향이 강했던 것이 다나카 파라고 이야기됐으며, 후쿠다와 사토의 후계 다툼을 한 총재선거 전에는 '가쿠마루'라고 칭해지던 '가쿠에이로부터 돈(마루)을 받은' 숨은 다나카 파의 존재가 파벌 구성을 유동적으로 만 들었다.

사사고 가쓰야(笹子勝哉)에 의하면 66년부터 75년에 걸친 10년 간에 각 파벌의 영수와 파벌의 구성원이 모은 정치자금은 표 4-2와 같 이 약 1,824억 엔에 달했다. 파벌별로는 후쿠다 파의 자금력이 높았지 만 이것은 자치성에 「정치자금규정법」에 근거하여 신고된 금액에 지 나지 않았고 실제로는 그 몇 배의 돈이 움직이고 있다고 회자되고 있 었다.

이들 자금은 후원 단체를 경유하여 각 파벌로 헌납된 943억 엔과 자민당에 직접 헌납된 880억 엔으로 이루어졌는데, 후자는 주로 재계 로부터 온 돈이었고 '헌금 3가'라 불린 철강, 전력, 금융 업계가 대규모 헌금자였다(앞의 책, 『정치자금』). 65년부터의 10년 동안 그 금액은 20배 로 급증했다.

부패행위의 방지를 목적으로 48년에 제정된 「정치자금규정법」 은 너무나 허점이 많은 법안이었다. 때문에 63년의 제1차 선거제도 심의회의 답신에서 67년 제5차 답신에 이르기까지 정치자금제도의 근본적 개혁을 촉구하는 요구가 끊임없이 이어졌음에도 불구하고 모두 무시되었다(이와이 도모아키(岩井奉信), 『'정치자금'의 연구』).

재계로부터 자민당으로 가는 정치 헌금 창구는 55년에 발족된 '경제재건 간담회'를 거쳐 61년에 발족된 국민협회였다. 이는 특정 기업과 정권 정당의 유착을 막는다는 의미에서는 교묘한 제도였다. 그러나 실제로는 「정치자금규정법」에 의해 신고된 헌금 안에서도 이 루트 이외 다양한 형태의 기업 헌금이 각 파벌에 보내지고 있었다.

심각한 비판의 목소리에 호응하듯 74년 8월에 도쿄전력이 정치 헌금을 폐지한 것을 시작으로 하여 전력, 가스업계, 철강업계, 은행업계 등에서 이를 뒤쫓는 기업이 많아졌다. 돈이 너무 많이 드는 정치에 대해 스폰서로부터도 이론이 생겨났던 것이다.

▶표 4-2. 파벌의 집금력(集金力)(단위: 만 엔)

다나카 카구에이(田中角栄)	에쓰잔카이(越山会) 외 5단체	510,721
	다나카파 90인 합계	**1,637,850**
후쿠다 타케오(福田赳夫)	시국경제문제간화회 외 5단체	816,787
	후쿠다파 84인 합계	**2,305,314**
오히라 마사요시(大平正芳)	신재정연구회 외 2단체	607,205
	오히라파 64인 합계	**1,442,416**
미키 타케오(三木武夫)	정책간담회 외 2단체	387,526
	미키파 46인 합계	**882,917**
나카소네 야스히로(中曽根康弘)	신정치조사회 외 4단체	363,651
	나카소네파 40인 합계	**804,369**
중간파(시나〔椎名〕·미즈타〔水田〕·후나다〔船田〕)		**2,362,107**
(이상합계)		**9,434,973**
자민당에의 헌금		8,804,184
(총계)		**18,239,157**

자료: 사사고 가쓰야(笹子勝哉), 『정치헌금』에서 작성
주: 자치성 제출 금액. 1966~75년의 누계액

김대중 사건과 아시아의 반일

　　내정 면에서의 실패가 계속되는 사이 다나카 내각은 외교 면에서
도 어려운 문제에 직면했다. 73년 8월 8일에 도쿄의 호텔에서 한국의
대통령 후보였던 김대중이 납치되어 행방불명되었다. 사건으로부터 6
일 후에 서울 시내의 자택에서 발견되었다고는 하나 이 사건은 당시부
터 한국의 정보기관의 관여가 의심되고 있었다. 진상 규명을 요구하
는 일본 정부에 대해 한국 정부는 이를 거부했다. 발생 직후에는 '(사건
의) 책임은 한국에 있다'(다나카 이사지〔田中伊三次〕 법상〔법무대신〕), '한국
의 협력에 만족하는 것은 아니다'(오히라 외상) 등 불만을 표명하고 있던
일본 정부는 점차 한일 관계의 우호 유지를 우선하는 방향으로 전환하
여, 9월 9일의 중의원 본회의에서 다나카 수상이 '한일 양 국민에게 있
어 불행한 사건이지만 우호 관계를 해치지 않는 것이 양국 공통의 희
망'이라는 견해를 밝혔다(『아사히 연감』 1974
년판).

　　이러한 정부의 자세에 대해서는, 사건
이 '일본의 주권과 민주주의에 대한 중대한
침해'이고, '인간의 자유에 대한 도전'이라
는 비판이 강해졌다. 한국 내에서도 박정희
정권을 비판하는 학생 등의 데모가 계엄령
하에서 이루어졌다. 이는 김대중이 일본의
경제 원조와 기업의 한국 진출에 수반되는
폐해를 문제 삼고 있었다는 점, 그럼에도 불
구하고 양국 정부가 11월에 사건의 정치적

▶그림 4-7. 일본의 경제 지배를 표현한
당시 태국의 포스터(『실록 쇼와사 격동의
궤적 5 기술혁신과 경제대국의 시대 쇼와
41년-쇼와 50년』, 교세이, 1987년).

해결을 도모함과 동시에 다음 연도의 대한(對韓) 원조에 합의한 점을 생각하면 한국 측에만 책임이 있는 문제라고는 말하기 어려웠다. 한일 관계는 재검토해야 할 문제를 품고 있었다.

이듬해 74년 1월의 동남아시아 각국 방문에서 다나카 수상은 격렬한 반일 폭동에 조우했다. 동남아시아 여러 나라에서의 반일 감정은 한국과 마찬가지로 일본의 급격한 경제 진출에 대한 반발에 의한 것이었다. 72년에는 태국에서 일본 상품 보이콧 운동이 일어났고, 이를 계기로 동남아시아 전역에 반일 기운이 높아지고 있었다. 이 때문에 다나카 수상은 각지에서 반일 데모와 마주쳤고, 태국에서는 방콕 국제공항에 도착한 다나카 수상을 향해 약 5,000명의 학생 데모대가 '경제 침략 반대', '죽어라, 일본의 경제 동물(economic animal)들', '다나카 돌아가라'라고 외쳤다. 인도네시아에서는 반일 데모가 폭동화되어 만 명 이상의 군중이 자카르타의 일본계 기업에 방화를 저지르고 일제 자동차를 불태워, 대통령부에 숨어 있던 다나카 수상은 인도네시아 공군의 헬리콥터를 타고 공항으로 이동하여 귀국길에 오르게 되었다. 같은 해 10월에 열린 아시아·태평양 지역 대사 회의에서 아시아 각국과의 관계에 대해 '일본의 급격한 경제 진출은 각국에 심각한 후유증을 남기고 있으며, 이에 대한 해결이 최대의 과제다'라는 의견이 각국 대사로부터 강하게 표명되는 등 경제적으로 존재감을 높이고 있던 일본과 아시아 각국과의 관계가 악화되고 있었다(『아사히 연감』 1975년 판).

다나카 내각의 퇴진

혼란이 극대화된 정국에서 74년 가을, 사토 에이사쿠 전 수상이 비핵 3원칙과 아시아 평화에 대한 공헌을 이유로 노벨 평화상을 받는다는 뉴스가 전해졌다. 유카와 히데키(湯川秀樹, 49년), 도모나가 신이치로(朝永振一郎, 65년), 가와바타 야스나리(川端康成), 에자키 레오나(江崎玲於奈, 73년)에 이은 5명 째의 수상이었다(그 후 90년까지 81년에 후쿠이 겐이치(福井謙一), 87년에 도네가와 스스무(利根川進)). 사토의 수상(受賞) 소식 보도 조금 전인 10월 초에 미국의 퇴역 해군 소장 진 래록이 의회에서 '핵 장비를 갖춘 함선이 일본에 기항할 때마다 핵무기를 내리지는 않는다'고 증언, 비핵 3원칙의 준수 여부에 의심이 높아지고 있던 때의 일이었기 때문에 이는 국제사회가 보내는 통렬한 풍자와도 같았다.

중일 국교회복의 성공에도 불구하고 석유 쇼크의 격동 속에서 물가 대책에 유효한 수단을 강구하지 못하고, 돈으로 정권을 유지하려는 다나카 수상의 정치 자세는 자민당 내에서도, 재계에서도 비판을 받았다. 73년 말에는 내각 지지율이 2할을 조금 넘는 수준이 된 것에서 보여 주듯이 국민은 다나카 내각에 신뢰를 두지 않고 이미 멀어져 있었다.

74년 10월 초순에 발표된 『문예춘추』지의 「다나카 카쿠에이 연구」라는 제목의 특집 기사는 일거에 다나카 퇴진의 흐름을 만들어냈다. 미키 파의 총회에서 미키 타케오는 '다나카 수상이 스테이트먼쉽을 발휘하기를 기대한다'며 공식적으로 퇴진을 요구했다. 이렇게 해서 11월 18일에 방일한 제럴드 포드 대통령과의 미일 수뇌회담을 마치고 26일에 다나카 수상은 사의를 표명했다. 금권 문제에 대해서는 '조만간 진실을 밝혀 국민의 이해를 얻고 싶다'는 말은 남긴, 복권을 시야에 넣은 퇴진이었다. 그러나 다나카가 다시 무대에 서서 정치 지도를 하는 일은 없었다. 그 직전에 이루어진 조사에서 다나카 내각의 지지율은 12%까지 떨어져 있었다(『아사히 연감』 1975년 판).

후계 다툼은 다나카의 맹우이자 당내 다수의 지지를 얻은 오히라 마사요시(大平正芳)와 일찍이 다나카 비판을 전개해 온 미키 타케오, 후쿠다 타케오에 나카소네 야스히로가 합세하여 펼쳐졌다. 선거를 통한 결정을 요구하는 오히라와 달리 당내 조정을 맡은 시나 에쓰사부로(椎名悅三郎) 자민당 부총재는 12월 1일, 미키를 후계자로 한다는 결정을 내리고 사태의 수습을 꾀했다. 미키가 일찍이 금권정치를 비판하고 당의 체질개선 등을 주장해 왔던 것이 국민의 지지를 얻을 수 있는 포인트가 될 것이라고 판단했기 때문이었다. 시나는 재정문에서 '새 총재는 청렴한 것은 물론 당의 체질개선, 근대화에 노력하는 사람이 아니면 안 된다'고 설명하였고 미키는 '너무나도 뜻밖'이라며 수락했다(同前).

미키 내각의 좌절

74년 12월 9일에 미키 내각이 발족했다. 미키 수상은 소신 표명 연설에서 '인플레이션 극복을 통한 국민 생활의 안정과 사회적 불공정의 시정을 정치목표'로 삼고 당의 근대화를 통힌 정치에 대한 신용 회복을 과제로 삼을 것을 명백히 밝혔다. 성립 직후의 지지율은 45%였으나 이 숫자는 1년 후에는 28%까지 떨어졌다.

정치 자금의 규제 강화, 파벌 해소, 총재 선출 방법 개선 등의 정치개혁이 진행되지 않았기 때문이다. 다나카 내각 때부터의 총수요억제 정책에 의해 75년에 인플레이션은 잠잠해지기 시작했다. 그러나 반면에 불황 국면이 강해져 고용 등에서 불안이 높아지고 있었다. 게다가 중점 시책인 독점금지법 개정안은 재계 등의 저항으로 생각대로 진행되지 않았다.

독점금지법 개정은 다나카 내각기인 74년 9월에 공정거래위원회가 9개 항목으로 이루어진 '독점금지법 개정 시안의 골자'를 발표하여 동법 제정 후 처음으로 경쟁을 강화하는 것이었다. 빈발하는 비밀 카르텔 등 기업 불상사에 대해 소비자 단체 등으로부터 독점금지법 강화의 요구가 높아지고 있었다. 73년의 「국민생활안정긴급조치법」 제정에 즈음하여 참의원에서는 정부에게 독점금지법 개정에 착수하도록 부대 결의가 가결되어 있었다. 시안의 제시는 이러한 요구에 응하는 것이었다.

그러나 기업 분할과 원가 공표, 가격의 원상회복명령, 과징금, 주식 보유의 제한 등에 관한 공정거래위의 새로운 제안은 곧장 후퇴하였다. 미키 수상이 야당의 협력을 요청하여 성립을 도모한 개정 법안도 자민당 내의 반대에 의해 75년 6월에는 심의 미완료, 제2차 안도 76년의 제78회 국회에서 폐안되었다. 카르텔에 대한 과징금 징수나 대규모 회사의 주식 보유 총액의 제한, 가격의 동조적 인상에 관한 보고 징수 등을 내용으로 하는 개정이 실현된 것은 77년 6월의 후쿠다 내각 때였다.

미키 수상의 약한 당내 기반이 드러나고 있었다. 불충분했던 정치자금 규정에서도 미키 수상의 방침에 대한 최대의 저항세력은 자민당 내에 있었다. 3년 후에 기업 헌금을 폐지하고 개인 헌금으로 전환할 것을 골자로 하는 미키 수상의 개혁안은 당내의 이론(기업 헌금의 전폐는 위헌이 될 가능성 있다는 등)에 부딪혔고, 전폐 방침의 법제화는 단념되었다. 이로 인해, 막상 성립된 「정치자금규제법」은 미키 개혁에 기대를 걸었던 유권자들에게는 부족한 것이 되었다.

수상의 범죄―록히드 사건

개혁을 목표로 한 제안으로 자민당 내의 균열이 깊어지던 중, 미키 수상은 내각의 유지를 위해 당내 융화를 우선하는 방향으로 몰려가고 있었다. 이것이 여실히 드러난 것이 75년 가을의 '파업권 파업(スト権スト)'에 대한 대응이었다. 3공사 5현업 관청 종업원의 파업권 회복을 요구한 파업에 대해 정부는 조건부 파업권 부여를 고려하고 있었다. 이에 다나카파가 반대하고 오히라파가 동조함으로 인해 미키 수상은 공로협(公勞協, 공공기업체등노동조합협의회)에 대해 강경한 태도로 관철했고, 공로협은 파업을 중단했다.

당내에서는 이미 다음 총재에 관한 파벌 간 합종연형이 모색되고 있었다. 그러나 76년 2월에 외신이 전한 뉴스에 의해 사태는 일변했다. 록히드 사건이라 불리게 되는 대규모 뇌물 수수 사건이 발각되었고, 그 의혹의 중심에 다나카 전 수상이 부상되었기 때문이다.

미국 상원 외교위원회 다국적기업 소위원회에서 록히드사가 일본에 항공기와 군용기를 팔기 위해 거액의 정치 공작 자금을 제공하고 있다는 증언이 있었다. 이를 록히드 사의 간부도 인정하였고, 고다마 요시오(児玉誉士夫), 오사노 켄지(小佐野賢治)의 관여 사실과 함께 마루베니(丸紅) 사 간부의 언급으로 자금이 일본 정부 고관에게 건네진 사실도 밝혀졌다.

이 국제적인 스캔들의 폭로에 대해 일본 국내에서도 진상 규명의 목소리가 높아지고, 뉴스도 연일 이 사건의 속보를 전했다. 미키 수상은 미국과의 교섭에서 비밀 자료를 입수하고, 이에 근거한 검찰 당국의 수사와 국회에서의 증인 심문을 통해 이 '구조적 부패' 의 사실 관계가 점차 명확해졌다.

그 결과 3월에 도쿄 국세국의 고발에 근거하여 고다마 요시오가 기소된 것을 시작으로 6월에 마루베니의 전 전무 오쿠보 도시하루(大久保利春)가 국회에서의 위증, 젠닛쿠(全日空, ANA)의 사와 유지(沢雄次) 등이 외환법 위반으로 체포되었다. 그 후에도 관계자의 체포가 이어졌고, 7월 27일에 다나카 카쿠에이에게 체포장이 집행되었다. 수상의 범죄가 적발되었던 것이다. 정치가 중에서는 이 외에도 사토 고고(佐藤孝行), 하시모토 도미사부로(橋本登美三郎) 등도 체포되었다. 체포에 이르지 않았어도 '잿빛 고관' 이라 지명된 정치가들도 많아서 정치 불신은 한층 강해졌다.

'구조적 부패' 는 78년 12월에 발각된 더글라스·그라만 사건에서도 명백해져, 금권 체질의 자민당 정치에 대해 불신과 비판의 눈길을 보내는 국민들은 정치 개혁을 요구하고 나섰다.

그러나 자민당 내에는 다른 바람이 불고 있었다. 수사의 진전에 대해 다나카 파를 중심으로 미키 내각에 대한 비판은 오히려 강해졌다. 미키 내각을 낳은 부모였던 시나 부총재는 미키 수상을 '너무 소란을 피운다. 전혀 이해가 안 간다'며 분개했다고 한다(앞의 책, 『일본 정치사』 4). 시나 부총재는 5월 13일, 아직 록히드 사건 수사의 귀추도 확실치 않은 시기에 다나카, 오히라, 후쿠다 등의 실력자들과 개별적으로 회담하고, '미키 퇴진'으로 의견을 정리했다. 그러나 시나의 공작은 '록히드 은폐'라는 비판이 강했기 때문에 즉시 실현되지는 못했다.

상황이 다시 움직인 데에는 7월 말의 다나카 체포가 계기가 되었다. 체포 이후라면 미키 비판은 '록히드 은폐'가 되지 않는다는 논리에 근거하여 자민당 내부의 '미키 끌어내리기' 바람이 강해졌다. 반(反)미키파가 모여 '거당체제확립 협의회(거당협)'을 발족했고, 수면 밑에서는 오히라와 후쿠다가 후계 총재 문제로 조정에 들어갔다. 이렇게 해서 중의원 의원의 임기 만료에 수반한 총선거가 12월에 치러지게 되면서 거당협은 후쿠다를 차기 총재로 추거하여 분열 선거에 돌입했다. 그 결과 자민당은 결당 이래 처음으로 과반수를 넘어서지 못하고, 선거 후의 입당자를 포함하여 겨우 과반수를 확보했지만 안정 과반수에는 훨씬 미치지 못했다. 중의원도 보혁 백중이 된 것이다.

파벌 해소를 제창하고 금권 정치를 비판하여 수상이 된 미키는 그 모체인 자민당의 비판에 의해 끌려 내려왔다. 재계는 독점금지법 개정안 등에 대한 반발로 선거 자금 공여를 아꼈다. 미키는 총선거 패배의 책임을 지는 형태이기는 했지만, 실제로는 '미키 끌어내리기'에 굴복하게 되었다. 분열 선거를 강행한 반미키파는 그 목적은 달성했지만 여당 체제의 기반 그 자체를 위험에 빠뜨리게 되었다.

맺음말 ― 경제대국의 함정

안정성장으로의 전환

제1차 석유 위기 후 불황감이 떠돌고 있던 일본 경제가 이윽고 '새로운 성장 궤도'에 들어섰다고 여겨지기까지 약 5년이 필요했다. 설비 가동률은 큰 폭으로 저하되었고, 민간 설비 투자가 침체되어 '투자가 투자를 부르던' 고도 성장기의 경제성장패턴은 그림자를 감추었다. 1970년대 후반에는 무역 흑자가 커져 수출 주도의 경기회복이 이루어졌다.

이 시기의 경제성장률은 5% 전후였기 때문에 거시적 경제 지표로 본다면 오히려 안정성장으로 이행되었다고 평가해야 할 면이 컸다. 소비자물가도 80년대 들면 2% 정도의 상승세로 안정되어 경제적인 안정성은 확실해진 면이 있었다. 그러나 고도 성장기의 높은 성장률과의 낙차에 경제계는 순응하지 못하고 불황감을 강하게 느끼고 있었다. 그 위에 정부도 새로운 사태에 적합한 경제정책을 어떻게 수립할까 자신감을 가질 수 없었다.

　　동시에 수출 주도의 성장 구조가 대외적인 비판을 불러일으킨 탓에 그 지속성에 의구심이 생긴 것도 문제였다. 일본의 수출 확대는 예전과 같은 부분적인 마찰을 불러일으키는 수준이 아니라 세계 경제 전체에 큰 곤란을 주고 있다고 여겨지고 있었다. 세계 경제에서 차지하는 일본의 위치는 그만큼 컸고, '경제대국'으로서의 역할 수행이 기대되고 있었다. 그리고 결과적으로는 다소 늦은 정부의 재정 정책은 경기 회복에 어느 정도의 효과를 올렸다고는 하나, 공채 의존도를 급속히 높여 재정 재건이 80년대의 지상과제로 남게 되었다.

감량경영과 에너지 소비 절약

　　경기 회복의 원동력은 70년대 전반의 커다란 환경 변화(변동환율제로의 이행과 에너지 가격의 급상승)에 대응한 '감량경영'이라 불린 기업의 자주적 경영 노력이었다.

　　73, 79년의 2회에 걸친 석유 가격의 급등에 대응하여 에너지 사용의 절약·개선 노력이 계속되었다. 위기 직후에는 번화가의 네온이 사라지고 텔레비전의 심야 방송이 중지되었지만 이것은 오래 계속되지는 않았다. 그래도 앞의 그림 4-5와 같이 제1차 석유 위기 이후 증가가 억제된 원유 수입량은 79년 이후 80년대 후반에 걸쳐 착실히 감소했다. 한편으로 원유 가격은 달러를 기준으로 큰 폭으로 하락하여 80년대 중반에는 20달러에 못 미치는 수준이 되었다.

　　이러한 원유 수입 삭감을 가능하게 한 것이 기업의 에너지 소비

▶표. 1차 에너지 총공급　구성비(%)

연도	석유	석탄	천연가스	원자력	수력	지열	신 에너지 등
1955	17.6	47.2	0.4	—	27.2	—	7.6
1960	37.6	41.2	0.9	—	15.7	—	4.6
1965	59.6	27.0	1.2	0.0	10.6	—	1.5
1973	77.4	15.5	1.5	0.6	4.3	0.0	0.9
1980	66.1	17.0	6.1	4.7	5.2	0.1	1.0
1985	56.3	19.4	9.4	8.9	4.7	0.1	1.2
1990	58.3	16.6	10.1	9.4	4.2	0.1	1.3
1999	50.0	17.4	12.7	13.0	3.6	0.2	1.1

자료: 『동양경제통계연감』으로부터 작성

절약 기술의 개발과 에너지원의 다양화 시도였다. 에너지 소비량에서 차지하는 산업용의 비율은 73년의 65%에서 85년에는 약 54%까지 감소했다. 그 결과 산업용 전력 수요가 민생용 전력 수요를 밑도는 등 산업계의 노력은 착실히 열매를 맺었다. 다른 한편으로 1차 에너지 공급의 구성비는 제1차 석유 위기였던 73년에 석유의존도는 77%로 피크에 달했지만 80년에는 66%, 85년에는 56%까지 저하되었다. 이 사이에 천연가스나 원자력 발전이 발전하여 이에 따른 전력 등 2차 에너지 공급이 가능해졌다는 점이 변화의 배후에 있었다.

그러나 79년 3월의 미국의 쓰리마일, 86년 4월 소련 체르노빌의 원자력 발전소에서 중대한 사고가 발생하여 안전성에 대한 걱정이 강해졌다. 원자력 발전소의 건설은 지역 주민의 강한 반대운동에 의해 점차 어려워졌다. 60년대 후반부터 힘을 더해 왔던 시민·주민운동은 생활자 및 소비자의 입장을 반영하면서 착실히 그 기반을 다졌다.

이 사이 산업계에서는 원유가 상승에 의한 비용 상승과 엔고에 의해 손상된 국제경쟁력의 회복을 위해 고용 조정이 이루어졌고, 생산

현장에서는 자동화 등에 의한 노동 생산성 상승이 추구되어 비용 인하가 실현되었다. 배치전환이나 외부 발령 등을 통해 정규직 수의 조정이 도모되었고, 이 위에 임시공·사외공 등에 대해 대폭적인 고용 삭감이 이루어졌다. 고용 조정의 부담은 이렇게 해서 오로지 주변의 비정규 노동자에게 지워지게 되었다. 설비 가동률이 크게 떨어졌기 때문에 이 같은 조치를 취해도 인원은 과잉 상태였다. 그러나 기업별 조합과 경영자 측과의 노사 교섭에서는 정규직의 고용 유지를 가능한 보장할 것을 우선시하였고, 조합원에 대한 고용 조정에는 신중했다. '종신고용'이라는 일본적 고용 관행의 특징이 이렇게 해서 명확해졌다.

이러한 개별 기업의 노력에는 업종에 따라서는 한계가 있었다. 석유 위기 이래 현저해진 대폭적인 과잉 설비는 조선, 철강, 염화비닐, 화학비료, 섬유, 알루미늄정련 등 고도성장을 짊어진 주요한 산업 부문에 단기적으로는 해소되지 않는 심각한 문제를 남겼고, 구조 불황 업종 대책이 필요해졌다. 특히 원재료, 에너지, 비용이 급상승하여 국제경쟁력을 잃은 업종이나 도상국의 추격을 받고 있는 업종 등에서는 엔고에 의한 타격도 컸다. 이는 중기적인 산업 구조의 전환이 다가오고 있음을 보여주고 있었다.

엔 시장은 70년대 후반에는 77년 초의 1달러 293엔에서 78년 3월에는 222엔으로 엔고가 급진된 후, 78년부터 제2차 석유위기에 의한 국제수지 적자를 반영하여 79년 후반에는 엔저로 돌아서 250엔 수준이 되었다. 엔고 경향이 강해진 것에 의한 압력도 컸지만 동시에 그 불안정성이 기업 행동을 신중하게 했다.

보수 정권 기반의 동요

'미키 퇴진'에 의해 탄생한 후쿠다 내각은 지지율이 20%대로 낮았지만 당내 기반은 안정되어 있었다. 오히라와의 사이에 2년 후에 정권을 양보한다는 밀약이 있었기 때문이었다고 한다. 그러나 후쿠다 수상은 78년 11월, 재선을 목표로 총재 예비선거에 임했다. 사전 예상에서는 후쿠다가 유리할 것이라고 전해지던 예비선거는 오히라의 압승으로 끝났다. 결선투표에서의 혼란을 피하기 위해, 예비선거 승리를 확신하던 후쿠다는 1위가 100점 이상의 차이로 승리할 경우에는 본 선거의 실시는 불가하다고 예비선거 전부터 주장하고 있었다. 그리고 자신이 내건 조건에 의해 본선 도전을 단념하지 않을 수 없게 되었다. '하늘의 목소리에도 이상한 소리가 가끔 있다'라는 것이 본선 퇴진 때 후쿠다의 말이었다.

그러나 이 결과는 오히라 내각에는 큰 짐이 되었다. 이듬해 10월, 내각 지지율 상승을 바탕으로 중의원을 해산하고 총선거에 임했지만, 자민당은 248석으로 전회와 같은 참패였다. 사전에 260의석은 확실하다, 어쩌면 278의석은 바라볼 수 있다는 등의 관측이 있어, 낙관적인 분위기 속에서 후보자가 난립하여 공멸한 것이 원인이었다. 그리고 오히라 내각이 재정 재건을 위해 일반소비세의 도입을 공약으로 내건 것도 지지를 잃은 요인이었다.

총선거 결과에 의해 자민당 내에서는 후쿠다·미키·나카소네 각파가 오히라 수상의 정치 책임을 추궁하고 퇴진을 요구했다. 양자의 대립이 쉽게 타개의 길을 찾지 못하자 반주류파는 의회에서의 수반 지명에서 후쿠다에게 투표할 것을 미리 논의하였다.

　11월 6일, 중의원 본회의 투표결과는 오히라 135표, 후쿠다 125
표였다. 그리고 결선투표 결과 오히라가 당선되었다. 참의원에서는
오히라와 사회당 아스카타 이치오(飛鳥田—雄)의 결선투표가 되어, 오
히라가 선출되었다. 다나카파의 지지가 승패를 결정했다. 이렇게 해
서 제2차 오히라 내각이 탄생했지만, 자민당 내의 대립은 이듬해 5월
에 사회당이 제출한 내각 불신임안 심사에 자민당원 다수가 결석하여
가결되는 사태를 낳았다. '해프닝 해산'이었다. 사회당은 예정된 참의
원 선거 전에 기세를 올리려고 했을 뿐이었다고 한다(앞의 책, 『일본 정치
사4』).

　예상외의 불신임안 가결로 인해 6월에 중·참의원 동시선거가 치
러졌다. 이 참의원 선거의 공시일(5월 30일) 직후에 오히라 수상은 입원
하였고, 6월 12일에 용태가 급변하여 사망했다. 전원도시 구상 등 새
로운 정책을 제창하는 한편, 모스크바 올림픽 보이콧 문제로 미국에
동조하고, 석유 위기 하의 도쿄 서미트(1979년 6월)를 의장국으로서 치
러낸 지 1년이 채 안 된 시기였다.

　동시선거에서 연합 정권 결성으로 대항하려던 야당은 선거전 중
간부터 연대가 이루어지지 않게 되어, '근조(謹弔) 전쟁'을 외친 자민
당이 36석이 증가한 284석을 획득하는 압승을 거두었다. 선거 후 스즈
키 젠코(鈴木善幸)가 자민당 총재로 선출되었다. 스즈키는 '돈을 한 푼
도 사용하지 않고 총재가 된 것은 내가 처음이 아닐까'라고 후에 말했
지만, 지명도가 낮은 스즈키의 등장에 미국의 미디어는 'Zenko who?'
라고 전했다. 금권 체질인 자민당 정치 속에서 파벌 항쟁의 결과 태어
난 무명 내각은 2년여 만에 퇴진했다. 그 후에는 나카소네 야스히로가
뒤를 잇게 되었다.

다나카의 퇴진으로부터 미키, 후쿠다, 오히라, 스즈키로, 단기간에 차례로 내각이 교체되었다. 중·참 동시선거 때를 제외하면 유권자의 지지는 그다지 높지 않았지만, 정권 교체의 이유라고 여겨진 것은 공식적으로는 총재 예비선거나 총선거 등의 선거 결과였다. 그러나 정권 교체를 초래한 진정한 요인이 반드시 유권자의 목소리는 아니었다. 오히려 자민당 내의 끝없는 파벌 간의 항쟁이 원동력이 되었다. 그리고 항쟁에 몰두하는 자민당에 대해 선거 때마다 유권자들은 교체를 요구했다. 그러나 물가 문제를 비롯한 생활의 안정을 추구하는 국민의 목소리는 전해지지 않았다. 자민당 내의 쟁점에 정책은 없었기 때문이다.

물론 후쿠다가 안정성장을 지론으로 한 것처럼 각각의 정치적 자세는 달랐다. 그러나 앞서와 같이 '경무장·경제중시'와 '재군비·사회안정'과 같은 명확한 노선 대립은 도출해 내지 못하고 있었다. 그러한 중에 탄생한 나카소네 내각은 영국의 마가렛 대처 정권이나 미국의 로널드 레이건 정권이 표방한 신자유주의의 국제적 조류를 타면서 '전후 정치의 총결산'을 슬로건으로 내걸었다. 그 정책의 기본적 특징은 '경제중시'임과 동시에 '재군비'를 시야에 넣는다는 것이었다.

재정 재건이 문제시되고 있던 시기에 방위비의 GNP 1% 선 억제를 없애자는 주장이 제기된 것은 나카소네 내각의 그러한 특징의 일면을 보여주고 있다. 고도 성장기의 방위력 정비는 57년 5월의 '국방의 기본방침', 같은 해 6월의 '제1차 방위력 정비 3개년계획' 이래 3년 내지 5년의 중기 계획으로 추진되어 제4차 방위력 정비 계획 시점에서는 일본은 이미 서방 여러 국가들 중에서 제7위의 국방비 지출 규모에 도달해 있었다. 그럼에도 불구하고 보다 한층 방위력 증강을 꾀하고 미국에 대한 무기 기술 공여 등으로 대등한 관계를 구축하고자 한 나카소네 내각의 출현은 이전과는 다른 차원의 '재군비'와 헌법 개정에 대한 의욕을 보수 정권이 가지기 시작했다는 점을 의미했다. 게다가 미국과 마찬가지로 방위비에 대한 제약을 적게 하기 위해서도 사회 보장비 등의 압축을 포함하여 '작은 정부'를 지향하였고, 실질적으로는 두 군사대국이 목표로 하고 있던 '작은 정부, 큰 군대'라는 같은 길을 걷고자 한 것이었다. 그것은 적은 사회적 급부에 비례하여 국민의 조세 부담 경감을 의미하는 것이 아니었고, 50년대 중반 이후 개진당·민주당 계열의 하토야마(鳩山)나 기시가 '재군비'와 '사회적 안정'을 목표로 하여 '큰 정부'를 지향한 것과도 명백히 다른 노선이었다.

이렇게 해서 나카소네 내각은 당시까지의 자민당 내의 정책적 조류와는 다른 방면으로 노를 젓기 시작했다. 이것이 후에 21세기에 이르러 중대한 정치적 쟁점이 되었다.

행·재정 개혁과 재정 재건

80년대 자민당 정권의 정책 과제 중에서 가장 우선시 된 것은 행·재정 개혁이었다. 이 때문에 임시행정조사회(臨調)가 신설되는 한편, 정부는 82년도 예산에서 개산(概算) 요구틀을 전년도 대비로 증가율을 원칙적으로 제로로 하는 '원칙 제로 실링'을 각의 결정했다. 이 방식은 이듬해 83년도에는 원칙적으로 '5% 삭감한다'라는 최초의 마이너스 실링으로 강화되었다.

다른 한편, 82년 7월 말, 임시행정조사회는 제3차 답신(기본답신)

을 제출하고 국철, 전전(電電, 전신전화. 구 NTT), 전매 3공사의 분할·민영화, 성청 통폐합 등의 현안 사항을 망라한 의견을 명백히 밝히고 재정 위기를 극복하기 위해서는 '증세 없는 재정 재건'이라는 기본 방침을 확인할 필요가 있음을 제언했다.

이러한 방침이 나온 배경에는 록히드 사건 이래 금권정치가 비판받고, 득표 기반이 약화되었기 때문에 자민당 정권이 재정 재건책으로 소비세 도입 등의 근본적 세제개혁을 제안하기 힘들었고, 그 결과 법인세의 임시 증세 등을 통해 재정 수지의 앞뒤를 맞추려고 해왔다는 사정이 있었다. 이에 대해 재계는 정부를 강하게 비판하였다. 법인세 부담을 경감하기 위해서 새로운 세금의 도입이 어렵다고 한다면 세출 삭감 이외에 방책은 없었다. 80년대 말에 소비세 도입이 실현된 것이 나타내듯이 행·재정 개혁이 간접세 증세에 소극적이었던 것도, 염두에 두지 않았던 것도 아니었다. 따라서 '증세 없는 재정 재건'이란 정확히는 '법인세 증가 없는' 재정 재건이라는 의미였다.

이 방침에 따라 나카소네 수상은 '조용한 개혁의 가장 중요한 과제는 행·재정 개혁의 단행이다'라는 소신에 기반하여 행정 개혁을 내정의 최고 중요 과제로 삼았다. 때문에 총리부와 행정 관리청을 총무청으로 통합하고 3공사의 민영화, 일반 세출의 마이너스 실링을 추진했다.

그 위에 나카소네 수상은 84년 9월에 수상의 사적 자문기관이었던 '경제정책연구회'(좌장 마키노 노보루[牧野昇])의 보고서에 기초하여 '민간 활력의 배양'을 중요한 정책 과제로 실현하기 위해 개발 규제의 완화, 국공유지의 개방 등 규제 완화를 단행했다. 이 생각은 임시 행정 개혁추진 심의회(회장 도코 토시오[土光敏夫])에 의한 규제 완화의 답신에 '간결하고 강력한 정부'라는 형태로 반영되었다.

미국과의 무역마찰 조정

85년 1월의 미일 수뇌회담 후, 나카소네 수상은 각의에서 미국에 대한 시장 개방 정책을 정리하도록 지시하고, 통신 기기 등 5개 분야에서의 수입 절차 간소화와 기술 및 품질에 관한 기준 인증 제도의 개선 등을 과감히 진행하도록 지시했다. 그 위에 4월 9일에 나카소네 수상은 텔레비전 중계를 통해 이례적인 '대국민 호소'를 하여 '자유무역 체제를 유지하기 위해서는 일본 시장을 '원칙 자유, 예외 제한'으로 극력 개방할 필요가 있다'고 호소했다. 수입에 대한 정부 규제를 극력 줄이고 소비자의 선택과 책임에 맡기는 것에 이해를 구하며, 수입 확대를 위해 '국민 한 사람이 100달러씩 외국 제품을 더 샀으면 한다'고도 권유했다. 겨우 20년 정도 전까지 외화부족으로 인해 경제정책 운영이 항상 불안을 안고 있었고, 성장에 제동이 걸리고 있었던 점을 생각하면 경제 대국 일본의 지위는 격세지감을 느낄 만한 변화의 모습을 보여 주었다.

더욱이 10월에는 수상의 사적 자문기관으로 '국제협조를 위한 경제구조조정 연구회'(좌장 마에카와 하루오〔前川春雄〕)를 발족시켰다. 이 연구회의 보고가 그 후의 경제정책의 방향에 큰 영향을 미치는 '마에카와 레포트'였다.

마에카와 레포트가 정리된 배경에는 80년대 일본의 특징적인 국제적 지위가 있었다. 유가(油價) 급등이 발단이 된 인플레이션을 억제하기 위해 금융 감시 정책을 장기간에 걸쳐 계속한 구미 여러 나라들은 제로 성장이나 마이너스 성장, 높은 실업률과 물가 상승률에 고민하고 있었다. 그중에서도 미국의 금리는 제2차 세계대전 후 최고 수준이 되어 기준금리는 14%, 대형 은행에 대한 추가 상승률을 포함하면 18%에 달했다. 세계적인 고금리는 각국 경제에 강한 디플레이션 압력을 미쳤을 뿐만 아니라 비산유 발전도상국의 금리 부담 증대에 따른 누적 채무 문제를 초래하는 등 세계 경제에 악영향을 미치고 있었다.

이러한 상황에서 일본은 구미 여러 나라들로부터 세계 경제의 선두에 서서 경제 발전을 견인할 것을 요구받았다. 이를 위해서 수출입 의존도를 낮추고 내수 중심의 경제 확대가 요구되었다. '마에카와 레포트'는 이를 위한 처방전이었다. 이렇게 하여 정부는 자동차의 대미 수출 자주 규제 등의 조치와 더불어 내수 확대와 규제 완화를 통해 수입 증가를 촉진하여 세계의 일본 비판을 피하려고 노력했다. 일본 국내의 세심한 규제가 외국의 여러 나라들로부터 무역의 장해가 되는 '비관세 장벽이다'라는 비판이 있었기 때문이다. 그리고 규제 완화는 '작은 정부'의 이념에도 합치되는 것이었다.

경제 확대의 원동력이 되고 있던 수출에 대한 영향을 극력 피하기 위해 내수 확대는 적절한 선택이었다. 특히 국제 시장에서 존재감을 더하고 있던 일본의 대기업(자동차, 전기 기계 등의 가공 조립형 기계 공업 기업 등)에 있어 수출 규제보다 내수 확대 쪽이 바람직했다.

플라자 합의와 엔고 대책

미국 정부는 85년 9월 22일 뉴욕의 프라자 호텔에서 개최된 선진 5개국 재무장관 회의(G5)에서, 그때까지의 환율 불개입 방침을 크게 변환할 것을 표명했다. 이에 기초하여 G5 참가국은 달러 고평가 시정을 위한 협조 개입을 하게 되었다. 그때까지 무역 마찰의 원인이 수출국 측의 불공정한 거래 관행에 있다고 주장해왔던 미국이 무역 불균형의 해소에 통화 조정이 필요하다는 점을 인정한 것이다. 이렇게 해서 합의된 G5의 방침(플라자 합의)에 따라 엔에 대한 달러의 비율은 2개월 후인 11월 25일에는 20% 엔 절상인 200엔을 돌파했고, 이후로도 상승세를 이어갔다.

이로 인해 일본 경제는 급격한 엔고에 시달렸고, 대응에 쫓기게 되었다. 그러나 그 반면 국내에서는 86년이 되자 '재테크'라는 말이 유행한 것이 보여주듯이 방대한 잉여 자금을 가진 기업이 본업 이외의 투자에 적극적인 자세를 취하게 되었다. 엔고 대책으로서 재정 면에서의 경기 부양책과 저금리 정책이 추진된 것이 그 배경에 있었다. 열도 개조 붐 속에서 닉슨쇼크를 완화하기 위해 취해진 엔고 대책이 과잉유동성을 초래한 것을 보면 이러한 정책 선택에는 적지 않은 위험이 포함되어 있었다.

엔고 불황의 예측 속에서 설비 투자에 적극적이었던 기업은 내외적으로 조달한 자금을 이용하여 재테크의 길로 달렸다. 87년 10월에 뉴욕 주

▶사진. 에즐라 F. 보겔, 『재팬 애즈 넘버 1(Japan as No.1)』(히로나카 와카코〔広中和歌子〕·키노모토 아키코〔木本彰子〕 역, TBS브리타니카, 1979년).

식시장을 엄습한 '검은 월요일'의 대폭락에도 불구하고 같은 해 2월의 일본전신전화(NTT)의 상장을 통해 야기된 주식 붐은 상승 곡선의 경제성장을 기대하듯, 멈출 줄 모르는 머니게임—버블 경제를 이끌게 되었다.

1988년도 판 『경제백서』는 '일본 경제는 85년 가을부터의 엔고 불황을 극복했다'고 선언하고, 내수 주도형의 경제성장을 실현했다고 주장했다. 경기회복 과정에서 제품 수입이 증가하여 경상수지 흑자가 축소된 것 외에 고용정세가 개선되고 물가가 안정되는 등 경제의 균형도 좋아졌다. 엔고 불황이 아닌 엔고 호황이었다.

확대 기조의 일본 경제에 대해 정부는 미일 관계의 긴장을 피하기 위해 내수 확대 정책을 유지하고 투기로 인한 물가 상승 우려가 있어도 금융 긴축을 망설였다. 그것이 버블로 가는 마지막 문을 열었다. 이 사이에 강한 엔을 바탕으로 89년에는 소니가 콜롬비아 픽처스 엔터테인먼트사를, 미쓰비시시지쇼(三菱地所)가 록펠러 그룹사를 매수했다. 미국 국내의 대일 비판은 점점 강해져만 갔다. 미국의 혼을 샀다고 비판받은 이 사건은 국내에서 발생하고 있던 버블의 대미 수출의 한 부분이었다.

경제대국의 함정

에즈라 보겔의 『재팬 애즈 넘버 원』(티비에스 브리테니커)가 원저 간행과 같은 해에 번역 출판된 것이 79년의 일이었다. 그리고 이듬해의 『경제백서』는 그 부제를 '선진국 일본의 시련과 과제'라고 붙였다. 그

때까지 일본 정부는 일본 경제의 '후진성'을 문제로 삼아 경제의 근대화·합리화가 필요하다고 열심히 설명하고 있었다. 무역 자유화나 자본 자유화 등의 즈음에는, 뒤처진 일본이 이러한 문제에 대응하는 일이 얼마나 곤란한 과제인가를 누구나 생각하게 되었다. 경제 발전에 필사적으로 매달리고 있던 시대에는, 일본인은 '이코노믹 에니멀'로 동정이 섞인 폄하를 받았고, 유럽을 방문한 이케다 수상은 '트랜지스터 세일즈맨'이라는 야유를 받았다. 그 후로 30년쯤 후, 일본에 자동차 세일즈맨 같은 미국 대통령이 방일했다.

세계가 달러와 석유의 큰 폭풍에 휘말리고 있던 중에 일본은 어느 사이에 선진 공업국의 선두 그룹에 있다고 여겨지게 되었다. 선두 그룹일 뿐만 아니라 넘버원이라 불렸다. 이러한 평가가 생겨난 것은 70년대에 스태그플레이션으로 침체된 선진 공업국 중에서 일본이 가장 빨리 경제성장 궤도에 복귀하는 것에 성공하고 물가의 안정을 이루었으며, 산업의 강한 국제경쟁력으로 세계 시장에서의 존재감을 더했기 때문이었다. 이것이 무역 마찰을 일으켰지만 국제적으로 일본 경제의 저력의 원천이 주목을 받았다. 쓸데없는 것을 생략하고, 유연한 다품종 대량생산을 실현한 도요타 생산방식 등의 뛰어난 생산방식이 칭송받았을 뿐만 아니라 그때까지는 뒤떨어진 노동 관행이라 여겨지고 있었던 기업별 조합, 종신고용, 연공임금 등의 제도도 중요한 요소라고 평가받게 되었다. '개선'이나 '계열'은 '가라오케' 등과 함께 국제적으로 통용되는 일본어가 되었다.

일본인에게 있어 민망한 이 평가에 의해, 어느 사이에 일본인의 감각도 변화해 갔다. 매스컴도 경제 평론가들도 맞추기라도 한 듯이 '선진국 중의 우등생 일본'을 칭송하는 논조로 이야기하기 시작했다.

그리고 강한 일본 기업의 경영을 담당하고 있던 사람들 중에 교만함이 생겨났다. 그 사이에 거품이 일기 시작한 투기로의 유혹이 착실히 침투했다. 정부의 경제정책은 그럼에도 불구하고 너무나도 경계심이 없었다. 그들의 관심은 대미 협조의 유지와 물가 등 경제활동을 불안정하게 하는 요인의 제거였다. 70년대 초의 토지 투기가 심각한 사회문제가 된 것은 잊혀지고 있었다. 대미 협조를 위해서는 내수 확대가 필요하며 적은 재원이라도 국내 투자나 소비가 확대되도록 유도할 필요가 있었다. 경제 회복을 통해 나라의 빚 비율도 조금씩 개선되고 있었다. 주식이나 토지 가격 상승도 자산 효과에 의해 소비 확대를 초래할 것이라고 '낙관적으로' 해석되었다. 따라서 모든 것이 '순풍에 돛 단 듯' 했다. 다시금 경제성장이 모든 문제를 해결하고 일본을 더욱 풍요로운 사회로 이끌어 줄 것처럼 보였다. 그리고 경제 대국이라는 평가로 인해 생겨난 자만심 속에서 생겨난 버블에 발목을 잡힌 것이다.

버블의 바탕에는 개개의 경제주체가 제한 없이 스스로의 이익 추구를 위해 달린 모습이 있었다. 총합계로서의 국민총생산의 증가, 즉 경제성장은 개개의 경제주체의 이익이 증가하는 것으로 실현된다고 여겨지게 되었다. 성장에 활력이 필요하다고 하여 이익 추구에 제동이 걸리지 않는 사회가 출현했다.

분명 경제성장은 완전 고용의 실현이나 이중구조의 해소라는 정책 문제를, 폐해를 수반했지만 기본적으로 해결해왔다. 일본인은 성장률 저하에 직면하면서 다시금 이것을 강하게 느끼게 되었다. 이렇게 해서 경제성장은 신화가 되었다. 그리고 80년대 후반에 다시금 고성장 경제를 꿈꾸며 물거품을 쫓아갔다.

그러나 경제성장을 목표로 한 시대에는 성장 그 자체가 목적이었던 것은 아니었다. 하토야마 내각의 '경제자립 5개년계획'이 5% 성장을 목표로 한 것은 아직까지 광범위하게 남아 있던 고용 불안이나 잠재적 실업의 해소가 필요했기 때문이었다. 그러한 목적을 잃었을 때, 성장은 스스로 '목적'이 되었고, 일본은 성장의 신화를 계속 쫓아가게 되었다.

저자 후기

　고도성장 경제라는 관념이 시대의 산물에 지나지 않는다는 주장이 본서의 저류에 있다. 56년『경제백서』의 표현을 빌리자면 80년대 초에 우리들은 '더 이상 고성장의 시대가 아니다. 우리는 다른 국면에 직면해 있다. 성장을 통해 풍요로움을 추구할 수 있는 여지는 모두 사용했다. 제한된 자원하에서 환경을 보전하고, 절도 있는 생활을 유지하기 위하여 분배의 공정성이 요구된다'고 인식해야만 했다. 그것이 왜 불가능했던 것인지를 지금부터 생각해 보고 싶다.

　시리즈의 한 권으로 '고도성장기를 쓰지 않겠는가'라는 권유를 받았을 때에는 좀처럼 없는 기회라고 감사히 생각한 한편, 전후 경제사를 정리하는 것이라면, 이라는 정도의 가벼운 마음으로 받아들였다.

　그러나 그것은 너무 안이한 생각이었다. 첫 집필자 회의에 내가 제출한 전후 경제사를 상정한 목차는 편집위원 여러분들로부터 깨끗이 거절당했다. 통사로서 정치사나 사회사 등, 좀 더 넓은 시야로 다시 생각하라는 것이었다. 그래서 본서는 나에게 있어서는 '플랜 B'에 기초하여 전공 이외의 사항에 대해서도 가능한 언급하도록 정리한 것이다.

　그렇다고는 해도 요구된 범위가 너무 넓었다. 나의 전공 영역은 근대 경제사로, 전후사가 아니기 때문에 경제 관련이라도 신통치 못하다. 우선 『아사히 연감』을 순서대로 읽고, 메모를 해나가기로 했다. 이 작업은 의외로 재미있었다. 유행어라든가 여론조사라든가 베스트셀러 등 메모는 많이 할 수 있었다. 단, 그것을 살려낼 만한 힘이 없어서 거의 대부분이 창고에 쌓여버렸다. 결국 집필한 글의 수비 범위는 정치·경제사에 머물렀다. 공해 문제 등 언급이 불충분했던 문제나 시대와 더불어 변화하는 아이들의 모습 등, 쓰고 싶었던 테마가 뒤에 남았다.

　제한된 범위의 글임에도 선행 연구에 의지한 부분이 매우 많았지만 주석이 충분하지 않다. 일일이 표시하지 않은 부분도 참고문헌에서 소개한 연구에서 도움을 받았다. 독자 여러분이 그중의 한 권이라도 손에 들어주면 감사하게 생각하고 싶다.

　후기의 말미에 '원고가 늦어져 죄송합니다'라고 쓰기를 항상 원했지만, 본서도 그것은 불가능했다. 언제 완성될지 모를 원고를 끈기 있게 기다려 주신 편집부의 우에다 마리(上田麻里) 씨에게 마음으로부터 감사하고 싶다.

2008년 3월

다케다 하루히토(武田晴人)

역자 후기

　　역자는 일본에서 근현대 일본 경제사를 전공하였다. 10년에 가까운 유학 기간 동안 역자는 일본이 급속히 팽창하고 이윽고 붕괴한 중일전쟁과 제2차 세계대전기의 일본 경제사와 항공기 산업을 테마로 연구하였다. 필자가 전공한 시기의 일본은 한정된 자원과 기술력으로 세계 패권국가에 도전하였고, 그 목표를 이루기 위해 계속적으로 팽창하면서 국력을 넘어서는 무리를 거듭하였다. 그리고 국력의 한계로 더 이상 무리를 할 수 없게 된 순간, 패권에의 꿈도 산산조각 났다. 이 과정에서 받은 연합국의 공격은, 1944년에 이미 한계점에 도달한 일본의 경제 시스템을 철저히 파괴하였다.

　　1945년의 패전을 맞이하며 일본 경제는 이처럼 자신의 한계점에 도달해 있었다. 패전은 일본을 세계 속에서 '후진국'으로 자리 잡게 하였으며, 경제 시스템이 파괴되어 일본인들은 생존 그 자체가 문제시되는 상황에 직면했다.

　　그리고 약 30년 뒤 일본은 자신들을 패배시킨 서구의 대다수 국가를 '경제적'으로 능가하는 경제대국으로 돌아오게 된다. 세계는 패전국이자 후진국이었던 일본의 경제성장을 경이로운 눈으로 보았고,

때로는 감탄으로, 때로는 질시로 일본의 성장을 보도하고 평가하였다. 필자가 전공으로 하였던 시기에 비해, 후대의 눈으로 보면 확실히 이 시기의 일본은 희망차고 밝은 시기를 보낸 것처럼 보인다.

그러나 본문에서 보듯, 고도성장기의 일본은 결코 평탄하고 장밋빛으로 가득한 길을 걸어온 것이 아니었다. 정치권은 부패와 암투 속에서 좌충우돌하였고, 노사의 갈등은 장기간 계속되었다. 외교는 미·소·중 사이에서 갈팡질팡하였으며, 재앙으로밖에 묘사할 길이 없는 공해 문제도 계속 일어났다. 국민과 학생의 정치와 재벌에 대한 불신은 고도성장기의 중반까지 격렬한 대치를 낳았고, '선진국'으로 입문하기 위한 무역·자본 자유화를 정계와 재계, 국민 모두가 긴장하며 대응할 수밖에 없었다. 총체적으로 일본의 정치 및 경제 시스템은 고도성장이 끝나는 시점까지 '후진적'인 것으로 내외에서 평가받고 있었다.

본서는 이러한 30년 동안 일본 내부에서 일어난 경제 및 정치적 전개 과정을 간결·명확하게 정리해냈다. 저자가 말미에 지적했듯 본서가 고도성장기의 일본의 경제 전부를 그려내고, 성장의 원인 전부를 설명하고 있는 것은 아니다. 그러나 본서는 무엇보다도 30년간의 고도성장이 결코 순조롭게 이루어진 것이 아니며, 내부적인 모순과 위기가 거의 전시기에 걸쳐 있었던 점을 명확하게 그려내었다. 만일 이 시기에 일본이 '쇠퇴'하였다면, 위에서 언급된 상황들은 모두 그 원인으로 설명될 수도 있을 것이다. 이와 같이 많은 문제에도 불구하고 이루어진 고도성장은 역사가 결코 단순하게 전개되는 것이 아님을 여실히 보여주고 있으며, 일본의 '고도성장'을 역사적으로 평가하는 것이 단순한 일이 아님을 알게 해준다. 어쩌면 이것이 본서가 역사서로서 가지는 또 다른 의미일 것이다.

　　본서에서 경제성장이 고도성장 이후 그 스스로 일본 사회의 목적이 되었다는 표현은 지난 30년의 일본 사회의 한 면을 보여주는 말이라 생각된다. 그처럼 자기 목적화된 성장을 계속한 결과 일본은 자타가 인정하는 '경제대국'과 '선진국'이 되었으며, 본문의 표현대로 '교만'이 생겨났고, 오랜 기간 그 대가를 치르고 있다. 그리고 이것이 흔히 일본이 걸어온 길을 계속 쫓아왔다고 하는 한국에게 어떠한 의미일지는 생각할 필요가 있을 것이다. 만일 본서가 묘사하였듯이 고도성장의 시기에도 격렬한 혼란과 갈등이 있었다면, 현재 우리의 모습은 과연 성장의 도로 위에 있는 것일까, 아니면 '교만'에 빠지려 하는 것일까? 우리가 추구해야 하는 것은 자기 목적화된 '성장'일까, 아니면 일본도 보여주지 못한 또 다른 길일까? 이에 대한 해답의 추구는, 자신들이 살고 있는 시기가 훗날 역사적으로 어떤 시기로 평가될지를 인식하기 어려운 현재의 우리들에게 주어진 지난(至難)한, 어쩌면 그렇기에 포기하기 쉬울 수도 있는 과제일 것이다.

2013년 1월

최우영

연도	일본	세계
1954년 (쇼와29)	3. 제5후쿠류마루, 비키니 환초에서 피폭. 미일 MSA 협정 조인 4. 조선의옥(造船疑惑)으로 지휘권 발동 6. 방위청설치법, 자위대법 공포 12. 제1차 하토야마 이치로 내각 성립	6. 주은래·네루 '평화 5원칙' 발표 7. 제네바 협정 성립
1955년 (쇼와30)	1. 정부, 종합경제6개년계획 결정 2. 일본생산성본부 설립 8. 제1회 원수폭(原水爆)금지 세계대회 개최, 석탄광업합리화임시조치법 공포 10. 사회당 통일대회 개최 11. 보수 합동에 의해 자유민주당(자민당) 성립 *춘투가 시작됨.	4. 아시아·아프리카회의 개최 7. 러셀－아인슈타인 선언 발표, 제네바에서 4개국 주요 인사 회담
1956년 (쇼와31)	10. 소일(蘇日)국교회복교섭 타결 12. 일본, UN가입. 이시바시 탄잔 내각 성립	2. 흐루쇼프, 스탈린 비판 10. 헝가리 사태 발생
1957년 (쇼와32)	1. 구마모토대학 의학부, 미즈마타(水俣)병의 원인으로 신일본질소의 배수를 지목 2. 제1차 기시 노부스케 내각 성립 6. 제1차 방위력정비3개년계획 10. 정부, 독점금지법 심의회 설치	3. EEC 조약 조인 10. 소련, 인공위성 발사 성공
1958년 (쇼와33)	5. 나가사키 국기사건 발생 10. 일교조(日教組), 근무평정 반대를 위해 '비상사태'를 선언	5. 중국 공산당, 대약진노선 결정
1959년 (쇼와34)	4. 안보(安保)저지 국민회의 제1차 통일행동 9. 이세만(伊勢湾) 태풍 내습 12. 미쓰이 광산, 지명해고 통고. 미이케(三池)쟁의 개시(60년 9월 타결)	1. 쿠바 혁명 3. 티벳 반란 8. 북조선 귀환에 관한 협정 조인

1960년 (쇼와35)	1. 미일안전보장조약 조인. 민주사회당 결성 4. 소니, 트랜지스터 텔레비 발매 6. 신(新)안보조약 자연승인. 각료회의, 무역환율 자유화계획 결정 7. 제1차 이케다 하야토 내각 성립 10. 아사누마 이네지로 사회당 위원장 살해 12. 정부, 국민소득배증계획 결정	4. 서울에서 이대통령 하야 요구 데모(4월 혁명) 12. 서방측 20개국, OECD조약 조인. 남베트남 민족해방전선 결성
1961년 (쇼와36)	6. 농업기본법 공포 7. 국민협회 설립. 제2차 방위력정비계획 결정 10. 신(新)도로정비5개년계획 각의 결정	8. 동독, 베를린 장벽 구축 9. 비동맹제국(諸國)수뇌회의 개최
1962년 (쇼와37)	5. 신(新)산업도시건설촉진법, 석유업법 공포. 대일본제약, 사리드마이드계열 수면약의 출하 정지 10. 전국종합개발계획 결정	10. 쿠바 위기 11. LT무역 개시
1963년 (쇼와38)	1. 라이샤워 미국 대사, 원자력잠수함의 일본기항을 신청 2. IMF 이사회, 일본의 8조국 이행권고(64년 4월 이행) 7. 중소기업기본법 공포	8. 미영소, 부분적핵실험정지조약 조인 11. 케네디 미 대통령 암살
1964년 (쇼와39)	4. OECD 가맹 10. 동경올림픽 개최 11. 제1차 사토 에이사쿠 내각 성립. 공명당 결성	3. UN무역개발회의 개최 10. 중국, 핵실험 성공
1965년 (쇼와40)	1. 중교심(中敎審), '기대되는 인간상' 발표 4. 베평련(べ平連. 베트남 평화운동 연합), 첫 데모 5. 증권공황 발생 6. 한일기본조약 조인. 이에나가 사부로, 교과서검정위헌소송 개시 11. 전후 첫 적자국채 발행	2. 미, 북폭 개시 6. 알제리, 쿠데타 9. 인도-파키스탄 양국, 카시미르에서 군사 충돌
1966년 (쇼와41)	2. 춘투공투위(春鬪共鬪委), 물가 메이데이 개최 5. 미 원자력잠수함, 요코스카(横須賀) 기항 7. 각의, 신(新)동경국제공항의 건설지 결정 *정부여당의 불상사 연속됨	8. 중국, 문화대혁명 승리 축하에 홍위병 100만인 집회
1967년 (쇼와42)	4. 미노베 료키치(美濃部亮吉), 도지사 당선 6. 각의, 자본거래자유화 기본방침 결정 8. 공해대책기본법 공포	7. EC 발족 8. ASEAN 결성
1968년 (쇼와43)	6. 대기오염방지법 공포 12. 사토 수상, 비핵삼원칙 언명 *대학분쟁 격화	3. 손미촌 사건 4. 프라하의 봄 5. 파리 5월 혁명
1969년 (쇼와44)	5. 정부, 신(新)전국종합개발계획 결정. 도메이(東名)고속도로 개통 11. 미일 수뇌회담. 오키나와 반환에 합의	1. 베트남 화평(和平) 확대 파리회의 7. 아폴로 11호, 달착륙에 성공

1970년 (쇼와45)	3. 오사카 센리(千里)에서 만국박람회 개최. 신일본 　　제철 성립 6. 미일안전보장조약 자동연장 11. 미시마 유키오(三島由起夫), 할복 자살	10. 칠레, 아젠데 정권 성립 12. 서독·폴란드 관계 정상화조 　　약 조인
1971년 (쇼와46)	6. 오키나와 반환협정 조인 7. 환경청 발족 12. 스미소니안 협정에 의해 1달러=308엔	8. 미국, 달러 방위정책 발표 10. 중국, UN 복귀 결정
1972년 (쇼와47)	1. 미일섬유정부간협정 조인 3. 연합적군, 아사마(浅間) 산장 사건 5. 오키나와, 본토 복귀 6. 다나카 카구에이, 『일본열도개조론』간행 7. 제1차 다나카 카구에이 내각 성립	2. 닉슨 방중 5. SALT전략병기제한조약 조인 9. 중일 국교회복
1973년 (쇼와48)	2. 엔(円), 변동환율제로 이행 8. 김대중 사건 발생 11. 화장실 휴지(토일렛 페이퍼)소동 발생. 정부, 석 　　유긴급대책요강 결정 12. 국민생활안정긴급조치법, 석유수급적정화법 공포	1. 베트남화평조약 조인 10. 제4차 중동전쟁 발발. OAPEC, 　　석유전략 발동
1974년 (쇼와49)	2. 석유 비밀 카르텔사건 적발 10. 다나카 수상, 정치자금 문제로 사의 표명 12. 미키 타케오 내각 성립	1. 다나카 수상, 동남아시아 방문, 　　반일폭동 발생
1975년 (쇼와50)	1. 후쿠이현 미하마(美浜) 원자력발전소 방사능 누출 11. 공로협(公勞協), 스토권 스토(スト権スト) 돌입	11. 제1회 선진국수뇌회의 개최
1976년 (쇼와51)	2. 록히드 사건 문제화 5. '미키 제거' 공작 활발화 7. 다나카 전수상 체포 10. 정부, 방위계획의 대강(大綱) 결정 12. 후쿠다 타케오 내각 성립	3. 한국, 민주구국(民主救國) 선언 4. 제1차 천안문사건 발생 9. 마오쩌뚱(毛沢東) 사망
1977년 (쇼와52)	7. 어업수역 200해리 실시. 문부성, '기미가요(君が 　　代)'를 국가로 규정 11. 제3차 전국종합개발계획 결정	8. 중국, 문화대혁명 종료와 4개 　　의 근대화정책 발표
1978년 (쇼와53)	8. 중일평화우호조약 조인 10. 각의, 원호(元號)법제화 결정 11. 미일안보협의위, 미일방위협력을 위한 지침 결정 12. 제1차 오히라 마사요시 내각 성립	4. 아프가니스탄에서 쿠데타, 친 　　소 정권 성립 5. 첫 UN군축회의 개최
1979년 (쇼와54)	1. 오히라 수상, 일반소비세 도입 시사 4. 그라만 의혹으로 닛쇼이와이(日商岩井) 부사장 　　체포 6. 동경에서 선진국 수뇌회의 개최 10. 자민당 반주류파, 오히라 퇴진 요구. 이후 장 　　기의 당내 대립 지속.	2. 이란 혁명, 제2차 석유위기 3. 미, 쓰리마일섬에서 원자력발 　　전소 사고 12. 소련, 아프가니스탄 침공

연도	일본	세계
1980년 (쇼와55)	1. 사(社)·공(公) 양당, 연합정권 구상 합의 2. 자위대, 환태평양합동연습 참가 5. JOC, 모스크바 올림픽 불참 결정 7. 스즈키 젠코 내각 성립	5. 한국, 광주민주화운동 발생 8. 폴란드 노조, 연대 결성
1981년 (쇼와56)	3. 임시행정조사회 첫회합 5. 대미승용차 수출 자주규제	
1982년 (쇼와57)	7. 중국, 일본의 교과서 검정에 항의 11. 제1차 나카소네 야스히로 내각 성립	6. 미소 전략병기 삭감교섭 개시
1983년 (쇼와58)	2. 노인보건법 시행 10. 동경지법, 다나카 전(前)수상에게 실형 판결	9. 소련, 대한항공기를 격추
1984년 (쇼와59)	12. 자민당방위력정비 소위원회, 방위비의 GNP 1% 억제에 대한 검토 제언 결정	9. 전두환 한국 대통령 일본 방문
1985년 (쇼와60)	4. NTT, 민영화 7. 나카소네 수상, 가루이자와(輕井沢) 세미나에서 '전후 정치의 총결산'을 주장	9. G5, 플라자 합의

참고문헌

본문 중 언급한 문헌을 비롯하여 집필에 참고한 서적을 소개하였다. 그 외 지면관계상 적지 못한 많은 문헌의 도움을 받았다(각 장마다 간행 연대순으로 배열).

전체

아사히(朝日) 신문사 편,『아사히 연감』각 년도판

경제기획청조사국 편,『자료·경제백서 25년』, 니혼케이자이(日本経済) 신문사, 1972년

이이다 쓰네오(飯田経夫) 외,『현대일본경제사』, 치쿠마쇼보(筑摩書房), 1976년

마이니치(毎日) 신문사『1억인의 쇼와(昭和)사 6-9』, 1976년

고사이 유타카(香西泰),『고도성장의 시대』, 니혼효론샤(日本評論社), 1981년

시바가키 가즈오(柴垣和夫),『쇼와(昭和)의 역사 제9권 강화에서 고도성장으로』쇼가쿠칸(小学館), 1983년

고도성장을 생각하는 회(高度成長期を考える会) 편,『고도성장과 일본인 1-3』, 니혼(日本) 에디터스쿨 출판부, 1985-86년

나카무라 타카후사(中村隆英),『쇼와(昭和) 경제사』, 이와나미(岩波) 세미나북스, 1986년

마스미 준노스케(升味準之輔),『일본 정치사 4』, 도쿄다이가쿠(東京大学) 출판회, 1988년

통상산업정책사편찬위원회·통산산업성 편,『통상산업정책사』, 제5·6·8권, 통상산업조사회, 1989~91년

마쓰오 타카요시(松尾尊兌),『일본의 역사 21 국제국가로의 출발』, 슈에이샤(集英社), 1993년

하시모토 주로(橋本寿郎),『전후의 일본경제』, 이와나미신쇼(岩波新書), 1995년

경제기획청 편,『전후 일본경제의 궤적』, 경제기획청, 1997년

요시카와 히로시(吉川洋),『20세기 일본 6 고도성장』, 요미우리(読売) 신문사, 1997년

하시모토 주로(橋本寿郎),『전후 일본경제의 성장구조』, 유히카쿠(有斐閣), 2001년
가와노 야스코(河野康子),『일본의 역사 24 전후와 고도성장의 종언』, 고단샤(講談社), 2002년

머리말

경제안정본부(경제심의청·경제기획청),『경제백서』 각 년도
하야시 슈지(林周二),『유통혁명』, 츄코신쇼(中公新書), 1962년
마스다 히로시(増田弘),「공직추방해제의 영향」, 나카무라 타카후사·미야자키 마사야스 편,『과도기로서의 1950년대』, 도쿄다이가쿠(東京大学) 출판회, 1997년

제1장

시미즈 신조(清水慎三),『전후혁신세력』, 아오키쇼텐(青木書店), 1966년
기시 노부스케(岸信介)·야쓰기 가즈오(矢次一夫)·이토 다카시(伊藤隆),『기시 노부스케(岸信介)의 회상』, 분게이슌슈(文藝春秋), 1981년
히로세 미치사다(広瀬道貞),『보조금과 정권당』, 아사히(朝日) 신문사, 1981년
시미즈 신조(清水慎三),「미이케(三池)쟁의 소론」, 시미즈 신조(清水慎三) 편,『전후노동조합운동사론』, 니혼효론샤(日本評論社), 1982년
일본은행백년사편찬위원회 편,『일본은행백년사』제5권, 일본은행, 1985년
쓰쓰이 기요타다(筒井清忠),『이시바시 탄잔(石橋湛山)』, 츄오코론샤(中央公論社), 1986년
사사고 가쓰야(笹子勝哉),『정치자금』, 샤카이시소샤(社会思想社), 1988년
가와나 히데유키(川名英之),『다큐멘터리 일본의 공해』제4권, 료쿠후슛판(緑風出版), 1989년
하시모토 주로(橋本寿郎),「1955년」, 야스바 야스키치(安場保吉)·이노키 다케노리(猪木武徳) 편,『일본경제사8 고도성장』, 이와나미쇼텐(岩波書店), 1989년
하라 요시히사(原彬久),『기시 노부스케(岸信介)-권세의 정치가』, 이와나미신쇼(岩波新書), 1995년
요시노 겐자부로(吉野源三郎),『평화에의 의지』, 同『「전후」와의 결별』, 이와나미쇼텐(岩波書店), 1995년
나카무라 타카후사(中村隆英)·미야자키 마사야스(宮崎正康) 편,『과도기로서의 1950년대』, 도쿄다이가쿠(東京大学) 출판회, 1997년
효도 쓰도무(兵藤釗),『노동의 전후사』상·하, 도쿄다이가쿠(東京大学) 출판회, 1997년
고토다 마사하루(後藤田正晴),『정(情)과 리(理)』상·하, 고단샤(講談社), 1998년
히라이 요이치(平井陽一),『미이케(三池) 쟁의』, 미네르바쇼보(ミネルヴァ書房), 2000년

하라 요시히사(原彬久), 『전후사 속의 일본사회당』, 츄코신쇼(中公新書), 2000년

나카키타 고지(中北浩爾), 『1955년 체제의 성립』, 도쿄다이가쿠(東京大学) 출판회, 2002년

나카무라 타카후사(中村隆英) · 미야자키 마사야스(宮崎正康) 편, 『기시 노부스케(岸信介) 정권과 고도성장』, 도요케이자이신포샤(東洋経済新報社), 2003년

무라이 아쓰시(村井淳志), 「근무평정」, 사사키 다케시 외 편, 『전후사 대사전-1945-2004』, 산세이도(三省堂), 2005년

사도 아키히로(佐道明広), 『전후정치와 자위대』, 요시카와코분칸(吉川弘文館), 2006년

제2장

이토 마사야(伊藤昌哉), 『이케다 하야토(池田勇人) 그 삶과 죽음』, 시세이도(至誠堂), 1966년

찰머즈 존슨(Chalmers Ashby Johnson), 『통산성과 일본의 기적』, 야노 토시히코(矢野俊比古) 감역(監譯), TBS브리타니카(TBS ブリタニカ), 1982년

시게카네 요시코(重兼芳子), 『아내의 혼들의자』, 고단샤(講談社), 1984년

아마노 마사코(天野正子) · 사쿠라이 아쓰시(桜井厚), 『「물건과 여자」의 전후사』, 유신도코분샤(有信堂高文社), 1992년

가세 카즈토시(加瀬和俊), 『집단취직의 시대』, 아오키쇼텐(青木書店), 1997년

하야시 유지로(林雄二郎) 편, 『신판 일본의 경제계획』, 니혼케이자이신분샤(日本経済新聞社), 1997년

세키구지 유코(関口裕子) 외, 『가족과 결혼의 역사』, 신와샤(森話社), 1998년

에코노미스트 편집부편, 『고도성장기에의 증언』 상·하, 니혼케이자이효론샤(日本経済評論社), 1999년(1984년, 마이니치신분샤〔毎日新聞社刊行〕의 복각판)

호시노 신야스(星野進保), 『정치로서의 경제계획』, 니혼케이자이효론샤(日本経済評論社), 2003년

레트로상품연구소 편, 『첫 국산품 이야기』Part1·Part2, 나나 코포레트 커뮤니케이션, 2003~04년

우에다 히로후미(植田浩史), 『시리즈 현대경제의 과제 현대일본의 중소기업』, 이와나미신쇼(岩波新書), 2004년

이시이 간지(石井寛治) 편, 『근대일본유통사』, 도쿄도(東京堂) 출판, 2005년

사사키 사토시(佐々木聰), 『일본적 유통의 경영사』, 유히카쿠(有斐閣), 2007년

제3장

일본출판노동조합협의회, 『교육·문화의 국가통제와 군국주의화』, 일본출판노조조합협

의회, 1966년

미야자키 키이치(宮崎義一),『전후일본의 경제기구』, 신효론(新評論), 1966년

우이 준(宇井純),『공개자주강좌 제3학기 3 공해원론』, 아키쇼보(亜紀書房), 1971년

레이첼 카슨(Rachel Louise Carson),『침묵의 봄-생과 사의 묘약』, 아오키 료이치(青樹簗一)
　　역, 신쵸분코(新潮文庫), 1974년

데루오카 슈조(暉峻衆三),『일본농업사』, 유히카쿠(有斐閣), 1981년

무라타 에이이치(村田栄一),「수학(修學)」, 앞의 책『고도성장과 일본인』1

아오키 마사히코(青木昌彦)·고이케 가즈오(小池和男)·나카타니 이와오(中谷巖),『일본
　　기업의 경제학』, TBS 브리타니카(TBS ブリタニカ), 1986년

하시모토 주로(橋本寿郎),『일본경제론』, 미네르바쇼보(ミネルヴァ書房), 1991년

호세이(法政)대학산업정보센터·하시모토 주로(橋本寿郎)·다케다 하루히토(武田晴人)
　　편,『일본경제의 발전과 기업집단』, 도쿄다이가쿠(東京大学)출판회, 1992년

요시카와 히로시(吉川洋),『일본경제와 마크로 경제학』, 도요케이자이신포샤(東洋経済
　　新報社), 1992년

김동조(金東祚),『한일의 화해』, 아즈마 다케히코(東健彦) 역, 사이마루(サイマル)출판
　　회, 1993년

아리사와 히로미(有沢広巳) 감수,『쇼와(昭和) 경제사』中, 닛케이분코(日経文庫), 1994년

아이자와 유우에쓰(相沢幸悦),『일은법25조 발동』, 츄코신쇼(中公新書), 1995년

다케다 하루히토(武田晴人),『일본경제의 사건보』, 신요샤(新曜社), 1995년

구사노 아쓰시(草野厚),『야마이치(山一) 증권 파탄과 위기관리』 아사히(朝日)신문사,
　　1998년

지명관(池明観),『일한관계사연구』, 신쿄(新教)출판사, 1999년

데루오카 슈조(暉峻衆三) 편,『일본의 농업 150년』, 유히카쿠(有斐閣), 2003년

제4장 —————————————————————————

구보다 아키라(久保田晃)·기리무라 에이이치로(桐村英一郎),『쇼와(昭和) 경제60년』, 아
　　사히(朝日)신문사, 1987년

간 다카유키(菅孝行),『고도성장의 사회사』, 농산어촌문화엽회, 1987년

사사고 가쓰야(笹子勝哉),『정치자금』(앞의 책)

이와이 도모아키(岩井奉信),『「정치자금」의 연구』, 니혼케이자이(日本経済)신문사, 1990년

아라사키 모리테루(新崎森暉),『오키나와(沖縄) 현대사』, 이와나미신쇼(岩波新書), 1996년

스즈키 마사히토(鈴木正仁)·나카미치 미노루(中道實) 편,『고도성장의 사회학』, 세계사
　　상사, 1997년

다마이 긴고(玉井金五)·히사모토 노리오(久本憲夫) 편저,『고도성장안의 사회정책』, 미

네르바쇼보(ミネルヴァ書房), 2004년

미쿠리야 다카시(御厨貴)·나카무라 타카후사(中村隆英) 편, 『청취 미야자와 키이치(宮澤喜一) 회고록』, 이와나미쇼텐(岩波書店), 2005년

나카지마 신고(中島信吾), 『전후 일본의 방위정책』, 게이오기주쿠(慶應義塾) 대학출판회, 2006년

맺음말

에즐라 F. 보겔(Ezra Feivel Vogel), 『재팬 애즈 넘버원(Japan As No.1)』, 히로나카 와카코(広中和歌子)·키노모토 아키코(木本彰子) 역, TBS브리타니카(TBS ブリタニカ), 1979년

미하시 다다히로(三橋規宏)·우치다 시게오(内田茂男), 『쇼와(昭和) 경제사』하, 닛케이분코(日経文庫), 1994년

일본 근현대사 시리즈 ⑧

고도성장

초판 1쇄 발행일 2013년 1월 28일

지은이 다케다 하루히토
옮긴이 최우영
펴낸이 박영희
편집 이은혜·유태선·정지선·김미령
인쇄·제본 태광인쇄
펴낸곳 도서출판 어문학사
　　　　서울특별시 도봉구 쌍문동 523-21 나너울 카운티 1층
　　　　대표전화: 02-998-0094/ 편집부1: 02-998-2267, 편집부2: 02-998-2269
　　　　홈페이지: www.amhbook.com
　　　　트위터: @with_amhbook
　　　　블로그: 네이버 http://blog.naver.com/amhbook
　　　　　　　다음 http://blog.daum.net/amhbook
　　　　e-mail: am@amhbook.com
　　　　등록: 2004년 4월 6일 제7-276호

ISBN 978-89-6184-145-0 94900
ISBN 978-89-6184-137-5(세트)
정가 17,000원

이 도서의 국립중앙도서관 출판시도서목록(CIP)은 e-CIP홈페이지(http://www.nl.go.kr/ecip)와
국가자료공동목록시스템(http://www.nl.go.kr/kolisnet)에서 이용하실 수 있습니다.
(CIP제어번호: CIP2012005279)

※잘못 만들어진 책은 교환해 드립니다.